ENSEIGNEMENT PRIMAIRE SUPÉRIEUR

A. FRAYSSE

ÉLÉMENTS
D'Histoire Naturelle

Première Année

HACHETTE ET CIE

2 fr.

LIBRAIRIE HACHETTE & Cie, PARIS

Enseignement Primaire Supérieur
COURS D'ÉTUDES RÉDIGÉ CONFORMÉMENT AUX PROGRAMMES DE 1909

LANGUE FRANÇAISE

Ch. MAQUET — L. FLOT
Professeur au Lycée Condorcet. — Professeur au Lycée Charlemagne.

GRAMMAIRE FRANÇAISE & EXERCICES
1re, 2e, 3e ANNÉES

MORCEAUX CHOISIS
DES GRANDS ÉCRIVAINS FRANÇAIS
Par M. Albert CAHEN
Un volume.. 2 fr.

HISTOIRE

A. MALET — G. ISAAC
Professeur au Lycée Louis-le-Grand. — Professeur au Lycée de Saint-Étienne.

1re ANNÉE
HISTOIRE DE FRANCE
DEPUIS LE DÉBUT DU XVIe SIÈCLE JUSQU'EN 1789
Un volume.. 2 fr.

2e ANNÉE | 3e ANNÉE
LA FRANCE | **LE MONDE**
DE 1789 A LA FIN DU XIXe SIÈCLE | au XIXe SIÈCLE
Un volume......... 2 fr. | Un volume........... » »

GÉOGRAPHIE

NOUVEAU COURS DE GÉOGRAPHIE
PAR
L. GALLOUÉDEC — M. MAURETTE
Inspecteur de l'Académie de Paris. — Professeur agrégé d'Histoire et de Géographie.

1re ANNÉE | 2e ANNÉE
PRINCIPAUX ASPECTS DU GLOBE | **L'EUROPE**
LA FRANCE | MOINS LA FRANCE
Un volume............. 2 fr. | Un volume............. 2 fr.

3e ANNÉE
LE MONDE MOINS L'EUROPE
LE RÔLE DE LA FRANCE DANS LE MONDE
Un volume.. » »

SCHRADER & GALLOUEDEC
ATLAS CLASSIQUE
DE GÉOGRAPHIE MODERNE
334 cartes ou cartons en couleurs et 60 notices, in-4, cart. toile..... 6 fr.

LANGUES VIVANTES

COURS DE LANGUE ALLEMANDE
PAR
J. COMMARMOND — M. MEISTER
Professeur au Lycée Condorcet. — Professeur au Lycée Voltaire.

1re ANNÉE. 1 vol. 1 fr. 75 | 2e ANNÉE..... 1 vol. | 3e ANNÉE..... 1 vol.

LIBRAIRIE HACHETTE & Cie, PARIS

Enseignement Primaire Supérieur
COURS D'ÉTUDES RÉDIGÉ CONFORMÉMENT AUX PROGRAMMES DE 1909

— MATHÉMATIQUES —

C. BOURLET
Professeur agrégé de Mathématiques
au Conservatoire des Arts et Métiers.

M. DESBROSSES
Professeur
à l'École J.-B. Say.

COURS ABRÉGÉ D'ARITHMÉTIQUE
publié avec de nombreux Exercices
1re, 2e, 3e ANNÉES

Un volume in-16, cartonné.. » »
Corrigé des Exercices..................................... 1 vol.

COURS ABRÉGÉ DE GÉOMÉTRIE
avec de nombreux Exercices théoriques et pratiques et des applications
au dessin géométrique.
1re, 2e, 3e ANNÉES

Un volume in-16, cart.. » »
Corrigé des Exercices théoriques.

COURS ABRÉGÉ D'ALGÈBRE
avec de nombreux Exercices et Problèmes........ 1 vol.
2e ET 3e ANNÉES

Un volume in-16, cartonné....................................... » »
Corrigé des Exercices et Problèmes......................... 1 vol.

— SCIENCES PHYSIQUES ET NATURELLES —

COURS DE PHYSIQUE

M. CHASSAGNY
Inspecteur de l'Académie de Paris.

COLIN
Professeur à l'École Lavoisier.

1re ANNÉE..... 1 vol. | 2e ANNÉE..... 1 vol. | 3e ANNÉE..... 1 vol.

COURS DE CHIMIE
PAR

R. LESPIEAU
Professeur à la Faculté des Sciences
et à l'École Normale supérieure.

Ch. COLIN
Professeur à l'École Lavoisier.

1re ANNÉE. 1 vol. **1 fr. 50** | 2e ANNÉE. 1 vol. **1 fr. 50** | 3e ANNÉE..... 1 vol.

L. FRAYSSE, Professeur à l'École Turgot.
COURS DE SCIENCES NATURELLES
1re ET 2e ANNÉES ... 1 vol. **2 fr.** | 3e ANNÉE........... 1 vol. » »

— LANGUES VIVANTES —

COURS DE LANGUE ANGLAISE
PAR

M. RANCES
Membre du Conseil supérieur
de l'Instruction publique,
Professeur au Lycée Condorcet.

A. VANNIER
Directeur de l'École primaire supérieure
de Montreuil-sur-Mer.

1re ANNÉE. 1 vol. **1 fr. 50** | 2e ANNÉE. 1 vol. **1 fr. 50** | 3e ANNÉE..... 1 vol.

A

ÉLÉMENTS
D'Histoire Naturelle

Première Année

A LA MÊME LIBRAIRIE

COURS D'ÉTUDES SCIENTIFIQUES
rédigé conformément aux programmes officiels du 26 juillet 1909
A L'USAGE DES ÉCOLES PRIMAIRES SUPÉRIEURES
FORMAT IN-16 CARTONNÉ

SCIENCES PHYSIQUES

Chassagny (M.), Inspecteur général de l'Instruction publique, et **F. Carré**, professeur au lycée Janson-de-Sailly : *Cours de physique*, 3 volumes, avec figures :

1re ANNÉE. 1 vol.	1 50
2e ANNÉE. 1 vol.	" "
3e ANNÉE. 1 vol.	" "

Lespieau (R.), professeur à l'École normale supérieure et à la Sorbonne, et **Ch. Colin**, professeur à l'école Lavoisier : *Cours de chimie*, 3 volumes, avec figures :

1re ANNÉE. 1 vol.	1 50
2e ANNÉE. 1 vol.	1 50
3e ANNÉE. 1 vol.	" "

SCIENCES NATURELLES

Fraysse (A.), professeur aux écoles Turgot et Arago : *Éléments d'histoire naturelle*, 3 volumes, avec figures :

1re ANNÉE. 1 vol.	2 "
2e ANNÉE. 1 vol.	" "
3e ANNÉE. 1 vol.	" "

MATHÉMATIQUES

Bourlet (C.), professeur de mathématiques au Conservatoire des Arts et Métiers et **M. Desbrosses**, professeur à l'école J.-B. Say : *Cours de mathématiques*, 4 volumes, avec figures :

Cours abrégé d'arithmétique, 1re, 2e et 3e Années, 1 vol.	" "
Compléments d'arithmétique, 3e Année. 1 vol.	" "
Cours abrégé de géométrie, 1re, 2e et 3e Années, 1 vol.	" "
Cours abrégé d'algèbre, 1re, 2e et 3e Années, 1 vol.	" "

68522. — Imprimerie LAHURE, 9, rue de Fleurus, à Paris

ENSEIGNEMENT PRIMAIRE SUPÉRIEUR

A. FRAYSSE

Professeur de Sciences naturelles aux Écoles Turgot et Arago,
Ancien Préparateur à la Faculté des Sciences de l'Université de Montpellier
Docteur ès sciences

ÉLÉMENTS
D'Histoire Naturelle

OUVRAGE RÉDIGÉ CONFORMÉMENT
AUX NOUVEAUX PROGRAMMES DU 20 JUILLET 1909
ET ORNÉ DE 322 GRAVURES

Première Année

DEUXIÈME ÉDITION REVUE ET CORRIGÉE

PARIS

LIBRAIRIE HACHETTE ET Cie

79, BOULEVARD SAINT-GERMAIN, 79

—

1911

Droits de traduction et de reproduction réservés

ÉCOLES PRIMAIRES SUPÉRIEURES

EXTRAIT DES PROGRAMMES DE 1909 (1re ANNÉE)

ZOOLOGIE. — Notions sommaires sur l'organisation de l'homme, prise comme terme de comparaison (page 5).
Grandes divisions du règne animal (64).
Mammifères (66). Chauves-souris (69). — Taupes, Hérissons, Musaraignes (70). — Rats, Souris, Mulots, Campagnols, Ecureuils, Marmotte, Loir, Lapins, Lièvres (71). — Chiens, Loups, Renards, Martres, Fourmis, Belettes, Loutres, Chats, Blaireaux, Ours (74). — Bœufs, Moutons, Chèvres, Cerfs (80). — Chevaux, ânes (82). — Sangliers, Porcs (79). — Eléphants (83). — Baleines (77).
Oiseaux, caractères essentiels (85). — Exemples choisis parmi les principaux ordres. — Rapaces (89). — Pies et Coucous (90). — Passereaux (90). — Pigeons (91). — Oiseaux de basse-cour (92). — Cigognes, Hérons (93). — Cygnes, Oies, Canards (93).
Reptiles, caractères essentiels (97). — Lézards (100). — Couleuvres et Vipères (101). — Tortues (102).
Batraciens (103). — Métamorphoses de la Grenouille (104).
Poissons, caractères essentiels (106). — Importance des Poissons, principales espèces (109).
Mollusques. — Colimaçons, Huîtres (115).
Insectes, caractères essentiels (119). — Métamorphoses des Papillons (128). — Histoire du Hanneton (122), de l'Abeille (125), de la Fourmi (127), etc.
Arachnides (132) et **Crustacés** (135).
Vers, caractères essentiels (136). — Ver de terre, Sangsue (137).
Zoophytes. — **Corail, Éponge.** — Quelques mots sur les animaux les plus simples.
BOTANIQUE. — Caractères des végétaux (147). Racine (149). — Tige (153). — Feuille (158). — Fleur (170). — Forme et fonctions. Le Fruit (179). — La Graine (182). — Développement de la Plante (183). Notions sur le mode de vie et l'organisation des Fougères (186), des Algues (189), des Champignons (190), des Lichens (191).
GÉOLOGIE. — Notions préliminaires sur le globe terrestre (193). — Indication sommaire des principaux matériaux constitutifs du sol (196).
Phénomènes actuels : modifications continues de la surface de la Terre (208).
Action des forces externes, le Vent (209). — L'eau, son rôle géologique (212). — La Neige (213). — Les Glaciers (214). — Les Pluies ; Eau de pénétration (218). — Sources, puits, cavernes (220). — Eau de ruissellement (222). — Torrents (222), Rivières (223). — La Mer, sédiments (227).
Action des êtres vivants (230). — Action des végétaux (230). — Action des animaux (231).
Phénomènes dus à des causes internes (234). — Chaleur interne. Les Volcans, leurs éruptions, produits volcaniques (234). Sources chaudes (239), eaux minérales (240), filons (240).
Exercices pratiques (7-18-24-32-39-55-63-152-158-167-179-185-192-207).

ÉLÉMENTS
D'HISTOIRE NATURELLE

1re LEÇON

Notions préliminaires.

Êtres vivants et corps bruts. — On rencontre dans la nature des *êtres organisés* et des *corps bruts*.

Les premiers forment le règne *biologique* ou des *êtres vivants* avec les *animaux* et les *végétaux*.

Les seconds constituent le règne *minéral*.

Fig. 1. — Le Cheval.

La *Zoologie* est la science des animaux.

La *Botanique* est la science des végétaux.

La *Géologie* est la science des minéraux.

Êtres vivants : Animaux et Plantes. — Pendant longtemps on a cru, et ceux qui ne sont pas invités à observer de près la nature croient toujours qu'il existe entre tous les animaux, d'une part, et entre toutes les

Fig. 2. — Le Chêne.

FRAYSSE. — ÉLÉM. D'HIST. NAT.

plantes, d'autre part, une même et grande différence. Il n'en est rien. On ne peut pas admettre une ligne de démarcation bien tranchée entre les deux groupes.

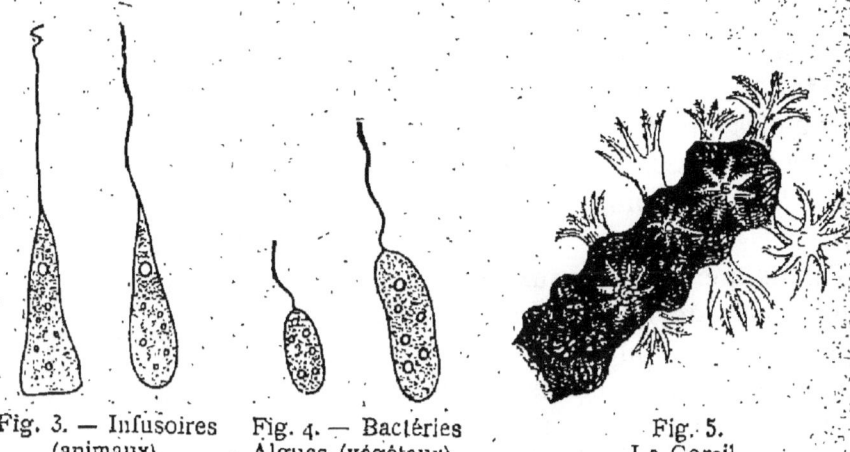

Fig. 3. — Infusoires (animaux).   Fig. 4. — Bactéries Algues (végétaux).   Fig. 5. Le Corail.

Sans doute, il est facile de distinguer un Cheval d'un Chêne (fig. 1 et 2), mais il devient très difficile de ne pas confondre un

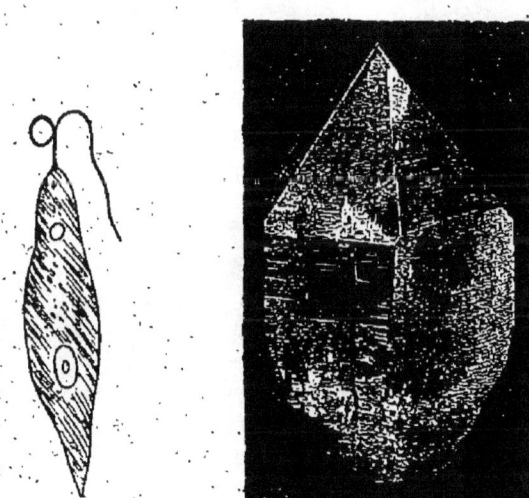
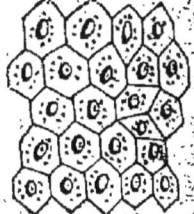

Fig. 6. Algue verte.   Fig. 7. — Quartz ou cristal de roche (minéral).   Fig. 8. — Cellules épidermiques de Grenouille.

animal très simple avec une plante également très simple (fig. 3 et 4).

Il y a des animaux qui ressemblent aux plantes et des plantes qui possèdent des caractères de l'animalité.

Ainsi, les *Coraux* (fig. 5), animaux fixés au sol, ont l'aspect des végétaux.

Les *Végétaux libres* comme certaines *Algues* (fig. 6) et plusieurs *Champignons* se déplacent facilement et paraissent doués de sensibilité.

Caractères généraux des êtres vivants. — Tous les êtres vivants *naissent*, c'est-à-dire procèdent d'êtres semblables à eux, *se nourrissent*, *grandissent*, acquièrent une taille déterminée, *se multiplient*, puis *meurent*.

Tandis que les animaux sont ordinairement doués de *mouvement*, de *volonté* et de *sensibilité*, la plupart des végétaux sont *immobiles* et nous paraissent *insensibles*.

Les minéraux conservent indéfiniment leur forme et leur position, si aucune force extérieure n'agit sur eux (fig. 7).

Cellules et tissus. — Le corps des êtres vivants est formé d'éléments très petits nommés *cellules*.

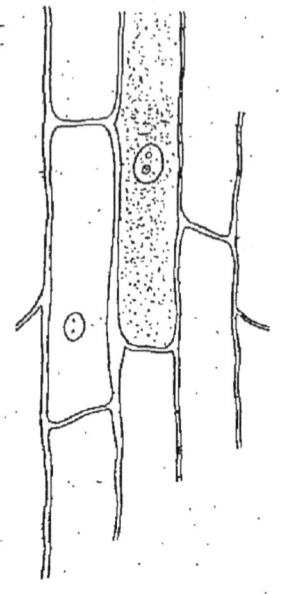

Fig. 9. — Cellules épidermiques d'écaille d'oignon.

Pour distinguer la forme et la constitution des cellules, il faut examiner au microscope un fragment très mince du corps d'un animal ou d'une plante (fig. 8 et 9).

Un groupe de cellules semblables et semblablement disposées forment un *tissu* (fig. 10).

Notre squelette est du *tissu osseux*; notre cerveau est composé de *tissu nerveux*.

Organes, appareils, fonctions. — Les tissus se groupent en *organes* (*foie, reins, estomac*).

Plusieurs organes travaillant dans un même but forment un *appareil* (*appareil digestif*).

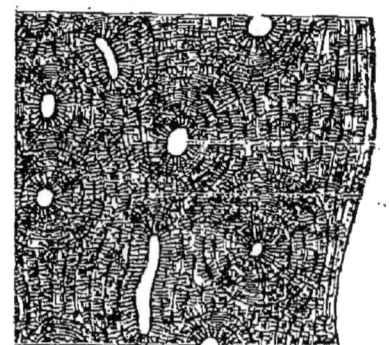

Fig. 10. Tissu osseux.

Le but de cet appareil est appelé *fonction*.

On peut distribuer les fonctions en deux grands groupes : 1° *les fonctions de nutrition*; 2° *les fonctions de relation*.

Les fonctions de nutrition sont communes aux animaux et aux

végétaux; elles fournissent à l'organisme les matériaux nécessaires à son entretien et elles le débarrassent des substances nuisibles qui se forment sous l'influence de la vie.

Les fonctions de nutrition sont :

La *digestion;*

L'*absorption;*

La *respiration;*

La *circulation;*

L'*excrétion.*

Les fonctions de relation sont spéciales aux animaux qu'elles mettent en rapport avec le monde extérieur. Ce sont :

La *locomotion* (mouvement);

La *sensibilité.*

La locomotion a pour organes les os et les muscles.

La sensibilité a pour organes le système nerveux et les sens.

L'étude de la forme et de la structure des organes est l'*anatomie.*

L'étude des fonctions est la ***physiologie.***

PREMIÈRE PARTIE
ZOOLOGIE

L'Homme.

L'Homme et les animaux. — Si l'Homme se sépare des autres animaux par son langage articulé et sa pensée, on doit reconnaître que son organisation ne diffère pas sensible-

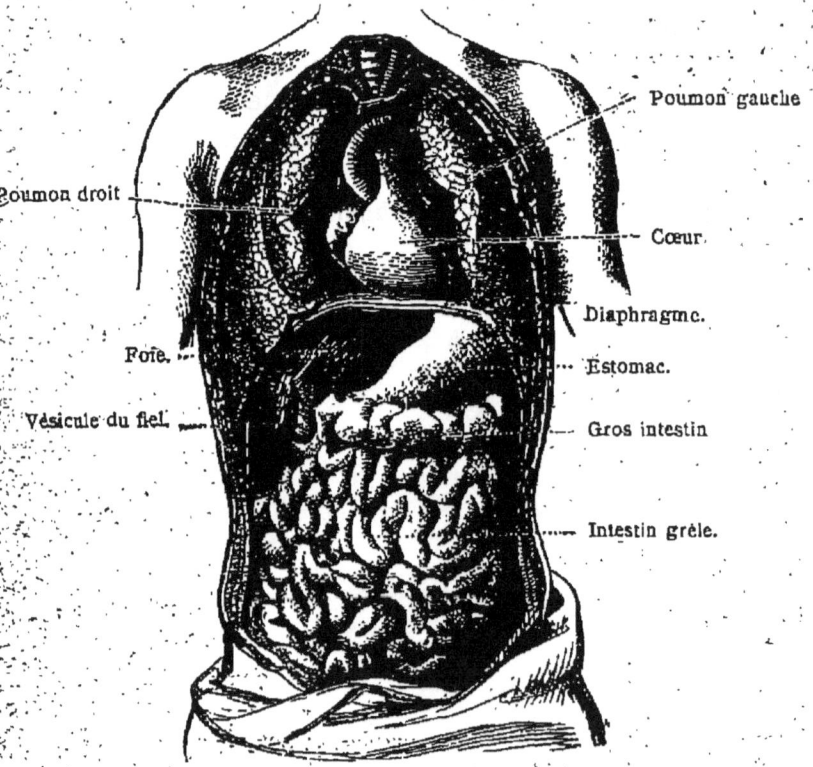

Fig. 11. — Tronc de l'Homme.

ment de celle d'un *Singe*, d'un *Chien*, d'un *Oiseau*, d'un *Poisson*. Comme eux, il a des membres, des muscles, des os, une bouche, des yeux, etc.

Mais il est de tous les êtres vivants celui dont l'organisation est la plus parfaite. Aussi son étude doit nous servir de préface naturelle à celle des animaux.

Régions du corps humain. — Le corps de l'Homme présente 3 régions : la *tête*, le *tronc* et les *membres*.

La tête comprend le *crâne* qui contient et protège le cerveau, et la *face* sur laquelle sont réunis les principaux organes des sens.

La *tête* est rattachée au tronc par le cou dont la mobilité permet d'orienter la face vers un grand nombre de directions.

Le *tronc* est divisé en deux cavités, le *thorax* et l'*abdomen*, séparées par une cloison musculaire, le diaphragme (fig. 11).

La poitrine ou thorax renferme le cœur et les poumons ; l'abdomen renferme la plus grande partie de l'appareil digestif, le foie, les reins, etc.

Les *membres* sont au nombre de quatre : deux membres antérieurs ou supérieurs, les *bras*, et deux membres postérieurs ou inférieurs, les *jambes*.

Les bras sont disposés pour toucher et saisir, tandis que les jambes servent à la marche. Nous verrons, plus loin, que les quatre membres sont construits sur le même plan.

RÉSUMÉ — NOTIONS PRÉLIMINAIRES

Êtres de la nature.
- ÊTRES ORGANISÉS.
  - Animaux.
  - Végétaux.
- CORPS BRUTS.
  - Minéraux.

Êtres vivants.
- CARACTÈRES GÉNÉRAUX.
  - Tout être vivant naît, se nourrit, s'accroît, se multiplie et meurt.
  - La plupart des animaux sont doués de motilité, de volonté et de sensibilité.
  - La plupart des plantes sont immobiles et paraissent insensibles.
- CONSTITUTION.
  - L'élément fondamental de tout être vivant est la cellule.

Tissu. — Groupe de cellules semblables et semblablement disposées (*tissu osseux, musculaire*, etc.).

Organe. — Les tissus forment les organes (*foie, rein*.)

Appareil. — Plusieurs organes accomplissant une même fonction constituent un appareil.

Fonctions.
- DE NUTRITION.
  - Digestion.
  - Absorption.
  - Respiration.
  - Circulation.
  - Excrétion.
  } Communes aux animaux et aux végétaux.
- DE RELATION.
  - Mouvement.
  - Sensibilité.
  } Spéciales aux animaux.

Diverses parties du corps humain.
- TÊTE.
  - Le crâne protège le cerveau.
  - La face sur laquelle sont réunis les organes des sens.
- TRONC.
  - Thorax.
    - Cœur.
    - Poumons.
  - Abdomen.
    - Estomac.
    - Intestin.
    - Foie.
    - Pancréas.
    - Reins, etc.
- MEMBRES.
  - antérieurs : *bras*.
  - postérieurs : *jambes*.

Manipulation :

Étude de la cellule. — *Cellule végétale* : Prendre un morceau de pelure d'oignon. Placer cette pelure d'oignon sur une lame de verre et dans une goutte d'eau et l'examiner au microscope : on verra la membrane, le protoplasme et le noyau.

Remplacer l'eau par une goutte d'eau iodée et le protoplasme et le noyau apparaîtront mieux colorés en brun.

Cellule animale. — Détacher un fragment de la peau d'une Grenouille. Le plonger pendant quelques minutes dans le sublimé corrosif et l'examiner ensuite au microscope.

FONCTIONS DE NUTRITION

2ᵉ LEÇON

Digestion.

Définition. — La digestion est la transformation des *aliments* en substances *assimilables*, c'est-à-dire en substances susceptibles de servir à l'accroissement et à l'entretien du corps. Cette transformation s'accomplit dans un ensemble d'organes constituant l'*appareil digestif*.

Les aliments. — On a souvent comparé le corps de l'Homme à une machine à vapeur qui ne peut fournir aucun travail si elle n'a pas tout d'abord reçu une certaine quantité d'eau et de charbon. Les matériaux capables d'actionner la machine humaine sont les *aliments*.

Ils sont destinés à réparer les tissus et à produire de la chaleur. De là, deux grands groupes d'aliments : ceux qui servent à *chauffer la machine humaine* et qu'on qualifie de *thermogènes* ou de *respiratoires*, et ceux qui servent plus particulièrement à réparer l'usure de nos organes et que l'on appelle *réparateurs* ou *azotés*.

Les aliments thermogènes forment trois groupes :

Les *aliments gras* : *graisse, beurre, huile, etc.* ;

Les *aliments féculents* : *amidon, pain, pois, pâtes alimentaires, etc.* ;

Les *aliments sucrés* : *sucre, miel, fruit, etc.*

Les matières grasses, féculentes et sucrées sont dites *ternaires* parce qu'elles contiennent du *carbone*, de l'*hydrogène* et de l'*oxygène*. Les matières féculentes et sucrées sont des hydrates de carbone, parce que l'hydrogène et l'oxygène y sont dans les mêmes proportions que dans l'eau.

Les *aliments réparateurs* ou *azotés*, tels que la viande, le fromage, etc., contiennent au moins du carbone, de l'hydrogène, de l'oxygène et de l'azote.

Certains *aliments minéraux*, tels que l'eau, le sel, les carbonates et phosphates, sont indispensables à la vie.

Les *œufs*, le *lait* sont des aliments complets, parce qu'ils renferment toutes les matières nécessaires à l'entretien de la vie.

Lorsque l'Homme reste quelques heures sans prendre la moindre nourriture, il éprouve une sensation particulière que l'on nomme *appétit*. Si l'abstinence se prolonge, cette sensation devient douloureuse, c'est la *faim*. Le besoin des liquides est la *soif*. La suppression de toute nourriture pendant un temps assez long détermine la mort par *inanition*.

Certains animaux peuvent rester plusieurs mois sans nourriture, ce sont les animaux *hibernants*, comme la *Marmotte*, la *Chauve-souris*, etc. Ils s'endorment à l'approche de l'hiver pour se réveiller au printemps. Durant cette période de vie ralentie, ils ne remuent pas, ils respirent faiblement et ils consomment la graisse mise en réserve dans divers organes.

Ration alimentaire. — La quantité d'aliments nécessaires, par jour, à un individu s'appelle *ration alimentaire*.

Elle varie avec l'âge et les occupations. La ration alimentaire d'un enfant doit servir à réparer les pertes subies par l'organisme et accroître le corps ; elle se compose donc de la *ration d'entretien* et de la *ration d'accroissement*. La ration alimentaire d'un adulte se compose de la ration d'entretien seulement, s'il est au repos, de la ration d'entretien et de la *ration de travail*, s'il est occupé.

Une alimentation insuffisante affaiblit l'organisme et prédispose à une foule de maladies, notamment à la *tuberculose*.

Tube digestif. — Le tube digestif (fig. 12) est un canal ouvert à ses deux extrémités présentant des poches et des circonvolutions destinées à retenir les aliments et à recueillir les sucs digestifs déversés par de nombreuses glandes.

L'orifice d'entrée est la *bouche*.

La bouche est une cavité limitée en avant par les lèvres, sur les côtés par les joues, en haut par le palais, en bas par la langue, en arrière par le voile du palais.

Elle renferme les dents fixées sur les mâchoires.

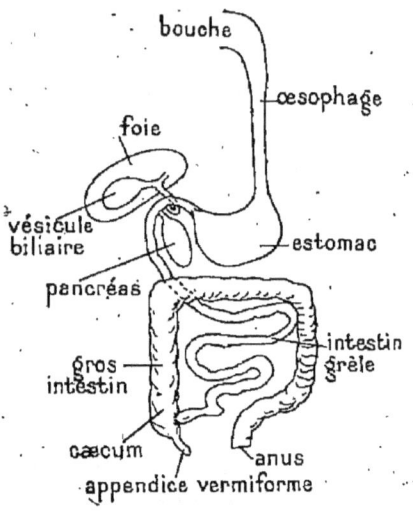

Fig. 12. — Tube digestif (appareil).

Dents. — Les dents sont implantées dans des alvéoles. La partie extérieure ou *couronne* est séparée de la partie intérieure ou *racine* par le *collet*.

Une dent coupée en long (fig. 13) offre à considérer quatre parties : l'*émail* blanc et dur qui recouvre la couronne, l'*ivoire* partie principale de la dent, la *pulpe dentaire* située à l'intérieur de l'ivoire, et le *cément* jaunâtre qui protège la racine.

L'Homme possède trois sortes de dents : les *incisives* situées en avant (fig. 14), les *canines* à couronne pointue et à longue racine, les *molaires* dont la couronne est large et mamelonnée. Elles se divisent en *petites molaires* et *grosses molaires*. Ces dernières sont solidement fixées aux mâchoires à l'aide de plusieurs racines.

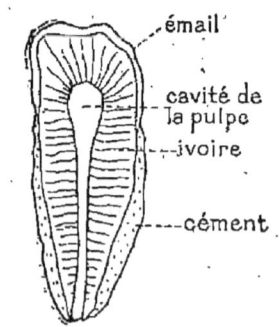

Fig. 13.
Dent coupée en long.

Les incisives coupent les aliments, les canines les déchirent, les molaires les broient. Il existe une relation étroite entre la forme des dents et le régime alimentaire. Nous verrons bientôt que le Chat, le Hérisson, le Cheval, le Lapin ont une dentition admirablement adaptée à leur mode de vie.

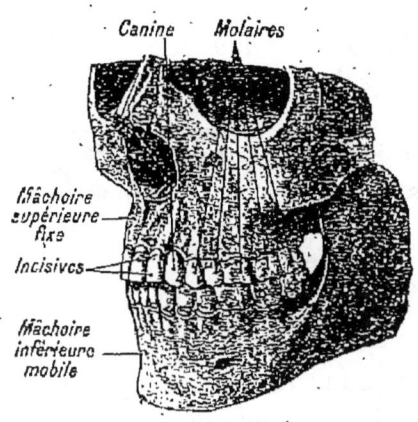

Fig. 14. — Les trois sortes de dents.

L'Homme a deux dentitions successives. La première dentition ou *dentition de lait* (fig. 15) comprend 20 dents. Les dents de lait tombent vers l'âge de 7 ans et sont remplacées par des dents persistantes, c'est la *dentition permanente* qui comprend 32 dents : 2 incisives, 1 canine, 2 petites molaires et 3 grosses molaires pour chaque demi-mâchoire.

$$2+1+2+3=8 \quad \text{ou} \quad 8\times 4=32 \text{ dents.}$$

On peut employer une formule pour exprimer rapidement la distribution et le nombre des dents.

Formule dentaire de l'adulte :

$$I=\frac{2}{2}; \; C=\frac{1}{1}; \; p.\,m.=\frac{2}{2}; \; g.\,m.=\frac{3}{3}\frac{1/2 \text{ mâchoire supérieure}}{1/2 \text{ mâchoire inférieure}}.$$

Formule dentaire de l'enfant :

$$I=\frac{2}{2}; \; C=\frac{1}{1}; \; p.\,m.=\frac{2}{2}=\frac{1/2 \text{ mâchoire supérieure}}{1/2 \text{ mâchoire inférieure}}.$$

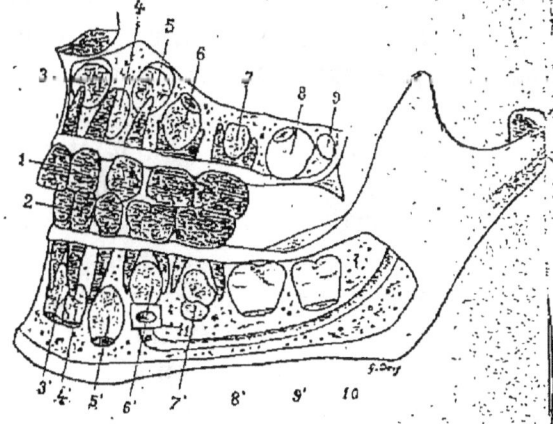

Fig. 15. — Mâchoire d'un enfant montrant les dents de lait et les ébauches des dents de remplacement, de 3 à 9 et de 3' à 10'.

Maux de dents. — Les dents sont protégées par une mince couche d'émail. Elles reçoivent un filet nerveux et des vaisseaux sanguins. Lorsque l'émail se fendille ou tombe, la dent mal protégée se désorganise, *se carie* (fig. 16). Le filet nerveux mis à nu est irrité par les agents extérieurs ; de là des sensations douloureuses (*maux de dents*).

Pharynx, œsophage. — A la bouche fait suite le *pharynx*, ou *arrière-bouche*, canal irrégulier, court et large, communiquant avec les fosses nasales, les voies respiratoires et l'œsophage (fig. 17). L'*œsophage* est un tube cylindrique de 25 centimètres de longueur environ. Il s'ouvre dans l'estomac après avoir traversé le diaphragme (fig. 11).

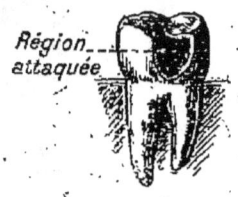

Fig. 16. — Dent cariée.

Estomac. — L'estomac est situé dans la partie supérieure de l'abdomen, sous le diaphragme. Il communique, d'une part, avec l'œsophage, par le *cardia*, de l'autre, avec l'intestin, par le *pylore*. L'estomac a la forme d'une cornemuse (fig. 18). Les parois de l'estomac se contractent et déplacent les aliments dans tous les sens, afin de les mélanger intimement avec le suc des nombreuses glandes gastriques logées dans l'épaisseur même des parois.

L'Intestin. — L'intestin (fig. 19) est un long tube de 10 mètres de longueur environ. Il comprend deux parties : l'*intestin grêle* et le *gros intestin*. L'intestin grêle présente de nombreuses sinuosités appelées *circonvolutions intestinales*. Il diminue de calibre d'une extrémité à l'autre. Il en est de même du gros intestin qui est plus gros à son origine qu'à sa terminaison. La paroi de l'intestin grêle renferme des muscles et de nombreuses glandes sécrétant le suc intestinal. Elle présente de petites saillies formées par des replis de la couche interne ou muqueuse. Ces saillies ou *valvules*

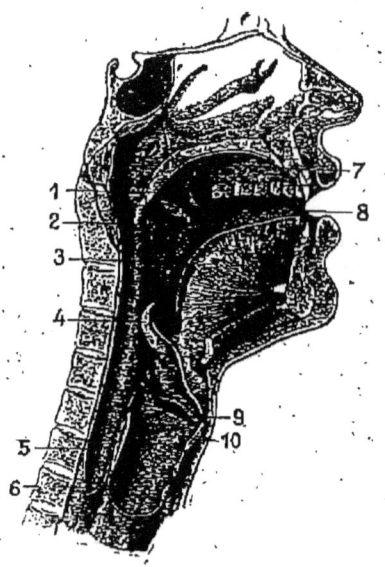

Fig. 17. — Coupe de la bouche, des fosses nasales et de l'arrière-bouche.

1, voile du palais ; 2, amygdale entre le pilier postérieur ; 3, partie postérieure de la langue ; 4, épiglotte ; 5, œsophage ; 6, trachée artère ; 7, palais ; 8, langue ; 9, glotte ; 10, cartilage thyroïde du larynx (en coupe).

conniventes, au nombre de 800 environ, augmentent la surface de l'intestin. Il existe aussi d'autres saillies plus petites qui ont reçu le nom de *villosités intestinales* (fig. 20)

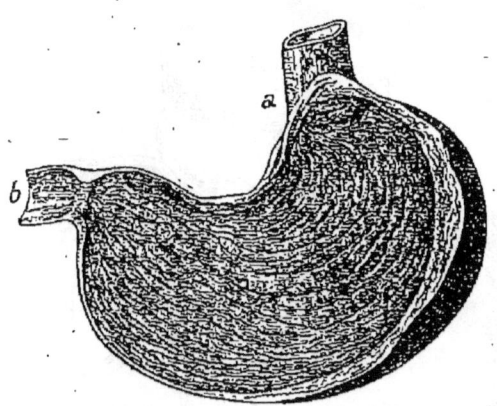

Fig. 18. — L'estomac.

L'intestin grêle s'ouvre sur le côté du gros intestin; il y pénètre à la manière d'un coin (fig. 21). L'extrémité supérieure du gros intestin fermée porte le nom de *cæcum* (*cæcum*, *aveugle*), la figure 19 montre, accolé au cæcum, un appendice, portion atrophiée de l'intestin, dont l'inflammation produit la maladie si fréquente de l'appendicite.

L'intestin et la plupart des organes contenus dans l'abdomen sont entourés par une double membrane appelée *péritoine*.

Deux glandes volumineuses, logées dans l'abdomen, déversent leurs produits dans l'intestin; ce sont : le *pancréas* et le *foie*.

Le gros intestin débouche à l'extérieur par l'anus.

Glandes annexes. — Au tube digestif sont annexés : les glandes salivaires, le foie et le pancréas.

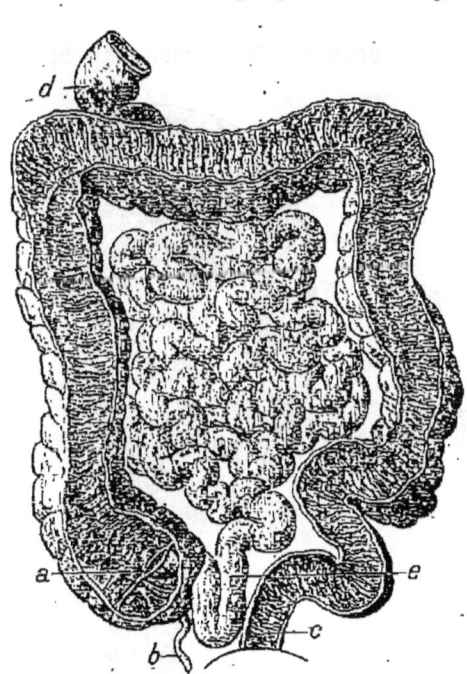

Fig. 19. — *d, e*, intestin grêle; *a, c*, gros intestin; *b*, appendice vermiculaire du cæcum.

Les *glandes salivaires* sont au nombre de 3 paires (fig. 22), elles sécrètent la *salive* que des canaux spéciaux conduisent dans la bouche.

Le *pancréas* (fig. 23) est une glande allongée située derrière l'estomac. Le pancréas sécrète le *suc pancréatique* qui se déverse à l'aide d'un conduit excréteur dans la première partie de l'intestin.

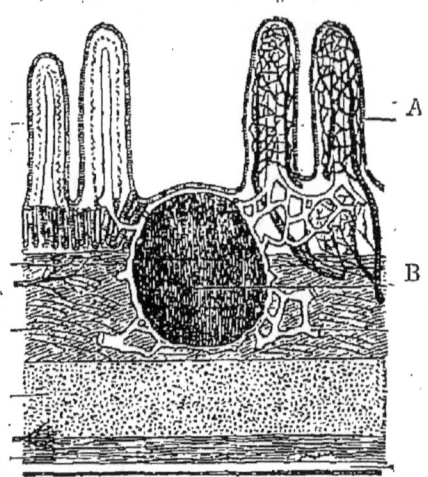

Fig. 20. — Villosités intestinales.
A, villosités ; B, follicule clos.

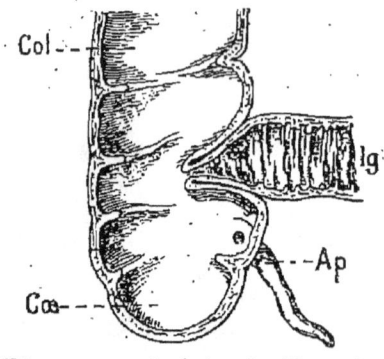

Fig. 21. — Arrivée de l'intestin grêle dans le gros intestin.
Ig, intestin grêle ; Col, Cæ, parties du gros intestin ; Ap, appendice cæcal.

Le *foie* (fig. 24) est une glande volumineuse pesant près de deux kilogrammes.

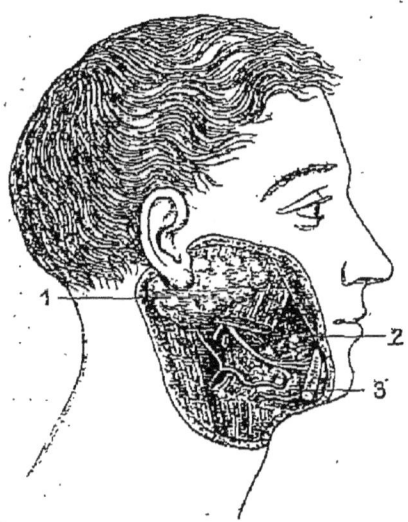

Fig. 22. — 1, glande parotide ;
2, glande sublinguale ;
3, glande sous-maxillaire.

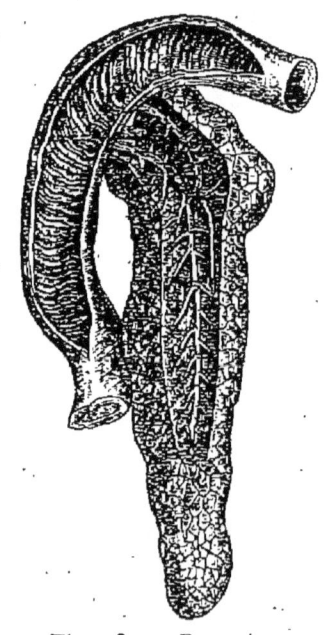

Fig. 23. — Pancréas.

Le foie est situé sous le diaphragme à droite de l'estomac qu'il recouvre en partie.

C'est un organe très important. Il sécrète la bile qui se déverse par le canal *cholédoque* dans l'intestin. Ce canal débouche près de l'orifice du conduit pancréatique.

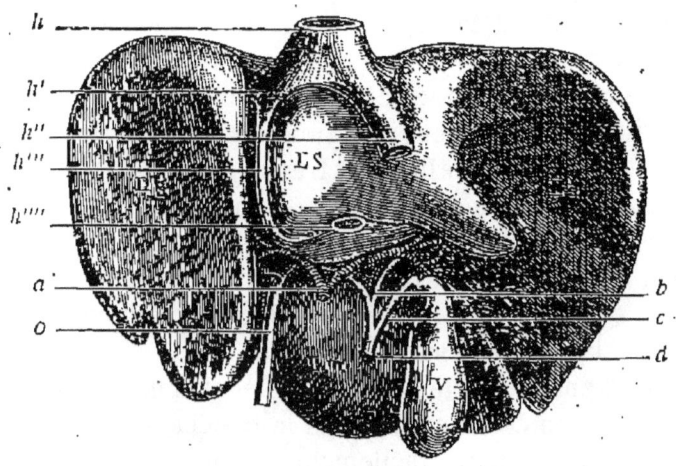

Fig. 24. — Foie, vu en dessous.

Lg, Ld, Lm, Ls, les différents lobes du foie ; *a*, artère hépatique ; *b* et *p*, veine porte conduisant le sang au foie ; V, vésicule du fiel ; *b*, *c*, *d*, canaux déversant la bile dans l'intestin.

Phénomènes mécaniques et chimiques de la digestion.

— Nous venons de passer en revue les diverses parties de l'appareil digestif, essayons maintenant de préciser les actions qu'y subissent les aliments. Les unes sont mécaniques, les autres chimiques.

1° *Actions mécaniques.* — L'aliment est porté à la bouche (*préhension*) saisi par les lèvres ou les dents. Celles-ci le coupent, le déchirent, le broient (*mastication*) pendant qu'il s'imprègne de salive (*insalivation*). Il passe ensuite dans le pharynx et l'œsophage pour tomber dans l'estomac (*déglutition*). Pendant la déglutition, l'aliment mâché ne passe pas dans les voies respiratoires dont l'orifice est fermé par l'épiglotte. Quand par accident une particule alimentaire fait fausse route et se dirige vers le larynx elle provoque une quinte de toux.

L'aliment séjourne plusieurs heures dans l'estomac ; il y est soumis, grâce à des contractions musculaires, à un brassage continu. Il traverse le *pylore*, arrive dans l'intestin ; c'est une bouillie très divisée que des mouvements fréquents forcent à circuler en contournant toutes les villosités et valvules intestinales. Certains éléments de cette bouillie passent dans les capillaires sanguins et dans des vaisseaux particuliers appelés *chylifères*.

Les autres inutilisables traversent l'intestin et sont rejetés au dehors (*défécation*).

Tous les mouvements du tube digestif, sauf ceux de la bouche et ceux qui déterminent la déglutition, sont involontaires.

2° *Actions chimiques*. — Les actions chimiques ont pour but de dissoudre les aliments solides et de modifier ceux qui ne peuvent pas être utilisés directement. Le tube digestif est un véritable laboratoire, dans lequel des liquides très actifs, appelés sucs digestifs, dédoublent, émulsionnent, dissolvent enfin les substances alimentaires pour leur permettre de passer à travers les parois de l'intestin et les mettre à la disposition de l'organisme.

Ces sucs digestifs sont : la *salive*, le suc *gastrique*, le suc *pancréatique*, la *bile* et le suc *intestinal*.

La *salive* transforme les matières féculentes, l'amidon, en glucose, son action commencée dans la bouche se continue dans l'estomac. Pour se rendre facilement compte de cette transformation il suffit de mâcher pendant quelques instants de la mie de pain ; on perçoit une saveur sucrée due à la transformation de l'amidon en sucre.

Le suc *gastrique*, sécrété par les glandes stomacales, renferme un principe actif appelé *pepsine*, qui a la propriété de transformer les matières azotées, insolubles comme la viande, ou solubles comme le blanc d'œuf, en produits solubles et assimilables appelés *peptones*.

Le suc *pancréatique* a un rôle multiple : Il transforme les féculents en sucre, continuant ainsi l'action de la salive ; il dissout les matières azotées, complétant l'action du suc gastrique, et il digère les matières grasses. Ces dernières sont divisées en très fines gouttelettes (*émulsionnées*).

La *bile* favorise le passage des matières grasses dans l'organisme et empêche la corruption des aliments dans l'intestin.

Le suc *intestinal* convertit le sucre de canne, de betterave en glucose.

Absorption. — Les aliments digérés constituent le *chyle*. L'absorption intestinale consiste dans le passage du chyle à travers les cellules des villosités intestinales. Dans ces dernières se rendent des vaisseaux sanguins et des vaisseaux chylifères.

Les vaisseaux sanguins emportent les sels minéraux, les peptones et le glucose, dans le foie. Les vaisseaux chylifères emportent les matières grasses et les déversent plus tard dans une veine importante, la *veine sous-clavière gauche* (fig. 25).

Hygiène de la digestion. — *Il faut manger pour vivre et non vivre pour manger*, dit un vieux proverbe.

La sobriété est la condition essentielle de la vigueur physique et morale. Une bonne digestion dépend de l'état de l'appareil digestif et du choix des aliments.

L'alimentation doit être variée afin de procurer à l'organisme les substances nécessaires à son entretien. L'homme trouve dans la chair des animaux les matières quaternaires, des matières grasses et des sels minéraux. Il trouve aussi dans les végétaux des matières quaternaires et surtout des matières ternaires. Il peut donc tirer ses aliments du règne animal et du règne végétal.

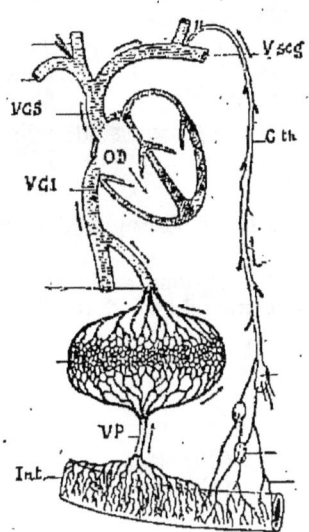

Fig. 25. — Schéma de l'absorption intestinale.

Int, intestin; F, foie; C *th*, canal thoracique; V *scg*, veine sous-clavière gauche; VCI, VCS, veines caves; OD, oreillette droite.

Il semble démontré aujourd'hui que non seulement une nourriture exclusivement végétale peut entretenir convenablement la vie, mais qu'elle favorise le travail musculaire et procure une résistance plus grande à la fatigue. Il faut éviter avec soin les aliments qui contiennent des parasites animaux comme le ténia, la trichine, etc., ou des parasites végétaux, comme les microbes des maladies contagieuses, qui abondent dans les matières ayant subi un commencement de putréfaction. Ces mêmes microbes sont également véhiculés par les eaux polluées. Ainsi se répandent certaines maladies: fièvre *typhoïde, dysenterie, choléra*, etc.

RÉSUMÉ — DIGESTION

DÉFINITION. — La digestion est l'ensemble des transformations mécaniques et chimiques subies par les aliments dans le tube digestif.

Aliments.
- Ils sont destinés à réparer les tissus et à produire de la chaleur.
- Deux grandes sortes d'aliments :
  - RÉPARATEURS OU AZOTÉS : Viande, fromage, etc.
  - RESPIRATOIRES.
    - *féculents* : amidon, pain.
    - *sucrés* : sucre.   } Hydrates de carbone.
    - *gras* : beurre, huile.
- Les aliments minéraux (*eau, sel, carbonates, phosphates*), sont indispensables à la vie.
- Les œufs, le lait sont des aliments complets.

Alimentation.
- La suppression de toute nourriture pendant un temps assez long détermine la mort par inanition.
- RATION ALIMENTAIRE.
  - Quantité d'aliments nécessaires par jour à un individu. Elle varie avec son âge et le travail qu'il doit effectuer. Il faut distinguer :
  - La ration d'*entretien*,
    — d'*accroissement*.
    — de *travail*.

Appareil digestif.

TUBE DIGESTIF.
- Bouche.
  - Dents.
    - Forme.
      - Incisives.
      - Canines.
      - Molaires.
    - Constitution.
      - Couronne.
      - Collet.
      - Racine.
    - Structure.
      - Émail.
      - Ivoire.
      - Cément.
      - Pulpe dentaire.
    - Développement.
      - Dents de lait (20).
      - Dents persistantes (32).
  - *Salive* produite par les glandes salivaires.
- Pharynx.
- Œsophage.
- Estomac. | Glandes sécrétant le *suc gastrique*.
- Intestin.
  - Intestin grêle. — Glandes sécrétant le *suc intestinal*.
  - Gros intestin.

GLANDES ANNEXES.
- Glandes salivaires.
- Foie.
- Pancréas.

Phénomènes mécaniques.
- Préhension (mains).
- Mastication.
- Insalivation.
- Déglutition.
- Mouvements de l'estomac.
- Mouvements de l'intestin.
- Défécation.

FRAYSSE. — ÉLÉM. D'HIST. NAT.

Phénomènes chimiques.	Sucs digestifs.	Salive.	Transforme les matières féculentes en GLUCOSE.
		Suc gastrique.	Renferme un principe actif, la *pepsine*, qui agit sur les substances azotées.
		Suc pancréatique.	Transforme les féculents en sucre. Transforme les matières albuminoïdes. ÉMULSIONNE les matières grasses.
		Bile.	Favorise l'absorption des matières grasses. Empêche la putréfaction des aliments dans l'intestin.
		Suc intestinal.	Convertit le sucre de canne, de betterave en glucose.

Absorption. — L'absorption consiste dans le passage des aliments digérés ou chyle à travers les parois des villosités intestinales.

Hygiène de la digestion. — L'alimentation doit être variée et suffisante sans oublier, toutefois, que la sobriété est la condition essentielle de la santé.

Manipulation :

Expériences sur la digestion. — 1. *Réaction alcaline de la salive.* — Mettre une bande de papier de tournesol rougi sur la langue. Constater au bout de peu de temps qu'il devient bleu. *La salive est alcaline.*

2. *Transformation de l'amidon en sucre.* — Mettre un cachet de pharmacien sur la langue. Remarquer qu'on ne tarde pas à percevoir une saveur sucrée. *L'amidon s'est transformé en sucre.*

3. *Pouvoir saponifiant de la bile.* — Pour se rendre compte du pouvoir saponifiant de la bile, il faut se procurer du fiel de bœuf (bile) et enlever avec ce fiel une tache de graisse faite sur une étoffe.

3ᵉ LEÇON

Respiration.

Définition. — La digestion met à la disposition de l'organisme les aliments solides et liquides dont il a besoin ; la *respiration* lui fournit l'aliment gazeux indispensable : l'*oxygène*.

Tout être vivant respire. On peut rester plusieurs jours sans manger, on peut à peine rester quelques minutes sans respirer. L'Homme puise l'oxygène dont il a besoin dans l'atmosphère et rejette de l'acide carbonique. Cet échange gazeux qui s'opère entre l'organisme et le milieu extérieur, *c'est la respiration.*

Appareil respiratoire. — L'appareil respiratoire comprend les voies respiratoires et les poumons.

Les *voies respiratoires* sont le nez (*fosses nasales*), le *pharynx* (*arrière-bouche*), le *larynx*, la *trachée artère* et ses ramifications.

Le *larynx* est la partie supérieure et élargie de la trachée-artère.

La *trachée-artère* est un tube vertical qui s'étend du larynx aux bronches (fig. 26); elle est située en avant de l'œsophage.

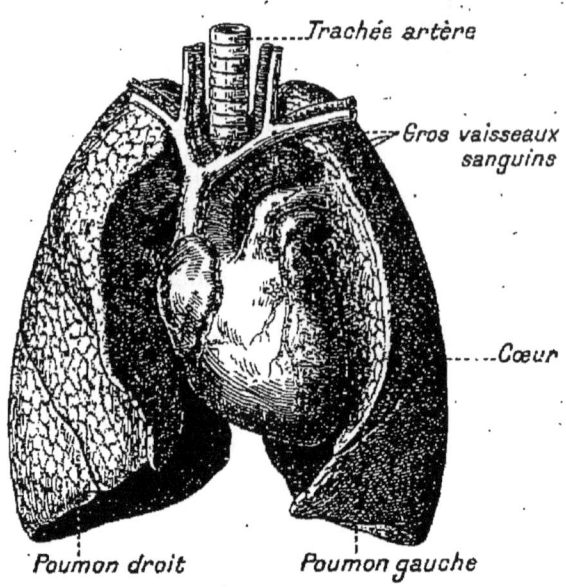

Fig. 26. — Appareil respiratoire.

La trachée est toujours béante parce qu'il existe dans l'épaisseur de ses parois des anneaux cartilagineux incomplets, très résistants. Elle se divise avant d'atteindre les poumons en deux *bronches*.

Trachée et bronches sont tapissées, à l'intérieur, par de tout petits poils ou *cils vibratiles* (fig. 27) ainsi désignés parce qu'ils peuvent se relever et s'abaisser d'un mouvement vibratoire comme un champ de blé agité par le vent. Grâce à ce mouvement les cils transportent, dans le pharynx et même jusque dans la bouche les mucosités qui s'accumulent dans les voies respiratoires.

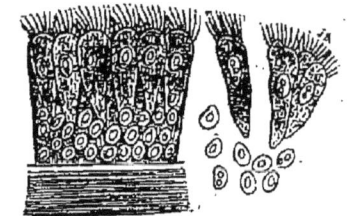

Fig. 27. — Cellules avec cils vibratiles.

Les poumons. — Les poumons sont situés dans le thorax, l'un à droite, l'autre à gauche. Le poumon gauche est plus petit que le poumon droit. Le premier est divisé en deux lobes (fig. 26), le second est formé de trois lobes.

Les poumons sont enveloppés dans une double membrane, nommée *plèvre*. Une membrane s'applique sur les poumons tandis que l'autre s'applique contre la paroi thoracique. Entre les deux replis de la plèvre se trouve un peu de liquide qui favorise les mouvements des poumons pendant la respiration.

Les poumons ont une structure spongieuse. Ils sont formés d'un grand nombre de petites cavités ou *alvéoles pulmonaires* (fig. 28) correspondant aux dernières ramifications des bronches.

Le sang est amené au poumon par une artère, appelée artère pulmonaire, qui se divise en suivant les ramifications des bronches. Si bien que chaque alvéole est entouré par un réseau capillaire en lequel se résout une des dernières branches de l'artère pulmonaire.

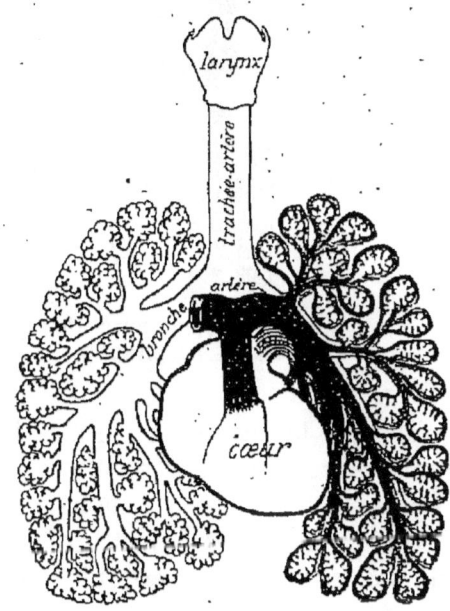

Fig. 26. — Les poumons : alvéoles pulmonaires.

Ce réseau donne naissance à des veinules qui se réunissent en veines plus grosses formant en dernier lieu deux veines pulmonaires pour chaque poumon. La surface intérieure des alvéoles pulmonaires peut être évaluée à 200 mètres carrés; le sang occupe les trois quarts de cette surface, soit 150 mètres carrés. Comme le sang se renouvelle constamment, il en passe, dans les vingt-quatre heures, plus de 2000 litres par les capillaires des poumons.

Mécanisme de la respiration. — Les poumons sont logés dans la cage thoracique. Pour comprendre le mécanisme de la respiration, il nous faut connaître le squelette de cette cage thoracique (fig. 29). Il comprend : une partie de la colonne vertébrale en arrière; 12 paires de côtes, dont la plupart se rattachent en avant au sternum. Les côtes sont reliées entre elles par des muscles intercostaux. Le diaphragme, cloison musculaire, sépare la base du thorax de l'abdomen.

A chaque respiration, la poitrine se soulève, puis s'abaisse.

Quand la poitrine se soulève, les poumons se remplissent d'air, c'est l'*inspiration;* quand la poitrine s'abaisse, les poumons se vident, l'air est chassé au dehors, c'est l'*expiration*.

Au moment de l'inspiration les côtes se soulèvent, le sternum est porté en avant, le diaphragme s'aplatit, la cage thoracique augmente de volume, l'air extérieur s'engouffre dans les pou-

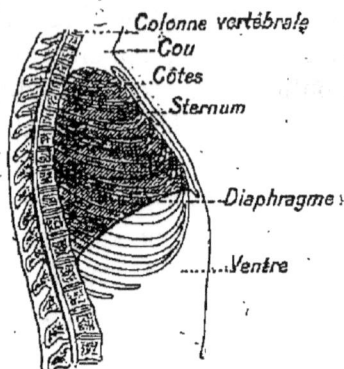
Fig. 29. — Cage thoracique pendant l'inspiration.

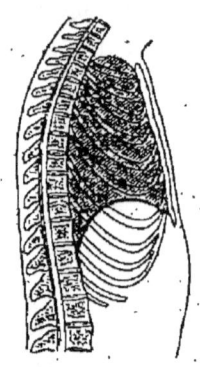
Fig. 30. — Cage thoracique pendant l'expiration.

mons pour occuper tout l'espace qui lui est offert. Puis, les côtes, le sternum, le diaphragme reprennent leur position primitive, grâce au relâchement des muscles, et les poumons pressés de toutes parts chassent l'air qu'ils renfermaient (fig. 30). En un mot, la poitrine fonctionne comme un véritable soufflet.

Phénomènes chimiques de la respiration. — L'air qui pénètre dans les poumons renferme 21 pour 100 environ d'oxygène, 79 pour 100 d'azote et des traces d'acide carbonique.

L'air expiré, saturé de vapeur d'eau, contient la même quantité d'azote, mais beaucoup moins d'oxygène, 16 1/2 pour 100, et beaucoup plus d'acide carbonique, 4 1/2 pour 100.

L'air a donc perdu de l'oxygène et gagné de l'acide carbonique.

Le sang apporté par l'artère pulmonaire est brun noirâtre chargé d'acide carbonique lequel se trouve dissous dans le plasma du sang. Le sang qui sort des poumons par les veines pulmonaires est rouge vermeil et riche en oxygène.

Le sang a donc gagné de l'oxygène et perdu de l'acide carbonique.

Air inspiré.	Air expiré.
Oxygène.	Oxygène.
Azote.	Azote.
Traces de CO^2.	Acide carbonique.

Sang qui arrive au poumon.	Sang qui sort du poumon.
Noirâtre.	Rouge vermeil.
Chargé d'Acide Carbonique.	Chargé d'Oxygène.

Cet échange de gaz se fait à travers la mince paroi de chaque alvéole pulmonaire.

Il faut retenir, d'ores et déjà, que la transformation de l'oxygène en acide carbonique ne se fait pas dans les poumons, mais bien dans toutes les parties du corps, dans toutes les cellules de l'organisme.

Respiration par la peau. — Les échanges gazeux entre l'air et le sang s'effectuent toutes les fois que la membrane de séparation est assez mince. Ils se produisent également à travers la peau. C'est la respiration, dite *cutanée*, d'autant plus importante que la circulation superficielle est plus active.

Hygiène de la respiration. — La respiration est une fonction très importante ; elle doit s'effectuer dans de bonnes conditions. La quantité d'air qui passe dans les poumons en vingt-quatre heures est de 11 000 litres environ.

Vivre, c'est respirer. Si les mouvements respiratoires s'arrêtent, la mort survient : il y a *asphyxie*.

L'asphyxie est simple quand l'air n'arrive pas aux poumons (*strangulation, pendaison, submersion*) ; elle peut être conjurée par la respiration artificielle. On a pu ramener des noyés à la vie après une heure de mort apparente.

L'asphyxie se complique d'empoisonnement quand elle a lieu dans un air confiné, ou chargé de gaz toxiques. L'air pour entretenir la vie ne doit pas seulement être pur, mais il doit encore renfermer une quantité suffisante d'oxygène. L'insuffisance de la tension de l'élément respirable est la cause du malaise particulier appelé *mal des montagnes*.

ZOOLOGIE.

Il faut donc chercher à réaliser les conditions qui peuvent assurer une bonne respiration. Deux conditions sont essentielles : *respirer un air pur* et *respirer convenablement*. De là la nécessité de renouveler fréquemment l'air des salles où l'on séjourne. On y arrive par la ventilation naturelle et artificielle.

Il faut respirer par le nez et s'habituer à faire de profondes et lentes inspirations.

RÉSUMÉ — **RESPIRATION**

DÉFINITION. — L'Homme puise dans l'atmosphère l'oxygène dont il a besoin et il rejette de l'acide carbonique. Cet échange gazeux qui s'opère entre l'organisme et le milieu extérieur, c'est la *respiration*.

Appareil respiratoire.
- VOIES RESPIRATOIRES.
  - Le nez (*fosses nasales*).
  - L'arrière-bouche.
  - Le larynx.
  - La trachée-artère et ses ramifications.
- POUMONS.
  - Les poumons sont situés dans le thorax, l'un à droite, l'autre à gauche.
  - Le poumon droit est plus gros que le poumon gauche.
  - Les poumons, enveloppés par la plèvre, ont une structure spongieuse.
  - *Vaisseaux sanguins.*
    - L'artère pulmonaire conduit le sang du cœur aux poumons.
    - Les veines pulmonaires ramènent le sang au cœur.

Mécanisme de la respiration.
- INSPIRATION. Pendant l'inspiration, les côtes se soulèvent, le sternum se porte en avant, le diaphragme s'aplatit, la cage thoracique augmente de volume l'air s'engouffre dans les poumons.
- EXPIRATION. Pendant l'expiration, les côtes, le sternum, le diaphragme, reprennent leur position initiale. Les poumons, pressés de toutes parts, chassent l'air qu'ils renfermaient.

Phénomènes chimiques de la respiration.
- AIR.
  - L'air inspiré renferme 21 % d'*oxygène*, 79 % d'azote et des *traces d'acide carbonique*.
  - L'air expiré contient la même quantité d'azote, beaucoup de vapeur d'eau, *beaucoup d'acide carbonique* et 16 % *d'oxygène*.
  - L'air a donc perdu de l'oxygène et gagné de l'acide carbonique.
- SANG.
  - Le sang apporté par l'artère pulmonaire est chargé d'*acide carbonique*.
  - Le sang qui sort des poumons par les veines pulmonaires est rouge vermeil, riche en *oxygène*.
  - Le sang a donc gagné de l'oxygène et perdu de l'acide carbonique.

Asphyxie. { L'asphyxie est simple quand l'air n'arrive pas aux poumons (*strangulation, pendaison, submersion*).
L'asphyxie se complique d'empoisonnement quand elle a lieu dans un air confiné ou chargé de gaz toxiques.

Mal des montagnes. — Provient de l'insuffisance d'oxygène.

Hygiène de la respiration. — Il faut respirer un air pur et respirer convenablement.

Expériences sur la respiration. — 1. Souffler sur une plaque de verre froide, constater un dépôt de buée. *L'air expiré renferme de la vapeur d'eau.*

2. Souffler à l'aide d'un tube dans un verre d'eau de chaux, remarquer le trouble et le précipité de carbonate de chaux. *L'air expiré renferme de l'acide carbonique.*

3. Se rendre compte des variations de volume de la cage thoracique pendant l'inspiration et l'expiration.

4ᵉ LEÇON

Circulation.

But de la circulation. — La circulation est la fonction par laquelle le *sang* est mis en mouvement dans l'organisme, de façon à pouvoir :

1° Transporter dans tous les tissus les produits de la digestion absorbés par les parois de l'intestin et l'oxygène pris au poumon ;

2° Recevoir de toutes les cellules les substances inutiles, les déchets, et les transporter dans un appareil *sécréteur*, appareil que nous étudierons bientôt.

Le sang. — Si nous plaçons une goutte de sang sur une lame de verre et que nous l'examinions au microscope, nous constatons la présence d'un liquide jaunâtre, le *plasma*, dans lequel nagent des éléments figurés appelés *globules*.

De ces globules, les uns sont discoïdes, *rouges* et conservent la même forme ; les autres sont *blancs*, de forme irrégulière et variable (fig. 31 et 32).

Le sang est donc formé de deux parties : l'une liquide, le plasma ; l'autre solide, les globules.

Le *plasma* contient beaucoup d'eau, divers gaz, des sels dissous, tels que carbonates et phosphates. Ces sels se combinent avec l'acide carbonique pris dans les tissus et le transportent dans les poumons où il se dégage. Le plasma renferme une substance appelée *fibrinogène* qui se dédouble et donne de la *fibrine* aussitôt que le sang est extrait des vaisseaux.

Les *globules rouges* (fig. 31) sont de petits disques plus épais sur les bords qu'au centre, ils communiquent au sang sa coloration rouge caractéristique. Ils sont très petits, mais très nombreux, on en compte jusqu'à cinq millions par millimètre cube. Ils renferment une matière rouge, *l'hémoglobine,* qui se combine très facilement avec l'oxygène de l'air. Cette propriété fait des globules rouges les véritables commis voyageurs de l'oxygène.

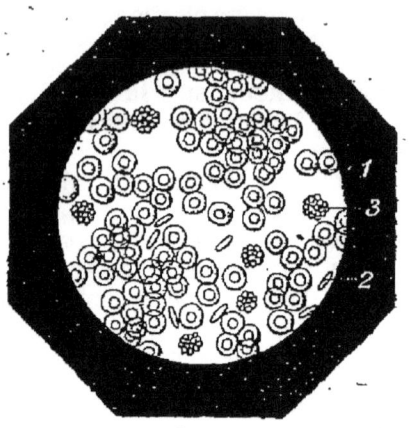

Fig. 31. — Globules du sang de l'Homme. 1, globules rouges vus de face; 2, les mêmes vus de profil; 3, globules blancs.

Les *globules blancs* ou *leucocytes* (fig. 32) sont plus gros, moins nombreux et déformables. Ils peuvent pousser des prolongements très fins et passer facilement à travers les parois des vaisseaux. Ils possèdent la curieuse propriété d'englober, à l'aide de leurs prolongements, les particules qu'ils rencontrent; les microbes qu'ils peuvent atteindre, ils les digèrent peu à peu et défendent ainsi l'organisme contre l'invasion des germes de certaines maladies.

Le sang extrait des vaisseaux se coagule. Le fibrinogène produit un réseau de fibrine emprisonnant dans ses mailles les globules, c'est le *caillot*. Le caillot est entouré d'un liquide légèrement jaunâtre, le *sérum*.

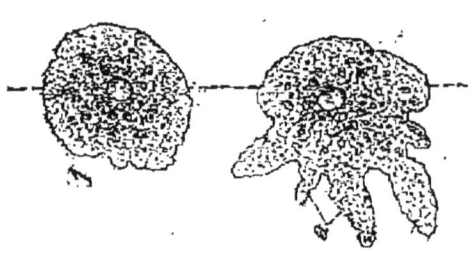

Fig. 32. — Globule blanc (1) et ses prolongements protoplasmiques (2).

Pour empêcher la coagulation du sang, il suffit d'enlever la fibrine à l'aide d'un simple battage; pour cela on verse du sang de bœuf, par exemple, dans une cuvette et on le bat avec un petit balai; la fibrine se coagule sur les verges du balai et peut être facilement isolée.

Appareil circulatoire. — L'appareil circulatoire comprend : le *cœur* et des *vaisseaux*.

Cœur. — Le cœur (fig. 33) est logé dans le thorax, entre les deux poumons, en avant de la colonne vertébrale et de l'œsophage et légèrement incliné à gauche. C'est un muscle creux, de la grosseur du poing. Il est enveloppé d'une membrane nommée *péricarde*.

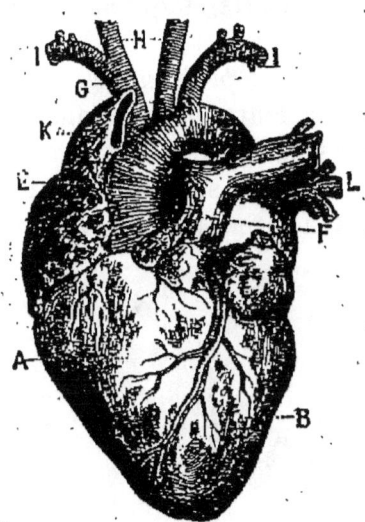

Fig. 33. — Le cœur vu par sa face antérieure.

A, ventricule droit; B, ventricule gauche; F, artère pulmonaire; E, crosse de l'aorte; G, tronc brachio-céphalique; H, artères carotides; I, artères sous-clavières; K, veine cave supérieure; L, veines pulmonaires.

Le cœur présente quatre cavités: deux *oreillettes* et deux *ventricules* (fig. 34).

Les oreillettes ne communiquent pas entre elles; les ventricules ne communiquent pas entre eux. L'oreillette droite communique avec le ventricule droit et l'oreillette gauche communique avec le ventricule gauche par des orifices qu'obturent des valvules. Il existe en réalité, dans le cœur, deux parties bien distinctes deux cœurs distincts : un *cœur droit* et un *cœur gauche*. La paroi des oreillettes est mince, celle des ventricules est épaisse. La paroi du ventricule gauche est plus épaisse que celle du ventricule droit.

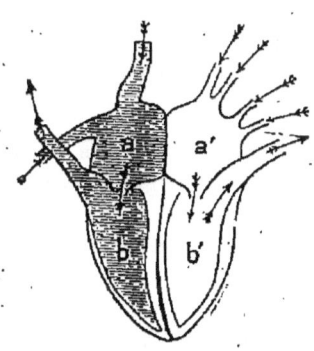

Fig. 34. — Coupe du cœur.
a', oreillette gauche; b', ventricule gauche; a, oreillette droite; b, ventricule droit.

Vaisseaux. — Les vaisseaux qui partent du cœur sont les *artères*.

Les vaisseaux qui arrivent au cœur sont les *veines*.

Les artères et les veines sont réunies par des vaisseaux d'une finesse extrême appelés *vaisseaux capillaires*.

Les artères partent des ventricules, elles se ramifient en s'éloignant du cœur. Leurs parois sont élastiques. Lorsqu'elles se distendent par trop, il y a formation d'une poche, *anévrysme*, dont la rupture est toujours grave. Les artères restent toujours béantes.

Du ventricule gauche part l'artère *aorte* (fig. 33) qui se dirige d'abord de bas en haut, se recourbe, et descend verticalement en arrière du cœur, donnant naissance aux artères qui apportent le sang dans les diverses parties du corps (fig. 35).

Du ventricule droit se détache *l'artère pulmonaire.*

Les *veines* aboutissent aux oreillettes, leurs parois étant peu élastiques s'affaissent aussitôt qu'elles sont vides. Lorsque les parois se distendent il y a formation de *varices*.

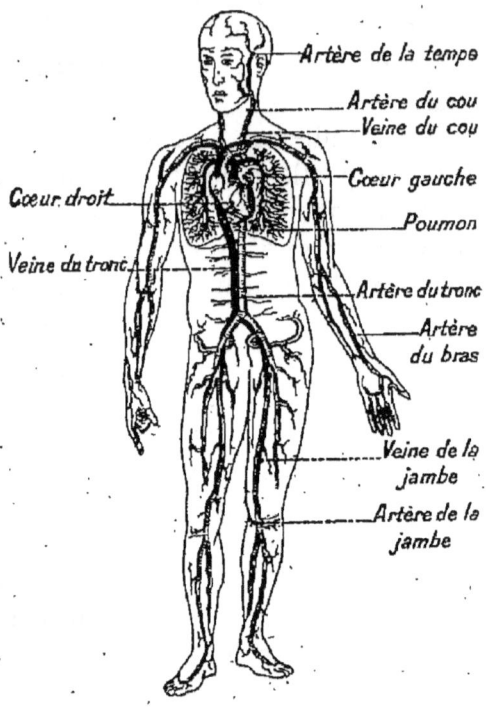
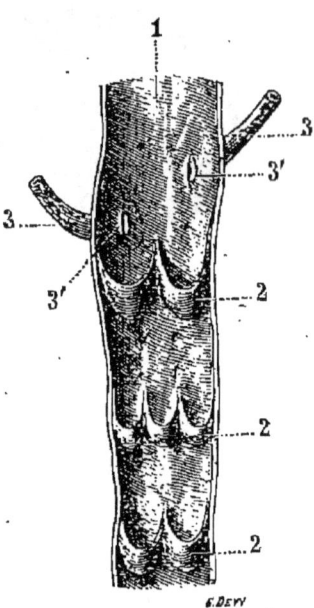

Fig. 25. — Principaux vaisseaux sanguins du corps de l'Homme.

Fig. 36.
2, valvules des veines ;
3, 3', veinules.

Les veines qui aboutissent à l'oreillette droite sont la *veine cave inférieure* et la veine *cave supérieure*. A l'oreillette gauche aboutissent les quatre *veines pulmonaires* (fig. 33).

Mécanisme de la circulation. — Le cœur met le sang en mouvement. Il se contracte environ soixante-dix fois par minute. Les ventricules se contractent simultanément ; il en est de même des oreillettes.

La contraction du ventricule gauche chasse le sang dans l'artère aorte et dans ses ramifications. L'ondée sanguine distend la paroi artérielle, dont le tissu élastique agit à la façon d'un ressort en rendant l'effort reçu et le sang arrive jusqu'aux capillaires puis, dans les veines. Ici le sang ne peut revenir en arrière par suite de la présence de membranes ou replis qui l'obligent à progresser toujours vers le cœur (fig. 36). Il est apporté à l'oreillette droite par les deux veines caves.

Donc le sang parti du ventricule gauche parcourt toutes les parties du corps et arrive à l'oreillette droite. A ce parcours du sang, découvert en 1628 par le médecin anglais *Harvey*, on a

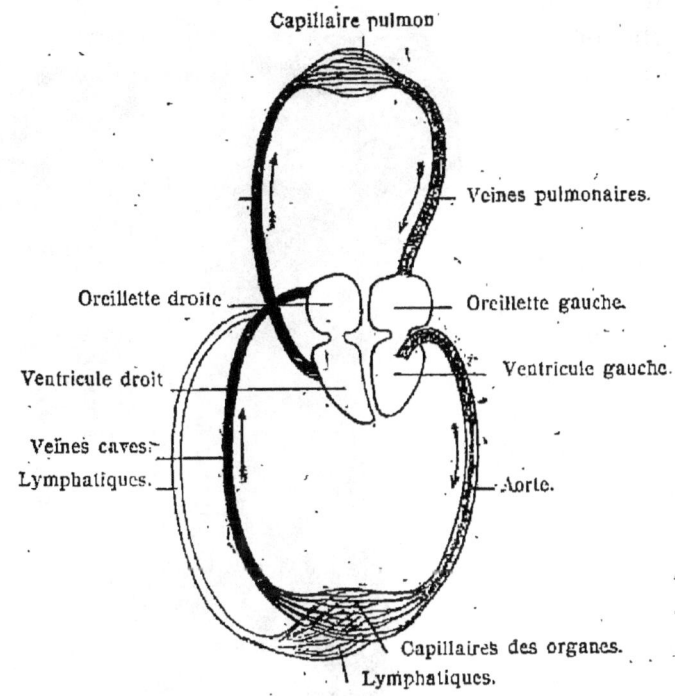

Fig. 37. — Du ventricule gauche à l'oreillette droite, grande circulation; du ventricule droit à l'oreillette gauche, petite circulation.

donné le nom de *grande circulation*. La contraction de l'oreillette droite chasse le sang dans le ventricule droit, celui-ci se contractant pousse le sang dans l'artère pulmonaire qui l'apporte aux poumons. Le sang est ramené dans l'oreillette gauche par les quatre veines pulmonaires. Donc le sang parti du ventricule droit traverse les poumons et se rend à l'oreillette gauche (fig. 37). On a appelé *petite circulation* ce dernier parcours du sang découvert en 1553 par *Michel Servet*.

Pouls. — Le jet de sang lancé dans l'aorte à chaque contraction du cœur fait gonfler les artères. En plaçant le doigt sur une artère on sent un soulèvement et un choc ; c'est le pouls. Le médecin tâte le pouls en plaçant son doigt sur une artère du poignet.

Phénomènes chimiques de la circulation. — Le sang qui part du ventricule gauche est rouge vermeil, riche en oxygène, *propre à nourrir les tissus*. En parcourant les divers organes les globules rouges abandonnent l'oxygène et le plasma se charge d'acide carbonique. Le sang arrive à l'oreillette droite et de là au ventricule droit, noir, chargé de déchets, *impropre à nourrir les tissus*. Il est conduit aux poumons ; dans chaque alvéole pulmonaire, au contact de l'air, dont il n'est séparé que par une très fine membrane, l'oxygène se combine avec l'hémoglobine des globules et l'acide carbonique du plasma se dégage. Le sang redevenu rouge vermeil, se rend au cœur et dans les organes pour leur céder l'oxygène.

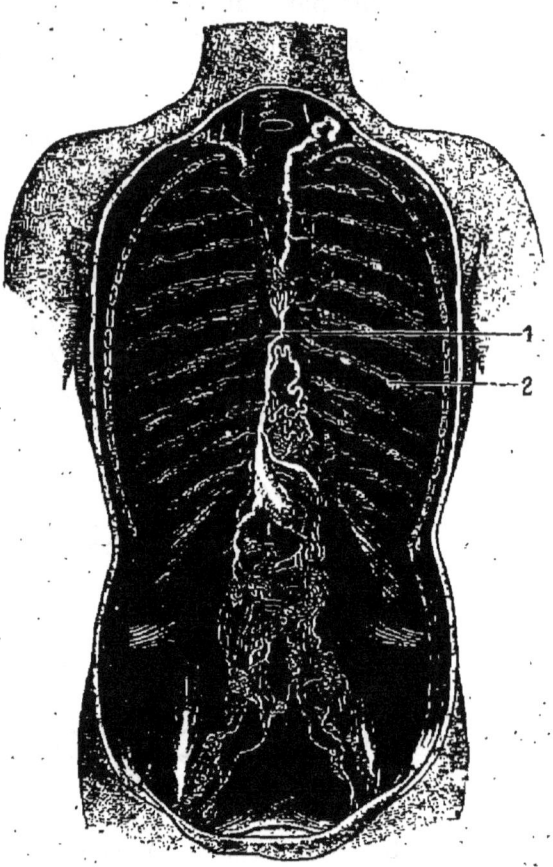

Fig. 38. — Vaisseaux et ganglions lymphatiques du tronc.
1, canal thoracique ; 2, ganglion.

Circulation lymphatique. — Outre le sang, il existe dans l'organisme un autre liquide qui circule dans toutes les parties du corps ; *c'est la lymphe.*

La *lymphe* est un liquide incolore composé de plasma et de globules blancs. Elle joue un rôle important dans la nutrition des organes et dans la défense de l'organisme. Lorsque des corps étrangers ou des microbes pénètrent en un point du corps, les globules blancs de la lymphe se rassemblent tout autour pour les digérer. Le savant professeur Metchnikoff a bien étudié ce phénomène désigné sous le nom de *phagocytose*.

Les *vaisseaux lymphatiques* (fig. 38) conduisent la lymphe, ils naissent dans les divers organes par des capillaires. Ils se réunissent entre eux et forment un canal qui remonte le long de la colonne vertébrale et se jette dans la veine sous-clavière gauche. La lymphe charriée par ces vaisseaux n'est versée dans le sang qu'après avoir rencontré une série d'organes placés sur leur trajet. Ces organes, plus ou moins arrondis, abondants dans le creux de l'aisselle, à l'aine, au cou, etc., sont appelés *ganglions lymphatiques* (fig. 39).

Les vaisseaux chylifères dont nous avons parlé plus haut sont les vaisseaux lymphatiques de l'intestin.

Hygiène de la circulation. — Elle peut se résumer en deux mots : *le sang doit être suffisamment nutritif; il doit circuler librement*.

Lorsque l'alimentation est insuffisante, le sang ne peut recueillir les matériaux nécessaires à la nutrition des organes, il en résulte une maladie connue sous le nom *d'anémie*. Pour combattre cet état il suffit d'absorber des aliments sains et suffisants, de vivre au grand air et en pleine lumière.

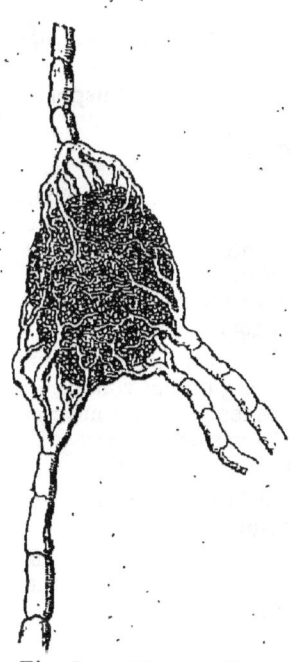

Fig. 39. — Un ganglion lymphatique avec ses vaisseaux.

Le sang doit circuler librement. Plusieurs causes ralentissent ou accélèrent la circulation, comme la pesanteur, la chaleur, le mouvement, les émotions.

Le mouvement des muscles favorise la circulation et accélère les battements du cœur. L'abus des exercices physiques surmène le cœur qui se développe en épaisseur, *s'hypertrophie*, déterminant des troubles circulatoires. L'alcool a une action funeste sur l'appareil circulatoire; il durcit les artères et provoque des lésions. Enfin le sang véhicule habituellement les germes d'une foule de maladies contagieuses, *charbon*, *fièvre paludéenne*, etc. *L'inoculation* est la pénétration de ces germes dans le sang. C'est aux immortelles découvertes de Pasteur et de ses élèves que nous devons de connaître ces maladies et les moyens de les combattre.

RÉSUMÉ — CIRCULATION

But de la circulation. — La circulation est la fonction par laquelle le sang est mis en mouvement dans l'organisme de façon à pouvoir :

1° transporter dans tous les tissus les produits de la digestion absorbés par les parois de l'intestin et l'oxygène pris au poumon;

2° recevoir de toutes les cellules les substances inutiles et les transporter dans l'appareil sécréteur.

Le sang est formé de deux parties : les GLOBULES et le PLASMA.

Sang.
- GLOBULES.
  - *rouges.* Disques rouges, plus épais sur les bords qu'au centre. Ils renferment de *l'hémoglobine.* Ce sont les véritables commis voyageurs de l'oxygène.
  - *blancs ou leucocytes.* Plus gros et moins nombreux que les globules rouges. Ils défendent l'organisme contre l'invasion des germes de certaines maladies.
- PLASMA. Liquide contenant de l'eau, divers gaz, des sels, les produits nutritifs et les déchets.
- COAGULATION.
  - *Caillot.* Formé par les globules emprisonnés dans un réseau de fibrine.
  - *Sérum.*

Appareil circulatoire.
- CŒUR. Logé dans la poitrine, entre les deux poumons, en avant de la colonne vertébrale et de l'œsophage et légèrement incliné à gauche. Il est enveloppé d'une séreuse nommée *péricarde.*
  - 4 cavités. 2 oreillettes et 2 *ventricules.* Les oreillettes ne communiquent pas entre elles. Les ventricules ne communiquent pas entre eux. Chaque oreillette communique avec le ventricule correspondant.
- VAISSEAUX.
  - Artères. L'artère aorte part du ventricule gauche. L'artère pulmonaire part du ventricule droit.
  - Veines. Les veines caves aboutissent à l'oreillette droite. Les veines pulmonaires aboutissent à l'oreillette gauche.
  - Vaisseaux capillaires.

Mécanisme de la circulation.		Le cœur met le sang en mouvement. Il se contracte environ 70 fois par minute.
	GRANDE CIRCULATION.	Les ventricules se contractent simultanément.
		La contraction du ventricule gauche chasse le sang dans l'aorte et dans ses ramifications.
		Le sang est ramené au cœur, dans l'oreillette droite, par les 2 *veines caves*.
	PETITE CIRCULATION.	La contraction du ventricule droit chasse le sang dans l'artère pulmonaire qui l'apporte aux poumons.
		Le sang est ramené au cœur dans l'oreillette gauche par les 4 *veines pulmonaires*.
Phénomènes chimiques de la circulation.	DANS LES POUMONS.	Les globules rouges se chargent d'oxygène.
		Le plasma abandonne l'acide carbonique.
	AU NIVEAU DE L'INTESTIN.	Le plasma des capillaires se charge dans les villosités intestinales des produits nutritifs.
	DANS TOUTES LES PARTIES DU CORPS.	Le sang abandonne de l'oxygène et se charge d'acide carbonique.
Appareil lymphatique.	*Lymphe.*	Globules blancs ou *phagocytes*.
		Plasma : liquide incolore chargé de produits nutritifs et de déchets.
	Vaisseaux lymphatiques.	Ils naissent dans les divers organes par des capillaires.
		Ils se réunissent en un gros tronc qui aboutit à la *veine sous-clavière gauche*.
	Circulation lymphatique.	La lymphe charriée par ces vaisseaux n'est versée dans le sang qu'après avoir rencontré une série d'organes appelés *ganglions lymphatiques*.

Hygiène de la circulation. — Le sang doit être suffisamment nutritif; il doit circuler librement.

Manipulation :

Circulation. — 1. *Examen d'une goutte de sang.* — Examiner au microscope une goutte de sang. Séparer les globules du plasma. Couleur des globules et couleur du plasma.

2. *Examen des globules.* — *Les globules rouges* : forme, dimensions, nombre.

Les globules blancs : forme, dimensions, nombre. Observer pendant quelques instants un globule blanc et en suivre les variations de forme.

3. *Examen de la lymphe.* — Prendre une Grenouille, enfoncer un tube effilé sous sa peau au niveau des espaces lymphatiques et en retirer un peu de lymphe pour l'examiner au microscope. Si on chauffe légèrement la lame qui porte la lymphe on voit très nettement les transformations des globules blancs.

5ᵉ LEÇON

Appareil sécréteur.

L'*appareil sécréteur* de l'Homme se compose d'organes particuliers, appelés glandes.

Glandes. — Les *glandes sont simples* comme celles de l'intestin ou *composées*, comme les glandes salivaires (fig. 40).

Une glande simple forme un cul-de-sac tapissé par des cellules sécrétrices; elle reçoit de nombreux vaisseaux sanguins, des filets nerveux et présente un canal excréteur.

D'après leur rôle on distingue :

1° Les *glandes digestives* : *Glandes salivaires, glandes de l'estomac, glandes de l'intestin, pancréas et foie.* Ces glandes ont été étudiées avec la digestion.

2° Les *glandes nutritives* : *Foie, cellules où s'accumule la graisse, glandes mammaires ou mamelles.*

3° Les *glandes excrétrices* : *Poumons, reins, glandes sudoripares* (peau).

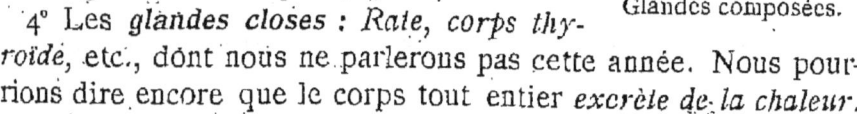
Fig. 40.
Glandes composées.

4° Les *glandes closes* : *Rate, corps thyroïde*, etc., dont nous ne parlerons pas cette année. Nous pourrions dire encore que le corps tout entier *excrète de la chaleur*.

Glandes nutritives. — Le foie. — Le foie sécrète la bile dont le rôle est capital dans l'absorption des matières grasses.

Les cellules du foie ont aussi la propriété de fabriquer, aux dépens du sang qui les baigne, des *matières azotées, de la graisse* et du *glycogène* qu'elles gardent en réserve pour en pourvoir l'organisme au fur et à mesure de ses besoins.

Le glycogène a même constitution chimique que l'amidon, on pourrait l'appeler de l'amidon animal, car l'amidon ordinaire est produit par les végétaux. *Claude Bernard,* savant physiologiste français, a démontré, par d'élégantes expériences, que le foie extrait le sucre du sang qui lui arrive de l'intestin, par la *veine porte*, et le retient sous forme de composé insoluble ou glycogène. Le sang doit renfermer toujours la même quantité de sucre, 2 pour 1000 environ. Lorsque le foie n'arrête pas le sucre au passage, le sang en renferme une trop grande quantité ; il est alors rejeté en nature par les reins. La présence du sucre dans l'urine caractérise une maladie grave, appelée *diabète*.

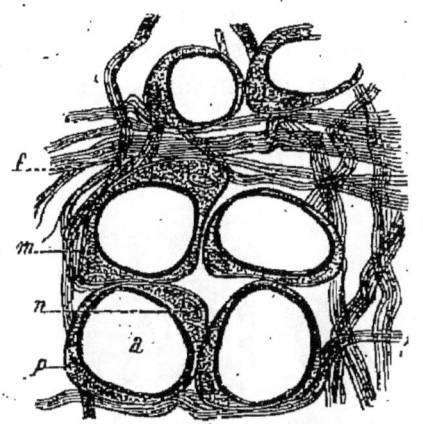

Fig. 41. — Tissu adipeux.
a, goutte de graisse à l'intérieur d'une cellule.

Cellules à graisse ou cellules adipeuses. — La graisse se dépose dans certaines cellules sous forme de gouttelettes (fig. 41), principalement sous la peau (*personnes obèses*) et autour des reins, du cœur. La graisse provient surtout de la transformation des matières ternaires, comme la fécule.

Les herbivores qui se nourrissent de végétaux dans lesquels abondent les substances ternaires engraissent facilement. Les carnassiers, se nourrissant de chair, restent maigres. La graisse constitue une réserve importante. Les animaux hibernants, comme l'Ours, la Marmotte, la Chauve-souris, s'endorment gras ; pendant leur sommeil ils consomment leur graisse.

Mamelles. — Les mamelles sécrètent le lait, aliment complet servant à nourrir le jeune enfant pendant les premiers mois de son existence. Les animaux qui mettent au monde leurs petits vivants ont des mamelles ; ce sont les *Mammifères*.

Glandes excrétrices. — Les poumons excrètent une grande quantité d'acide carbonique et de vapeur d'eau (p. 21).

La peau recouvre le corps, elle se continue graduellement avec les muqueuses intérieures formant deux couches distinctes, l'*épiderme* et le *derme* (fig. 42). L'épiderme renferme des granulations colorées (pigments) qui donnent à la peau sa couleur. Le pigment noir est abondant dans la peau des nègres.

Les individus dépourvus de pigment sont dits *albinos*. La peau produit les poils auxquels sont annexées les glandes sébacées (fig. 42).

Les *glandes sudoripares*, situées dans le derme, produisent la sueur, on en compte plus de 2 millions.

Le canal excréteur de chaque glande traverse l'épiderme et s'ouvre par un petit orifice. C'est par chacun de ces orifices que perlent les gouttes de sueur quand il fait très chaud, quand on se livre à un violent exercice ou quand on ingère beaucoup de liquides. La sueur renferme de l'eau, divers sels et un peu d'urée. L'évaporation de la sueur détermine un abaissement de température de notre corps.

La peau a une double fonction : *respiration* et *transpiration*.

Fig. 42. — Coupe de la peau chez l'Homme:
a et *b*, épiderme ; *c* et *d*, derme ; *e*, glande sudoripare ; *f*, glandes sébacées.

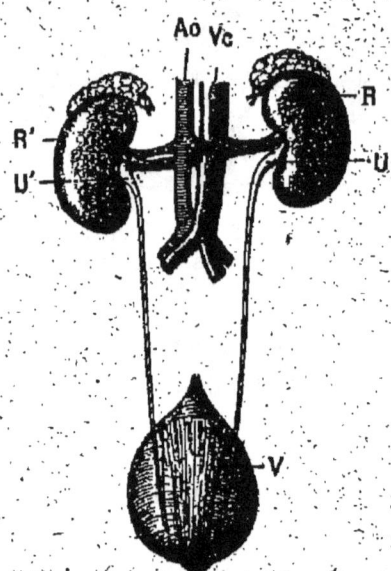

Fig. 43. — Appareil urinaire.
R, R', rein ; Ao, aorte ; Vc, veine cave ; U, U', uretères ; V, vessie.

Il faut la maintenir toujours propre en prenant régulièrement des douches ou des bains.

Les reins. — Les reins au nombre de deux, sont logés dans l'abdomen, de chaque côté de la colonne vertébrale. Ils ont la forme d'un haricot (fig. 43) et pèsent chacun plus de 150 grammes. Le sang y arrive en grande quantité par l'*artère rénale*, y circule par de nombreux capillaires et il en ressort par la *veine rénale*.

Si l'on coupe en long un rein, on distingue facilement une couche périphérique formée d'un tissu serré, c'est la *couche corticale* et une couche plus lâche, c'est la *substance médullaire* (fig. 44). Avec un microscope on découvre, dans la substance corticale, des vaisseaux sanguins portant de nombreuses pelotes de tubes entourées d'une fine membrane. Chaque pelote est un *glomérule*.

Le sang des capillaires du glomérule laisse filtrer l'eau et les sels minéraux qu'il contient en excès. Le glomérule se continue par un tube sinueux qui extrait l'*urée* du sang.

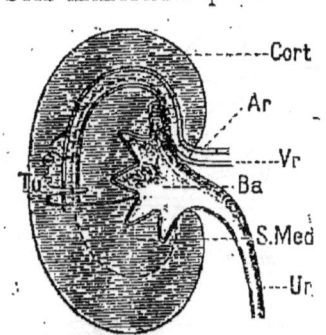

Fig. 44.
Coupe schématique d'un rein.
Cort, substance corticale;
S.Med, substance médullaire; Ba, bassinet; Ur, uretère; Ar, artère rénale;
Vr, veine rénale.

L'eau, les sels divers, l'urée, etc. forment l'urine qui est conduite par l'*uretère* dans la vessie.

Il arrive parfois que l'urine trop chargée de sels minéraux laisse déposer des graviers ou calculs urinaires causant la *gravelle* ou la *pierre*.

Quand le rein ne fonctionne pas normalement, l'albumine du sang filtre à travers les tubes, constituant une maladie grave, l'*albuminurie*.

Chaleur animale. — En hiver comme en été la température de notre corps est constante et voisine de 37 degrés. Ainsi que l'Homme, les Mammifères (*Singe, Chat, Lapin*), les Oiseaux (*Canard, Autruche*) sont des animaux à température constante.

Les Reptiles (*Serpents*), les Batraciens (*Grenouille*), les Poissons (*Carpe*), les Invertébrés (*Ver, Escargot, Hanneton*) sont au contraire des animaux à température variable, ils ont le corps chaud quand il fait chaud et froid quand il fait froid.

L'Homme lutte contre le froid en se couvrant de vêtements chauds, en mangeant surtout des aliments féculents et gras (Lapons), en exécutant de nombreux mouvements. Mais la nature l'a pourvu d'un mécanisme qui lui permet d'activer ou de ralentir la production de chaleur.

S'il fait chaud, il se couvre de vêtements légers, il mange moins, il fait peu d'exercice; il transpire et l'évaporation de la sueur amène un refroidissement plus ou moins considérable.

La *régulation de la chaleur* se fait diversement chez l'Homme et chez les animaux. Le nègre vit à l'ombre de sa peau. Le Chien ne sue jamais; après avoir couru, il respire 350 fois par minute et sort la langue pour activer la déperdition de chaleur par l'évaporation qui se fait à la surface des poumons.

Le Chat, le Lion, le Tigre suent beaucoup, aussi attendent-ils leur proie à l'affût au lieu de la poursuivre.

La chaleur se produit dans tout le corps, particulièrement dans le foie, les muscles, les glandes (*fig.* 45). Elle est due à l'action de l'oxygène (*respiration*) sur les éléments de la cellule. Mais ce n'est pas comme on pourrait le croire une combustion simple comparable à celle qui se produit dans nos foyers.

La présence de l'oxygène dans la cellule détermine des oxydations, des réactions diverses desquelles résulte la chaleur.

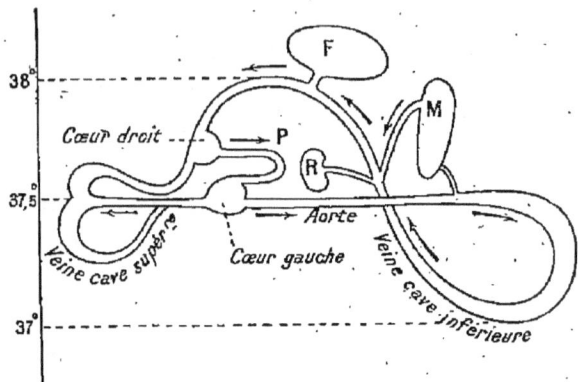

Fig. 45. — Schéma indiquant la température des divers organes.
F, foie; R, rein; P, poumon; M, muscle.

Assimilation et désassimilation. — Les fonctions que nous avons étudiées ont pour but : les unes (*digestion, respiration, circulation*) de fournir à l'organisme l'aliment et l'oxygène dont il a besoin; les autres (*sécrétion, excrétion*) de le débarrasser des déchets. Les matériaux nutritifs (*sucre, peptone, graisse,* etc.) sont retenus par les cellules et assimilés, c'est-à-dire, transformés en matière vivante ou mis en réserve. *Seuls les êtres vivants ont la propriété d'assimiler*, aussi sont-ils capables de croissance.

En même temps s'accomplissent, dans l'intimité des cellules, des phénomènes de destruction, de *désassimilation*. La substance vivante, grâce à l'oxygène, s'oxyde, se dédouble en produits simples (eau, acide carbonique, urée) qui sont rejetés. Ces réactions mettent à la disposition de l'organisme de l'énergie, qui se traduit au dehors sous forme de *travail* et de *chaleur*.

De la naissance à l'âge adulte l'assimilation l'emporte sur la désassimilation. Le corps s'accroît.

De l'âge adulte à la vieillesse l'assimilation égale la désassimilation.

Pendant la vieillesse, la désassimilation l'emporte sur l'assimilation, les forces diminuent, le corps s'affaiblit.

L'équilibre entre l'assimilation et la désassimilation, à une période déterminée de la vie, constitue l'état de bonne santé.

RÉSUMÉ — APPAREIL SÉCRÉTEUR

Appareil sécréteur. — L'appareil sécréteur se compose d'organes particuliers appelés glandes.

Glandes.
- *Forme.*
  - GLANDES SIMPLES. Glandes de l'intestin.
  - GLANDES COMPOSÉES. Glandes salivaires.
- *D'après leur rôle on distingue les glandes.*
  - DIGESTIVES.
    - Glandes salivaires.
    - — de l'estomac.
    - — de l'intestin.
    - Pancréas.
    - Foie.
  - NUTRITIVES.
    - Foie.
    - Cellules adipeuses.
    - Mamelles.
  - EXCRÉTRICES.
    - Poumons.
    - Reins.
    - Glandes sudoripares.
  - CLOSES.
    - Rate.
    - Corps thyroïde, etc.

Le corps tout entier excrète de la chaleur.

Foie.
- Le foie sécrète la bile dont le rôle est capital dans l'absorption des matières grasses.
- Le foie garde en réserve pour en pourvoir l'organisme au fur et à mesure de ses besoins :
  - des matières azotées.
  - de la graisse.
  - du glycogène.

Cellules adipeuses. La graisse provient surtout de la transformation des aliments ternaires. Elle se dépose principalement sous la peau (*obésité*), autour des reins et du cœur.

Mamelles. | Les glandes mammaires sécrètent le lait.

Poumon. Excrète
- De l'acide carbonique.
- De la vapeur d'eau.

Peau.
- ÉPIDERME. Renferme des granulations colorées ou pigments.
- DERME.
  - Glandes sudoripares.
  - Glandes sébacées situées à la base des poils.

Reins.
- *Situation et forme.*
  - Ils sont logés dans la cavité abdominale de chaque côté de la colonne vertébrale.
  - Ils ont la forme d'un haricot.
- *Vaisseaux.*
  - ARTÈRE RÉNALE.
  - Capillaires nombreux.
  - VEINE RÉNALE.
- *Structure.*
  - Couche corticale.
  - Substance médullaire.
- *Fonction.* Le rein extrait du sang, de l'eau, des sels divers, de l'urée, dont le mélange constitue l'urine.

URETÈRES. — VESSIE.

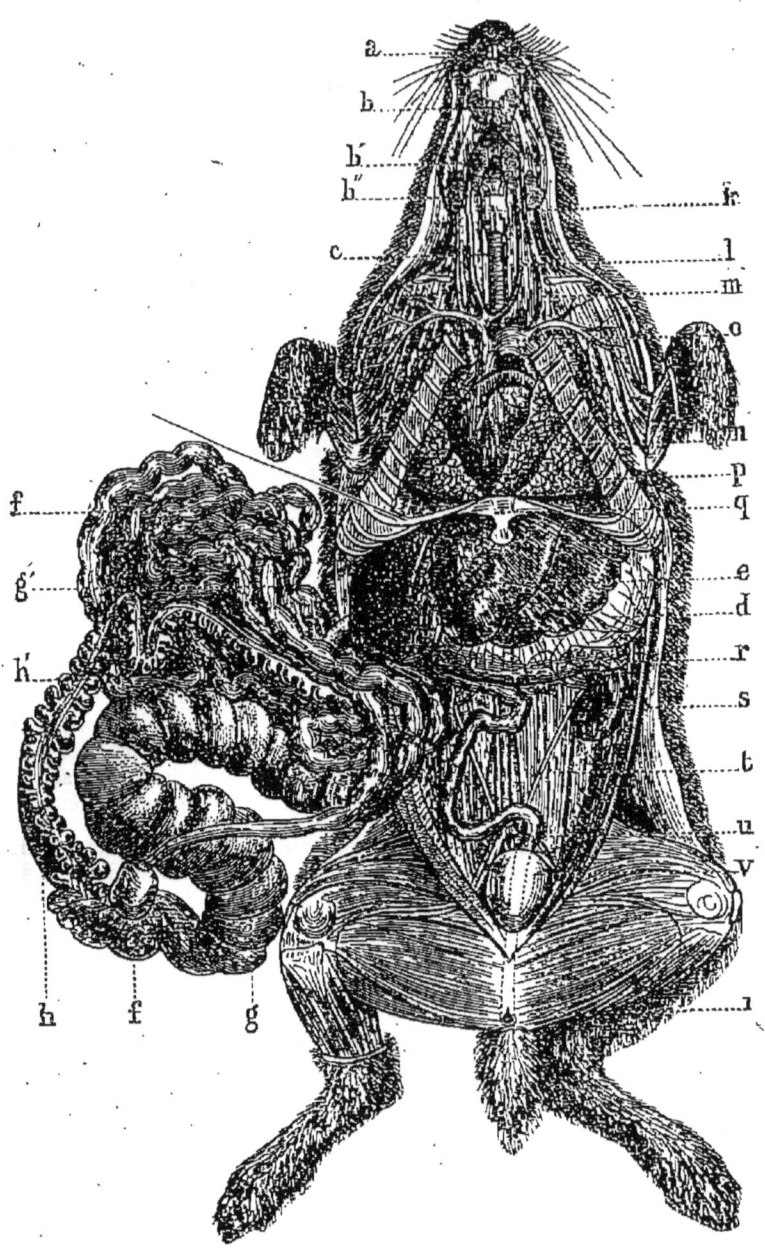

Fig. I. — Organisation du Lapin : *a*, dents incisives ; *b*, *b'*, *b''*, les trois paires de glandes salivaires ; *c*, œsophage ; *d*, diaphragme ; *e*, estomac ; *f*, intestin grêle ; *g*, cæcum ; *g'*, appendice vermiculaire du cæcum ; *h*, *h'*, côlon ; *i*, anus ; *k*, larynx ; *l*, trachée-artère ; *m*, artères carotides ; *n*, cœur ; *o*, aorte ; *p*, poumons ; *q*, extrémité du sternum ; *r*, rate ; *s*, rein ; *t*, uretères ; *v*, vessie.

Chaleur animale.	Régulation de la température.	La température du corps est constante et voisine de 37°.		
		L'homme lutte contre le froid	{	En se couvrant de vêtements chauds. En mangeant des aliments gras et féculents. En exécutant de nombreux mouvements.
		L'homme lutte contre la chaleur	{	En se couvrant de vêtements légers. En mangeant peu. En faisant peu d'exercice. Par la transpiration.
Assimilation.		{ Les matériaux nutritifs : sucre, peptones, graisse, etc., sont retenus par les cellules et assimilés, c'est-à-dire transformés en matière vivante.		
Désassimilation.		{ La substance vivante en présence de l'oxygène se dédouble en produits simples (*eau, acide carbonique, urée*). Ces réactions mettent de l'*énergie* à la disposition de l'organisme.		

L'équilibre entre l'assimilation et la désassimilation, à une période déterminée de la vie, constitue l'état de bonne santé.

Manipulation. — *Revision. Dissection du lapin* (fig. I).

FONCTIONS DE RELATION

6ᵉ LEÇON

Locomotion. — *Squelette et Muscles.*[1]

Nous avons étudié les *fonctions de nutrition*, communes à tous les êtres vivants. Nous allons nous occuper, dès maintenant, des *fonctions de relation*, qui sont le privilège de la plupart des animaux.

Les animaux, en effet, n'étant pas fixés au sol comme les plantes, peuvent explorer la région qu'ils habitent. Ils vont au devant de la nourriture, à la recherche de laquelle ils sont sans cesse occupés. Ils ont besoin d'organes qui leur permettent de se déplacer par rapport aux objets environnants et ils ont besoin de déplacer les diverses parties du corps les unes par rapport aux autres. Ces organes sont les *organes de la locomotion*. Il leur faut également des organes aptes à être impressionnés par les corps environnants. Ces organes sont les *organes des sens*.

Le *système nerveux* dirige à la fois les mouvements et les sensations. Nous verrons que les appareils de nutrition, eux-mêmes, sont sous sa dépendance.

Locomotion. — Les organes qui concourent à la locomotion sont les *os* et les *muscles*.

Os. — Les os sont les organes passifs du mouvement. On les divise suivant leur forme en trois catégories :

1° Les *os longs*. — Ex. os du bras et de la cuisse (fig. 46).

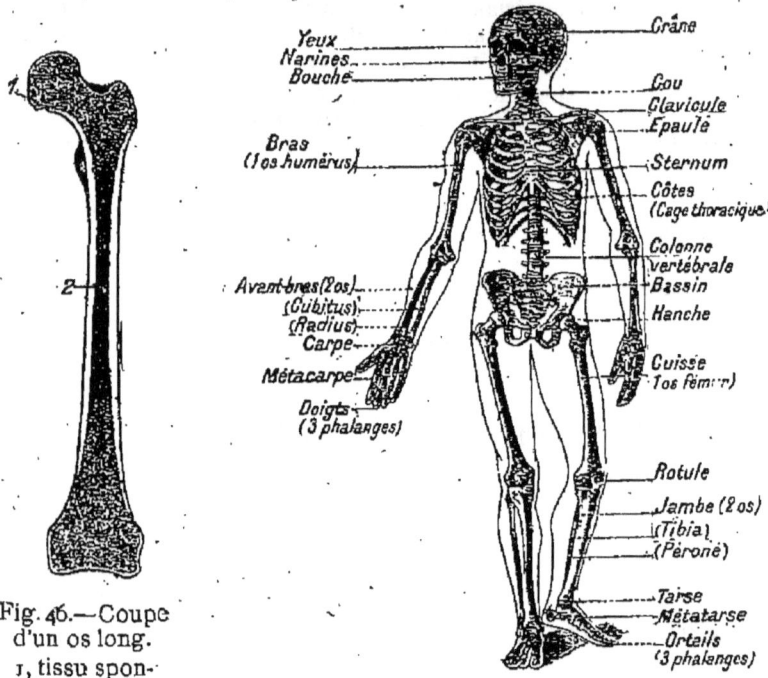

Fig. 46. — Coupe d'un os long.
1, tissu spongieux de la tête de l'os ; 2, moelle.

Fig. 47. — Squelette.

2° Les *os courts*. — Ex. os de la paume de la main (fig. 47).
3° Les *os plats*. — Ex. os du crâne.

Si l'on coupe un os transversalement, la section présente trois parties : 1° une membrane extérieure ; 2° la substance osseuse dure, qui donne à l'os sa forme ; 3° la moelle au centre (fig. 46).

Dans le jeune âge les os sont mous, ils deviennent durs (*ossification*) avec le temps et progressivement.

L'os renferme une matière organique, l'*osséine*, qui peut être transformée par l'eau bouillante en gélatine (*colle forte*) et des matières minérales : carbonate et phosphate de chaux.

Le squelette. — Les os sont unis entre eux par des articulations (*genou*).

L'ensemble des os du corps forme le *squelette* (fig. 48).

Le squelette comprend 3 parties : *la tête, le tronc, les membres.*

Squelette de la tête. — La tête (fig. 48) comprend deux régions : le *crâne* et la *face*.

Le *crâne* repose sur la colonne vertébrale, c'est une boîte osseuse qui renferme le cerveau. Il est constitué par plusieurs os qui sont : l'*occipital* en arrière, les deux *pariétaux* sur les côtés, les deux *temporaux*, en avant le *frontal*, le *sphénoïde* et l'*ethmoïde* formant le plancher de la boîte crânienne. La face est formée de 14 os cloisonnant les cavités des yeux, du nez et de la bouche. Les *maxillaires*

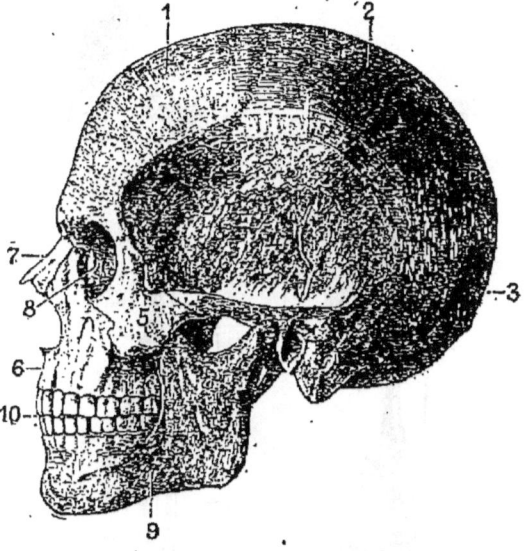

Fig. 48. — Tête.
1, frontal; 2, pariétal; 3, occipital; 4, temporal; 5, os malaire; 6, maxillaire supérieur; 7, os nasal; 8, os lacrymal; 9, maxillaire inférieur; 10, arcades dentaires.

supérieurs forment la mâchoire supérieure. La mâchoire inférieure mobile est formée par un seul os. L'*os hyoïde* sert de support à la langue et au larynx.

Squelette du tronc. — Le tronc comprend la *colonne vertébrale*, les *côtes*, le *sternum*, les *ceintures osseuses*, l'une antérieure, l'autre postérieure auxquelles sont attachés les membres.

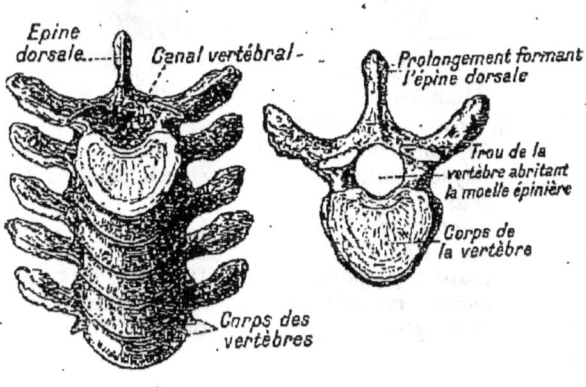

Fig. 49. — Vertèbres dorsales.

La *colonne vertébrale* est une chaîne de 33 petits os nommés vertèbres. Une vertèbre (fig. 49) présente un corps osseux en avant, et un anneau en arrière dans lequel passe la moelle épinière. La partie annulaire donne naissance à des prolongements nommés apophyses.

Les vertèbres sont séparées par des disques assez mous qui amortissent le choc pendant le saut et la course.

Les 33 vertèbres se divisent en vertèbres *cervicales* (7), *dorsales* (12), *lombaires* (5), *sacrées* (5), *coccygiennes* (4).

Les 12 vertèbres dorsales portent chacune une paire de côtes. Les 7 premières paires, ou *vraies côtes*, sont reliées par des cartilages au sternum, les 3 paires suivantes ou *fausses côtes* se relient aux côtes précédentes. Les deux dernières côtes sont *flottantes*, c'est-à-dire libres en avant.

Membres. — Les *membres* sont au nombre de quatre. Deux membres antérieurs, les *bras*, et deux membres postérieurs, les *jambes*.

Les quatre membres sont construits sur le même plan. Ils comprennent quatre parties principales qui sont :

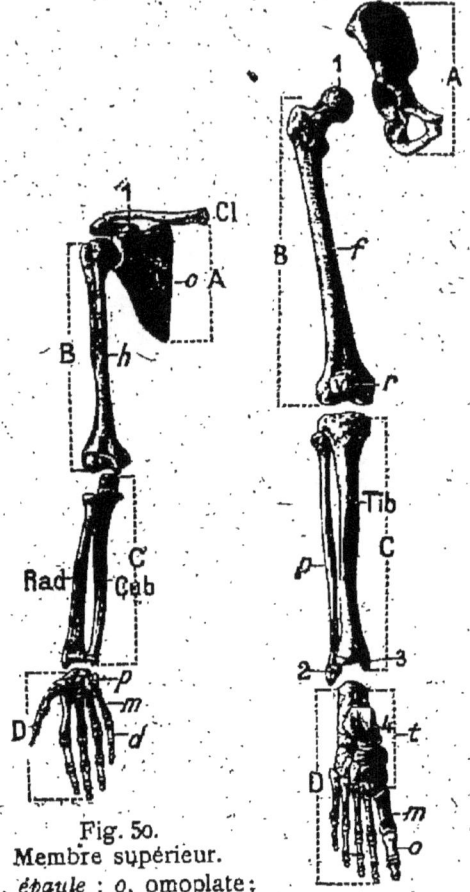

Fig. 50.
Membre supérieur.
A, *épaule* : o, omoplate; Cl, clavicule; 1, apophyse coracoïde; B, *bras* : h, humérus; C, *avant-bras* : Cub, cubitus, Rad, radius; D, *main* : p, poignet ou carpe; m, métacarpe; d, doigts.

Fig. 51. — A, *hanche*; B, *cuisse* : f, fémur; r, rotule; C, *jambe* : Tib, tibia; p, péroné; D, *pied* : t, tarse; m, métatarse; o, orteils.

Pour chaque membre supérieur : l'*épaule*, le *bras*, l'*avant-bras* et la *main* (fig. 50).

Pour chaque membre inférieur : la *hanche*, la *cuisse*, la *jambe* et le *pied* (fig. 51).

L'épaule est formée de trois os : l'*omoplate*, l'*os coracoïde*, réduit à une simple aspérité et la *clavicule*. La clavicule est ainsi désignée à cause de sa ressemblance avec une clef antique, elle manque chez les animaux dont les membres antérieurs se meuvent dans un seul plan (*Cheval*).

La *hanche* est soutenue par l'os iliaque formée de trois os soudés. Le bras et la cuisse sont soutenus par un seul os : le bras, par l'*humérus*; la cuisse, par le *fémur*.

L'avant-bras et la jambe comprennent deux os : le *radius* et le *cubitus* pour le bras; le *tibia* et le *péroné* pour la jambe.

Dans la main on distingue le *carpe* ou poignet formé de huit os et le *métacarpe*, formé de cinq os correspondant à la paume de la main. Les doigts sont libres et soutenus par trois phalanges à l'exception du pouce qui n'en possède que deux.

Dans le pied on distingue le *tarse* ou cou-de-pied qui renferme sept os et le *métatarse* formé de cinq os, correspondant à la plante du pied. Les orteils sont libres, le gros orteil n'a que deux phalanges.

Hygiène du squelette. — Nous avons dit que l'ossification du squelette se fait lentement, elle est favorisée par une alimentation riche en sels calcaires. Les jeunes enfants privés de lait ont un squelette qui reste longtemps mou; ils *sont rachitiques*. Les exercices donnent aux articulations une grande souplesse.

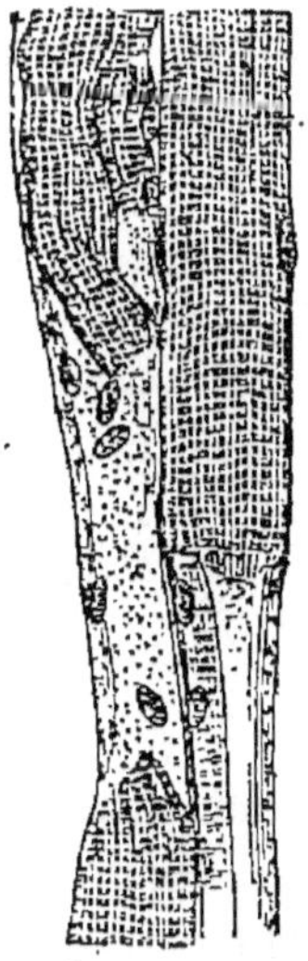

C'est ainsi que les acrobates dits hommes serpents, exécutent des mouvements extraordinaires.

Les *mauvaises attitudes habituelles* déforment l'axe du squelette. Lorsqu'on écrit il faut s'asseoir d'aplomb et maintenir le corps bien droit.

Muscles.

Muscles. — Les *muscles* sont les organes actifs du mouvement; ils forment ce qu'on appelle vulgairement la *chair*.

Fig. 52. — Fibres musculaires striées.

Ils s'insèrent sur les os qu'ils doivent mettre en mouvement par l'intermédiaire des *tendons*.

Il y a deux catégories de muscles : les *muscles striés* (fig. 52), soumis généralement à l'action de la volonté, comme les muscles du bras (*biceps*), et les *muscles lisses* non soumis à l'action de la volonté, comme les muscles de l'estomac, de l'intestin, etc.

Ce n'est pas la nature striée ou lisse qui donne le caractère volontaire ou involontaire au muscle. Comme l'a montré un savant Professeur, M. Ranvier, les muscles obéissent à la volonté quand ils reçoivent directement les filets nerveux partant du cerveau ou de la moelle épinière.

Structure. — Si l'on examine au microscope un mince fragment de muscle, on constate qu'il est formé de cellules allongées ou *fibres*. Ces fibres s'associent en faisceaux que l'on distingue nettement dans la viande bouillie. Les faisceaux sont entourés par une membrane.

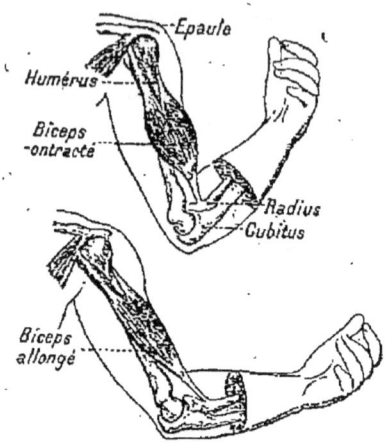

Fig. 53. — Biceps contracté et à l'état de repos.

Propriétés des muscles. — Les muscles ont la propriété de se contracter, de se raccourcir. Lorsqu'un muscle se contracte il diminue de longueur et s'épaissit; son volume ne varie pas (fig. 53).

Le muscle déformé reprend de lui-même sa forme première; il est élastique.

Muscles du corps humain. — L'homme possède quatre cent cinquante muscles environ dont la figure 54 fait connaître les principaux. Ces divers muscles lui permettent d'exécuter une infinie variété de mouvements : marcher, courir, sauter, se tenir debout, etc, etc. Les muscles de la face donnent à la physionomie ses diverses expressions de joie, de tristesse, de colère, de dégoût.

Travail musculaire. — Un muscle qui se contracte reçoit une plus grande quantité de sang qu'à l'état de repos, et sa température s'élève. Le sang lui apporte l'aliment et l'oxygène indispensables. Quelle est la source de la *force musculaire*, de *l'énergie musculaire* comme disent encore les savants ?

Observons un homme qui travaille, un terrassier, par exemple; il actionne ses muscles du matin au soir, mais il éprouve le besoin de faire de fréquents repas et de boire souvent. Son corps à demi nu est toujours couvert de sueur, sa face est rouge, ses veines sont gonflées de sang. *Cet homme produit un travail mécanique considérable et dégage beaucoup de chaleur.* Eh bien! travail et chaleur résultent des réactions chimiques qui se passent dans les muscles. Ces réactions mettent en liberté de la force (*énergie*) qui se manifeste sous forme de travail et de chaleur. Cette chaleur entretient constante la température du corps.

Les aliments sont de véritables réservoirs de force, ils sont à l'organisme ce que le charbon est à la machine à vapeur ou ce que l'essence est à l'automobile. L'oxygène intervient pour mettre en mouvement cette machine vivante qu'est notre corps.

Les aliments qui favorisent le travail musculaire sont les féculents et surtout le sucre. Ainsi, les Bœufs, les Chevaux nourris de matières végétales produisent une grande somme de travail. Les carnassiers comme le Lion, le Chat, font des efforts violents, mais de courte durée.

Il faut que l'alimentation soit appropriée au travail à produire.

Hygiène. — Le muscle qui travaille régulièrement se développe. Les forts de la Halle ont de gros biceps, les repasseuses ont le bras droit plus gros que le bras gauche, les facteurs ont les muscles des jambes très développés. Ces faits démontrent qu'il est possible de modifier, dans une certaine mesure, l'appareil musculaire au moyen d'exercices appropriés (*entraînement*). La *Gymnastique* est la partie de l'hygiène qui traite des différents exercices du corps et de leur influence sur le développement et l'harmonie du système musculaire.

RÉSUMÉ — LOCOMOTION

Fonctions de relation.
- LOCOMOTION.
  - Os ou organes passifs du mouvement.
  - MUSCLES ou organes actifs du mouvement.
- SENSIBILITÉ.
  - SYSTÈME NERVEUX.
  - ORGANES DES SENS.

Squelette. | Ensemble des os du corps.

Os.
- Forme.
  - Os *longs* : os du bras.
  - Os *courts*, os de la main.
  - Os *plats* : os du crâne.
- Constitution.
  - Membrane.
  - Substance osseuse.
  - Moelle.

EXPLICATION

1. Extenseur commun des doigts.
2. Grand palmaire.
3. Triceps.
4. Biceps.
5. Frontal.
6. Temporal.
7. Triangulaire du menton.
8. Masséter (*Entre ces deux muscles, on aperçoit une partie du buccinateur*).
9. Sterno-cléido mastoïdien.
10. Trapèze.
11. Deltoïde.
12. Grand pectoral.
13. Grand dentelé.
14. Grand dorsal.
15. Grand oblique.
16. Grand fessier.
17. Biceps fémoral.
18. Couturier.
19. Jumeaux.
20. Tendon d'Achille.
21. Extenseur commun des orteils et péronier antérieur.
22. Jambier antérieur.

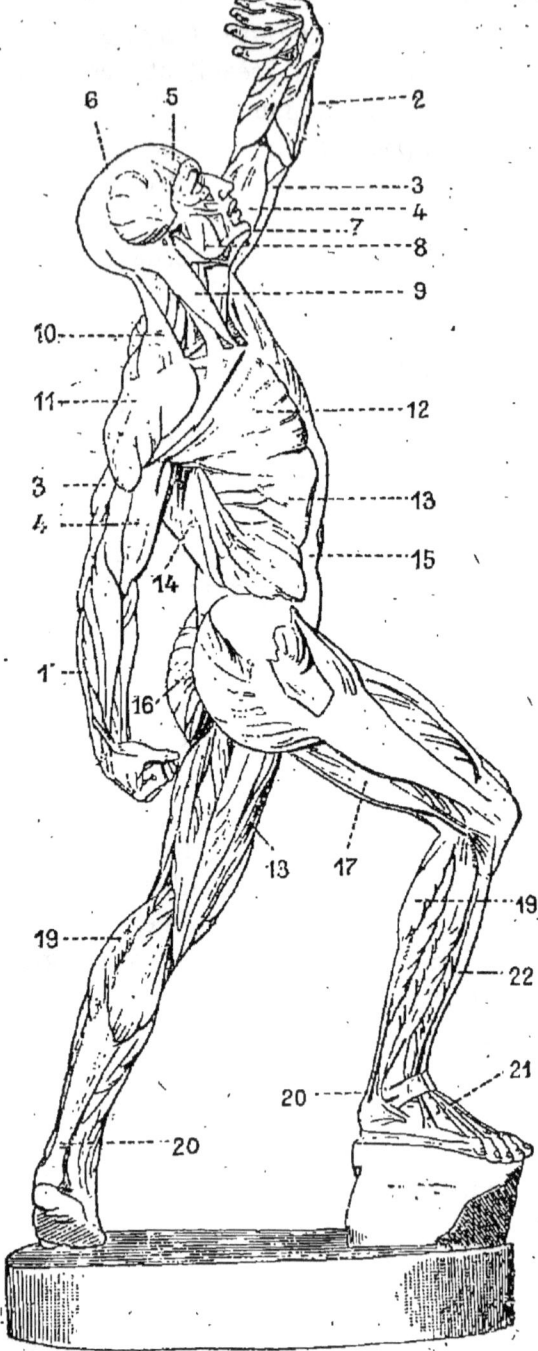

Fig. 54. — Principaux muscles de l'Homme.

Description du squelette.
- **Tête.**
  - *Crâne.* : Occipital. 2 pariétaux. 2 temporaux. Frontal. Sphénoïde. Ethmoïde. } 8 os.
  - *Face.* : 14 os. La mâchoire inférieure mobile est formée d'un seul os. Les maxillaires supérieurs forment la mâchoire supérieure.
- **Tronc.**
  - *Colonne vertébrale.* 33 vertèbres. : 7 vertèbres cervicales. 12 — dorsales. 5 — lombaires. 5 — sacrées. 4 — coccygiennes.
  - *Côtes,* 12 paires. : 7 paires de vraies côtes. 3 paires de fausses côtes. 2 paires de côtes flottantes.
  - *Sternum.*

Les membres sont attachés au tronc par des ceintures osseuses.

- **Membres.**
  - *antérieurs.* : Épaule. Bras. — Humérus. Avant-bras. — Radius et cubitus. Main. { Carpe. Métacarpe. Doigts. }
  - *postérieurs.* : Hanche. Cuisse. — Fémur. Jambe. — Tibia et péroné. Pied. { Tarse. Métatarse. Orteils. }

Muscles.
- Ils constituent la chair.
- Deux catégories. : *Muscles striés* soumis à l'action de la volonté. *Muscles lisses* non soumis à l'action de la volonté.
- Structure. : Les muscles sont formés de cellules allongées (*fibres*) réunies en *faisceaux*. Les faisceaux de fibres sont entourés d'une membrane.
- Propriétés. : Ils sont *contractiles*. — *élastiques*.
- Muscles du corps humain. : Le corps humain comprend 450 muscles environ.
- Force musculaire ou énergie musculaire (page 45).

La gymnastique est la partie de l'hygiène qui traite des différents exercices du corps et de leur influence sur le développement et l'harmonie du système musculaire.

SENSIBILITÉ

7ᵉ LEÇON

Système nerveux.

Définition. — Le *système nerveux* tient sous sa dépendance toutes les parties de l'organisme; il en assure l'harmonie des fonctions.

Le système nerveux comprend trois parties : les *centres nerveux*, les *nerfs* et les *organes des sens*.

Les *centres nerveux* sont *la moelle épinière* et l'*encéphale* (fig. 55).

Moelle épinière. — La moelle épinière (fig. 55) est un cordon irrégulier logé dans le canal vertébral. Elle s'étend du trou occipital à l'extrémité de la colonne vertébrale où elle forme un faisceau de filets appelé *queue de cheval*. Elle est enveloppée par trois membranes ou *méninges*. Elle présente deux sillons, l'un antérieur large et l'autre postérieur. Une coupe transversale permet de constater l'existence de deux

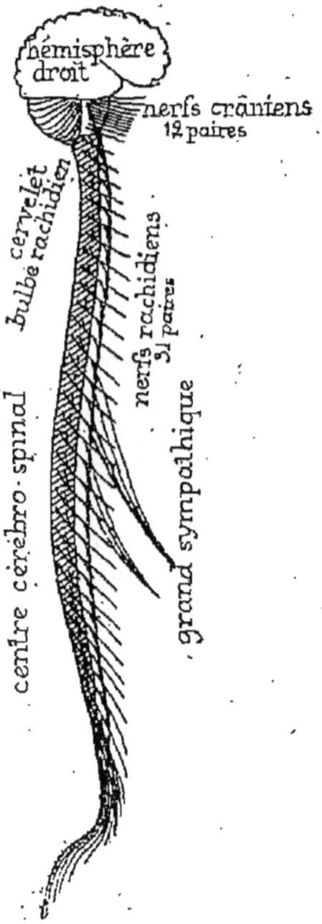

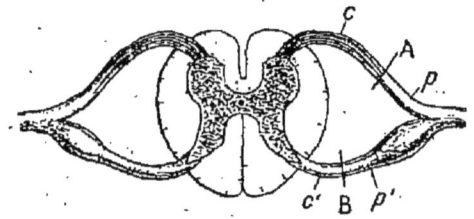

Fig. 55.
Système nerveux central.

Fig. 56. — Moelle épinière coupée transversalement.
cAp, racine ventrale; *c'Bp'*, racine dorsale.

substances : une substance blanche à l'extérieur et une substance grise au centre. Celle-ci dessine vaguement la lettre X. Elle présente donc quatre prolongements ou cornes. La moelle épinière donne naissance à trente et une paires de cordons nerveux ou *nerfs rachidiens*. Chaque nerf y naît par une racine antérieure et une racine postérieure (fig. 56).

Encéphale. — L'encéphale logé dans la boîte crânienne comprend : la *moelle allongée* ou *bulbe*, le *cervelet* et le *cerveau*.

La *moelle allongée* (fig. 57, E) ou bulbe rachidien est une par-

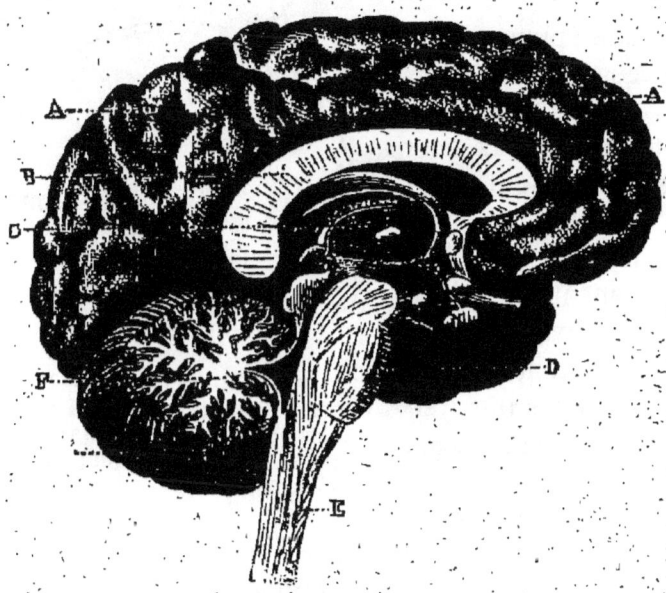

Fig. 57. — Coupe verticale du cerveau
A, hémisphère gauche ; B, corps calleux ; E, moelle allongée ; F, coupe du cervelet montrant l'arbre de vie.

tie allongée et renflée en forme de massue servant de trait d'union entre la moelle épinière, le cervelet et le cerveau.

Le *cervelet* (fig. 57, F.) est formé de deux lobes latéraux unis par une bande médiane. Sa surface présente de nombreux replis.

Le *cerveau* est la partie la plus volumineuse de l'encéphale. Il pèse en moyenne 1300 grammes. Il recouvre en arrière le cervelet et le bulbe rachidien (fig. 57, A.).

Le cerveau est divisé par un profond sillon en deux hémisphères cérébraux réunis dans leur partie inférieure par une bande de substance blanche (fig. 57, B.).

Les hémisphères présentent à leur surface de nombreuses circonvolutions

Une coupe transversale du cerveau permet de voir la substance blanche à l'intérieur, bordée par une lame de substance grise.

L'encéphale donne naissance à douze paires de nerfs, ce sont les *nerfs crâniens*.

Fonctions des centres nerveux. — Chaque centre nerveux a des fonctions spéciales.

La moelle épinière conduit au cerveau les excitations reçues par les nerfs et transmet aux muscles les ordres de mouvement élaborés par le cerveau. Elle est le siège de mouvements involontaires. Les physiologistes ont donné le nom de mouvements réflexes (fig. 58) à ces mouvements dans lesquels la volonté n'intervient pas. On démontre l'existence des mouvements involontaires par une expérience simple : on décapite une grenouille et l'on pince une patte ; celle-ci se meut ; c'est bien un mouvement involontaire puisque l'animal n'a plus de cerveau.

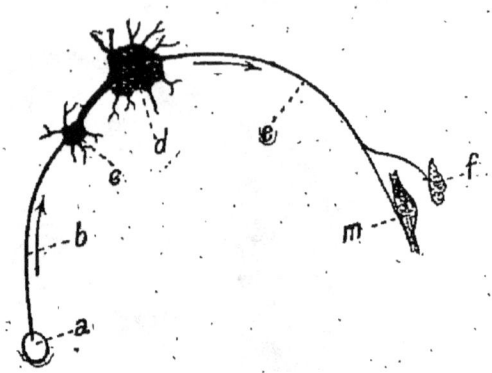

Fig. 58. — Arc réflexe.
a, organe sensoriel ; *b*, nerf sensitif ; *c*, cellules nerveuses sensitives ; *d*, cellules motrices ; *e*, nerf moteur ; *f*, glande ; *m*, muscle.

La moelle allongée tient sous sa dépendance les mouvements du cœur et du thorax.

Le cervelet coordonne les mouvements volontaires. En 1851, Flourens, savant naturaliste, enleva le cervelet à un Pigeon, celui-ci remis en liberté marcha, mais d'une façon déréglée et incertaine.

Le cerveau est le siège des *sensations conscientes* et des *mouvements volontaires*, par conséquent le siège de l'intelligence. C'est par lui que l'homme *sent*, *pense* et *veut*.

Nerfs. — Les nerfs sont des cordons blanchâtres qui partent du cerveau et de la moelle épinière et qui se rendent dans tous les organes. Les uns ont pour rôle d'apporter aux centres nerveux les impressions reçues par les différentes parties du corps.

On les appelle *nerfs sensitifs*. (fig. 59). Le nerf *optique* est un nerf sensitif. D'autres transmettent le mouvement aux organes. Ce sont les *nerfs moteurs* (fig. 59). Le nerf *facial* est un nerf moteur.

Il existe une troisième catégorie de nerfs : les *nerfs mixtes*

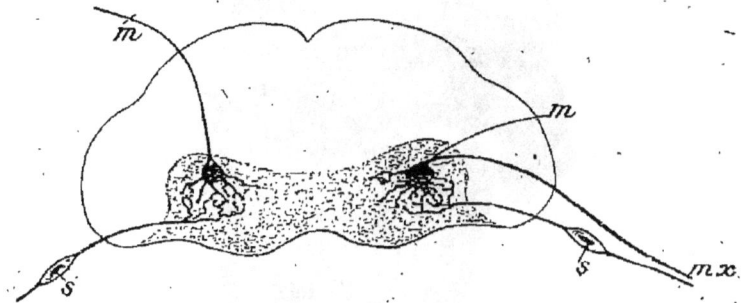

Fig. 59. — Coupe du bulbe.
A droite : *m*, cellule motrice ; *mx*, nerf mixte. — *A gauche* : *m*, nerf moteur ; *s*, nerf sensitif.

qui transmettent à la fois la sensibilité et le mouvement ; ils possèdent deux racines ; tels sont les nerfs rachidiens.

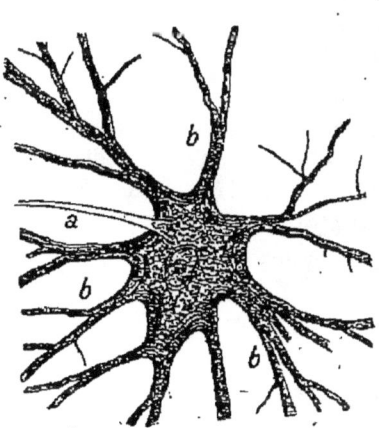

Fig. 60. — Cellule nerveuse.
a, prolongement cylindre-axile,
b, prolongements protoplasmiques.

Cellule nerveuse. — La cellule nerveuse a une forme très particulière (fig. 60). Elle présente de nombreux prolongements ramifiés d'un côté, et, de l'autre, un prolongement parfois simple appelé *cylindre-axe*. Les prolongements en se réunissant avec ceux des cellules voisines forment la substance blanche, certains prolongements sortant des centres nerveux deviennent les nerfs.

Sympathique. — En dehors du système nerveux que nous venons d'étudier, il existe le système sympathique (fig. 61) formé d'une double chaîne nerveuse présentant de loin en loin des renflements ou ganglions. Ces ganglions sont réunis aux nerfs rachidiens et aux organes internes

Le système sympathique agit sur les organes de la digestion et de la circulation.

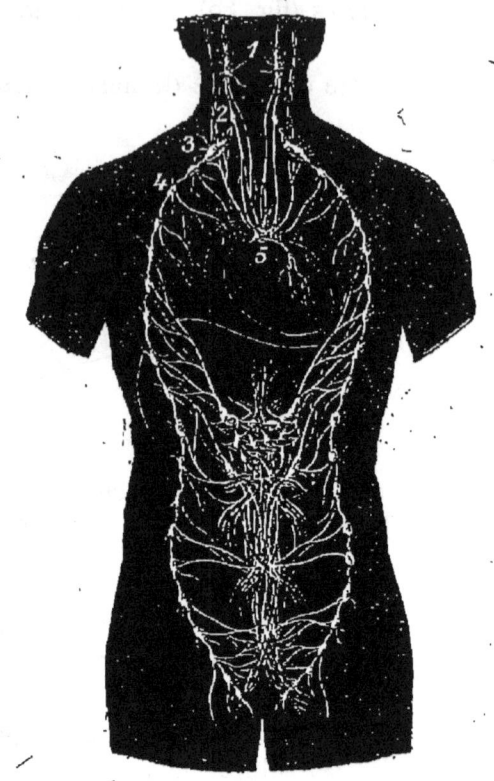

Fig. 61. — Vue de face du grand sympathique.
1, ganglion cervical supérieur; 2, ganglion cervical moyen; 3, ganglion cervical inférieur; 4, ganglions thoraciques et abdominaux; 5, plexus cardiaque.

Hygiène. — Pour conserver au système nerveux toutes ses propriétés, il faut éviter le surmenage et les excitants comme le tabac, l'alcool, l'opium, etc.

RÉSUMÉ — SYSTÈME NERVEUX

Système nerveux. — Le système nerveux tient sous sa dépendance toutes les parties de l'organisme; il en assure l'harmonie des fonctions.

Le système nerveux comprend :
- Centres nerveux.
  - Moelle épinière.
  - Encéphale.
- Nerfs.
  - Sensitifs.
  - Moteurs.
  - Mixtes.
- Grand sympathique.
  - Nerfs.
  - Ganglions.

ÉLÉMENTS D'HISTOIRE NATURELLE.

Centres nerveux.

- **Moelle épinière.**
  - *Situation.* : Cordon irrégulier logé dans le canal vertébral.
  - *Structure.* :
    - La moelle épinière est protégée par trois membranes ou méninges.
    - Elle est formée d'une *substance blanche* à l'extérieur, d'une *substance grise* à l'intérieur.
    - Elle donne naissance à *31 paires de nerfs rachidiens*.
  - *Rôle ou fonction.* :
    - Conduit les excitations reçues au cerveau et transmet aux muscles les ordres de mouvement.
    - Elle est le siège de mouvements involontaires.

- **Encéphale.**
  - **Moelle allongée ou bulbe.**
    - Sert de trait d'union entre la moelle épinière et le cerveau.
    - La région inférieure tient sous sa dépendance les mouvements du cœur et du thorax.
  - **Cervelet.**
    - Présente deux lobes latéraux unis par une bande médiane.
    - *Fonction.* : Coordonne les mouvements volontaires.
  - **Cerveau.**
    - Un sillon profond le divise en deux hémisphères cérébraux.
    - Substance grise à l'extérieur.
    - Substance blanche à l'intérieur.
    - Nombreuses *circonvolutions*.
    - *Fonction.* : Siège des sensations conscientes et des mouvements volontaires.

12 paires de nerfs crâniens partent de l'encéphale.

Nerfs. Cordons blanchâtres partant des centres nerveux :
- Sensitifs — conduisent les impressions aux centres nerveux.
- Moteurs — transmettent les ordres des centres nerveux aux organes.
- Mixtes — conduisent les impressions et les ordres de mouvement.

Système sympathique.
- Il est formé d'une double chaîne nerveuse présentant de loin en loin des ganglions.
- Les ganglions sont réunis aux nerfs rachidiens et aux organes internes.
- Le système sympathique régularise la nutrition des organes.

Hygiène du système nerveux. Éviter le surmenage et les excitants comme le *tabac*, l'*alcool*, l'*opium*, etc.

Manipulation. — *Encéphale de mouton.*

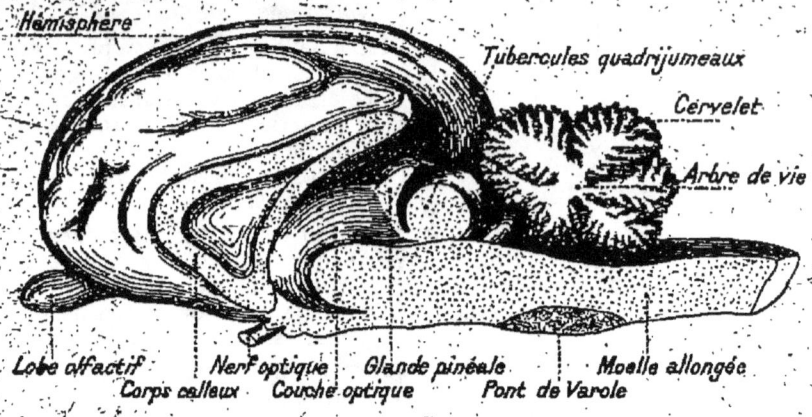

Fig. 11. — Encéphale de Mouton.

8ᵉ LEÇON

Les sens.

Sens. — Les Sens nous renseignent sur ce qui se passe autour de nous.

L'Homme possède cinq sens : le *toucher*, le *goût*, l'*odorat*, l'*ouïe*, la *vue*.

Le toucher. — Le toucher s'exerce par la surface de la peau et particulièrement par la main, admirablement disposée pour saisir les objets et en apprécier les diverses qualités : poids, volume, consistance, température, forme.

Dans la peau, dont nous avons sommairement étudié la structure (page 35), se trouvent de très petites papilles appelées *corpuscules du tact* (fig. 62). Ces papilles sont situées entre l'épiderme et le derme. Elles sont nombreuses à l'extrémité des doigts et sur les lèvres. Les différentes régions du corps ne sont pas également aptes à percevoir les diverses sensations. La sensation de température, par exemple, se fait surtout par le dos de la main, la pommette et les paupières. Ainsi, la repasseuse approche le fer de la pommette pour savoir s'il est assez chaud;

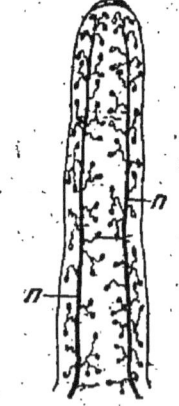

Fig. 62. — Nerfs d'un doigt (*nn*) avec des corpuscules sensitifs.

le médecin apprécie la température du corps du malade avec le dos de la main.

Les diverses sensations sont transmises au cerveau par l'intermédiaire de nerfs sensitifs dont les dernières ramifications se rendent aux corpuscules du tact.

Le Goût. — Le goût nous permet de percevoir la saveur des corps, il a pour siège presque exclusif la langue (fig. 63). La langue, située dans la bouche, est formée d'un grand nombre

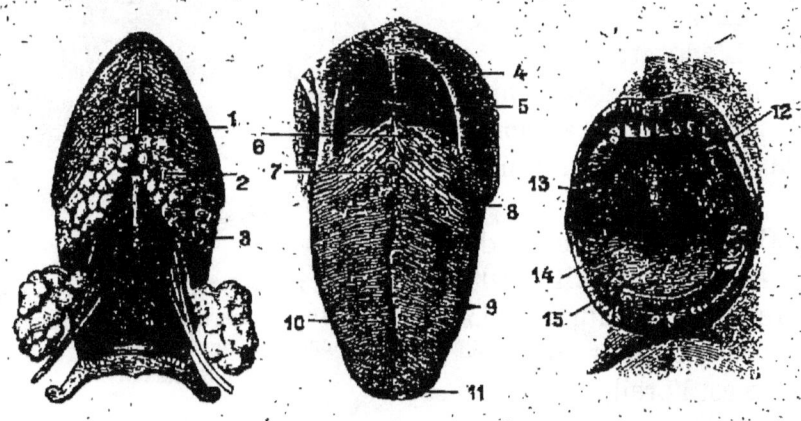

Fig. 63. — La langue.

I. Face inférieure de la langue; en haut portion libre, en bas portion fixe et invisible la bouche ouverte.
1, filet de la langue ou frein; 2, glande sublinguale; 3, muscle.

II. La langue hors de la bouche étalée et aplatie, vue de haut en bas.
4, luette; 5, épiglotte; 6, base de la langue; 7, sommet du V lingual; 8, papille caliciforme; 9, papilles fongiformes; 10, sillon médian; 11, pointe de la langue.

III. La bouche ouverte, ce qu'on y voit, la langue non tirée.
12, piliers du voile du palais; 13, luette; 14, isthme du gosier; 15, dos de la langue.

de muscles; elle est revêtue d'une peau délicate ou muqueuse. Elle renferme de nombreuses *papilles gustatives*.

La figure 63, II, montre la distribution des papilles à la surface supérieure de la langue. La présence de la salive est nécessaire à la perception des saveurs. Dès qu'un corps est déposé sur la langue, la salive s'écoule; la vue d'un aliment agréable suffit pour provoquer cette sécrétion; on dit que *l'eau en vient à la bouche*.

L'odorat. — Le sens de l'odorat a pour organe les fosses nasales; il nous permet d'apprécier les odeurs.

Les fosses nasales communiquent avec l'extérieur et avec l'arrière-bouche. Elles présentent des anfractuosités ou *cornets* (fig. 64), tapissées par une membrane mince dans laquelle se ramifie un nerf spécial, le nerf *olfactif*. L'air chargé de particules odorantes traverse les fosses nasales et impressionne la muqueuse olfactive. L'odorat est d'une très grande finesse chez le chien de chasse qui peut aisément suivre la piste d'un gibier.

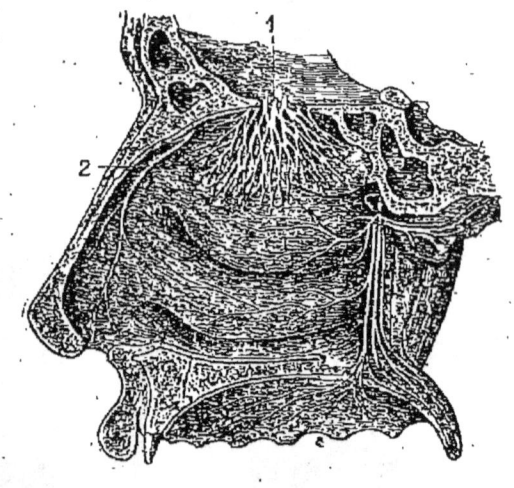

Fig. 64. — Coupe des fosses nasales pour montrer les nerfs qui s'y rendent.
1, branches du nerf olfactif ; 2, rameau du nerf nasal.

Ouïe. — Le sens de l'ouïe nous instruit sur la direction, la nature et la qualité des sons. Son organe est l'oreille.

L'oreille comprend trois parties : *l'oreille externe, l'oreille moyenne, et l'oreille interne* (fig. 65).

L'oreille externe est formée par le *pavillon* et le *conduit auditif externe*.

Le *Pavillon* est une lame cartilagineuse présentant des creux et des saillies destinés à réfléchir les sons et à nous en faire connaître la direction.

Le pavillon mobile de certains animaux (Cheval) est en général sans replis.

Le conduit auditif externe est un canal de 3 centimètres de long,

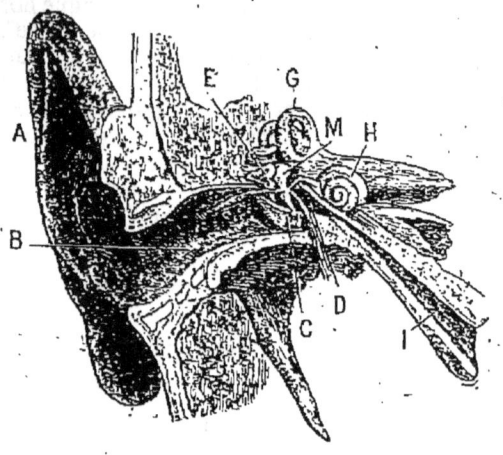

Fig. 65. — Oreille.
A, pavillon ; B, conduit auditif externe ; C, tympan ; D, caisse du tympan ; E, enclume ; G, canaux semi-circulaires ; H, limaçon ; I, trompe d'Eustache ; M, marteau.

fermé à son extrémité par une membrane, mince, appelée *membrane du tympan*. Il est muni de petits poils sensibles destinés à arrêter les poussières, et de glandes sécrétant une matière jaune, le cérumen.

L'oreille moyenne, appelée encore caisse du tympan, est une chambre irrégulière limitée d'un côté par le tympan, de l'autre par deux fenêtres : *la fenêtre ovale et la fenêtre ronde*, obturées par de minces membranes.

L'oreille communique également avec le pharynx, par un canal où *trompe d'Eustache*. La trompe d'Eustache a pour rôle d'amener l'air dans l'oreille moyenne. Elle s'ouvre à chaque mouvement de déglutition. Aussi, éprouvons-nous fréquemment le besoin d'avaler pour régulariser la pression de l'air enfermé dans l'oreille moyenne.

Entre le tympan et la fenêtre ovale se trouvent les osselets : **marteau, enclume, os lenticulaire** et *étrier* (fig. 65). Les sons recueillis par l'oreille externe font vibrer la membrane du tympan, les osselets articulés transmettent les vibrations à l'oreille interne.

Donc l'oreille externe et l'oreille moyenne ne font que recueillir les sons, l'une et l'autre peuvent manquer sans que le sens de l'ouïe soit aboli.

L'oreille interne, appelée labyrinthe, recueille les impressions sonores, le nerf *acoustique* les reçoit et les transmet au cerveau.

Elle est formée d'une suite de cavités nommées, à cause de leur forme, *limaçon*, canaux *semi-circulaires* et *vestibule*.

Chacune des parties de l'oreille interne paraît affectée à un rôle spécial. Le limaçon nous permet d'apprécier la hauteur et le timbre des sons ; les canaux semi-circulaires, placés dans les trois directions de l'espace, semblent nous renseigner sur la situation qu'occupe notre corps dans l'espace. Le vestibule perçoit les bruits.

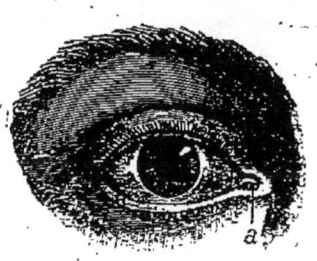

Fig. 66. — Annexes de l'œil.
a, caroncule lacrymale.

La vue. — *L'œil* est l'organe de la vue. Les yeux sont logés dans les orbites ; ils sont protégés par les paupières bordées par les cils. Entre le front et la paupière supérieure se trouve le sourcil.

Dans l'épaisseur des paupières, il existe de petites glandes ayant pour fonction de produire un liquide qui s'écoule par les cils (fig. 66).

Dans l'angle supérieur et externe de l'orbite se trouve une glande *lacrymale* qui produit les larmes. Celles-ci s'écoulent par un canal dans les fosses nasales; quand elles sont trop abondantes, elles ruissellent le long des joues (*pleurs*).

Les yeux se meuvent au moyen de six muscles. Lorsque ces muscles sont anormalement développés le regard est *louche* (fig. 67).

Le *globe de l'œil* est la partie essentielle de l'organe de la vue. Il est à peu près sphérique. Ses parois sont formées

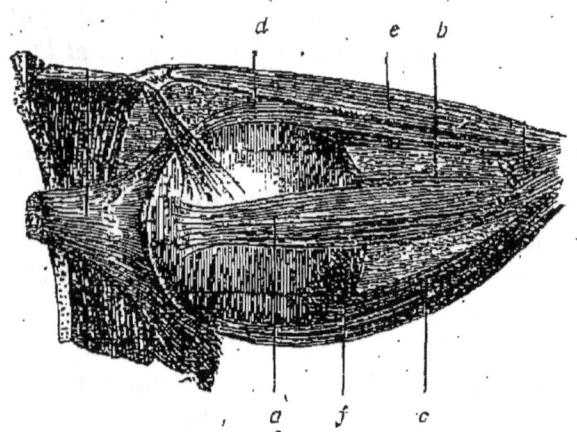

Fig. 67. — Muscles moteurs de l'œil.
a, muscle droit supérieur; *b*, muscle droit inférieur; *c*, muscle droit externe; *d*, muscle droit interne; *e*, muscle grand oblique; *f*, muscle petit oblique.

de trois membranes superposées qui sont : la *sclérotique*, très résistante; la *choroïde*, mince et noire; la *rétine*, membrane sensible contenant les terminaisons du nerf *optique*.

Si l'on coupe l'œil, dans le sens longitudinal (antéro-postérieur) (fig. 68), on distingue d'avant en arrière la *cornée transparente*, la *chambre antérieure*, remplie d'un liquide semblable à l'eau, l'*humeur aqueuse*, l'*iris*, véritable cloison verticale, percé d'un orifice central appelé *pupille*. L'iris est diversement coloré suivant les individus.

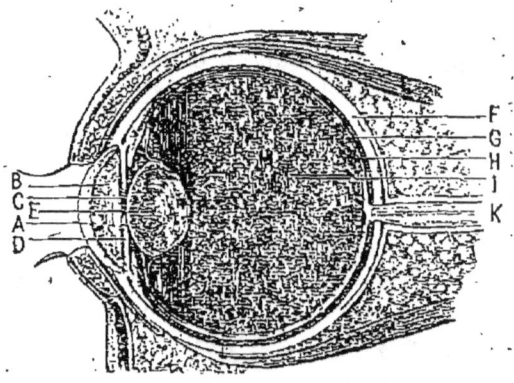

Fig. 68. — Coupe verticale de l'œil.
A, cornée transparente; B, humeur aqueuse; C, pupille; D, iris; E, cristallin; F, sclérotique; G, choroïde; H, rétine; I, humeur vitrée; K, nerf optique.

Le *cristallin*, lentille biconvexe, forme les images sur la rétine. Le fond de l'œil est rempli par un liquide de consistance gélatineuse.

Mécanisme de la vision. — L'œil a été justement comparé

à un appareil photographique. L'image des objets se forme renversée sur la rétine (fig. 69), on peut l'observer en expérimentant sur un œil de bœuf dont on aurait enlevé, dans la partie postérieure la sclérotique et la choroïde. Une bougie placée à une certaine distance en face de l'œil se projette renversée en arrière sur la rétine. Les objets étant plus ou moins éloignés de l'œil, le cristallin s'aplatit ou se bombe afin que l'image se fasse toujours au même endroit. Cette mise au point est la *faculté d'accommodation*.

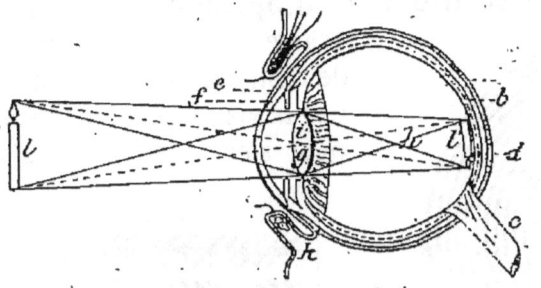

Fig. 69. — Coupe de l'œil.
e, conjonctive; *f*, cornée transparente; *k*, paupière; *c*, nerf optique; *b*, choroïde; *d*, rétine.

Quand le cristallin est trop bombé, l'image se forme en avant de la rétine, *œil myope* (fig. 70).

Quand le cristallin est trop aplati, l'image tend à se former en arrière de la rétine, *œil presbyte*.

On remédie à ces anomalies par l'emploi de verres (lunettes).

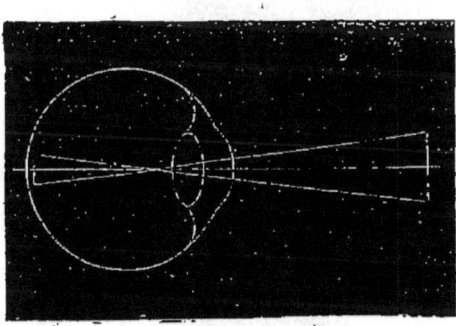

Fig. 70 — Formation de l'image dans l'œil myope.

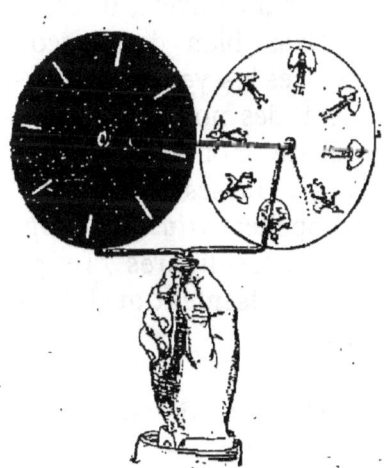

Fig. 71. — Stroboscope.

Persistance des impressions lumineuses. — Les impressions lumineuses ont toujours une durée appréciable. Quelques expériences bien connues le démontrent : un tison rouge que l'on fait tourner rapidement paraît décrire un cercle lumineux continu ; les rayons d'une roue semblent confondus si le véhicule avance à toute vitesse. Plusieurs jouets d'enfants ont pour principe la persistance des impressions lumineuses comme le *thaumatrope*, le *stroboscope* (fig. 71). Le *cinématographe* est basé sur le même principe.

Vision binoculaire et illusions d'optique. — La notion exacte et précise de relief et de distance nous est fournie par la vision binoculaire. On peut s'en convaincre aisé-

Fig. 72. — Illusion d'optique : cercles concentriques.

Fig. 73. — Illusion d'optique : bandes parallèles.

ment, en essayant de toucher un objet avec une baguette, un seul œil étant ouvert, il est rare de réussir à la première tentative.

Dans bien des circostances les yeux nous donnent des notions fausses sur le monde extérieur. Ces fausses sensations s'appellent *illusions d'optique*. Les figures 72 et 73 en représentent quelques-unes.

Hygiène des organes des sens. — On doit maintenir les organes des sens dans un parfait état de propreté. Les organes de la vue et de l'ouïe sont particulièrement délicats. Enfin, il faut les perfectionner par des exercices méthodiques et progressifs.

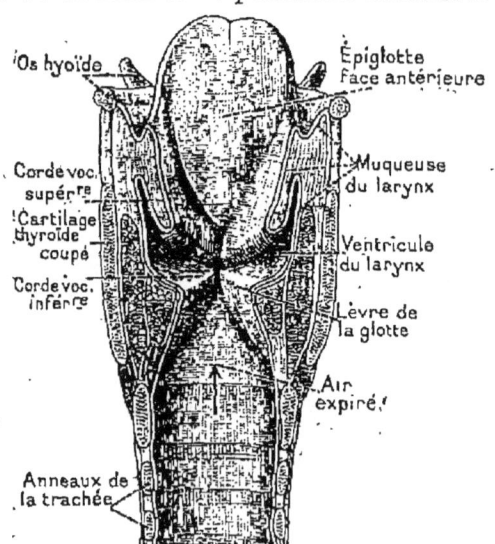

Fig. 74. — Coupe transversale du larynx ; partie antérieure de la coupe vue d'en arrière.

Voix. — La voix, chez l'Homme, est une fonction de relation.

Elle se produit dans le larynx, partie supérieure de la trachée-artère. Le larynx communique avec l'arrière-bouche par la *glotte* que surmonte l'*épiglotte*. Dans la paroi du larynx se trouvent des anneaux résistants ou cartilages. L'un d'eux, très développé, forme, en avant, la saillie connue sous le nom de pomme d'Adam.

Le larynx présente deux replis, les *cordes vocales* supérieures et inférieures (fig. 74). Les cordes vocales vibrent lorsque l'air passe entre elles avec une certaine force.

L'Homme est le seul être de la création pouvant exprimer sa pensée au moyen du langage articulé.

RÉSUMÉ — LES ORGANES DES SENS

Sens. — Les sens nous renseignent sur ce qui se passe autour de nous.
5 SENS : Toucher. Goût. Odorat. Ouïe. Vue.

Toucher. — Le toucher s'exerce par la surface de la peau et particulièrement par la main.
Peau : Épiderme. Derme.
Entre l'épiderme et le derme, il existe de nombreuses papilles nerveuses ou *corpuscules du tact*.
Ces corpuscules sont très nombreux à l'extrémité des doigts, sur les lèvres, etc.

Goût. — L'organe principal du goût est la langue.
La langue renferme des *papilles gustatives* qui recueillent les impressions gustatives.

Odorat. — L'odorat a pour organe les fosses nasales (nez).
Les fosses nasales présentent des cornets tapissés par une membrane mince dans laquelle se ramifie le *nerf olfactif*.

Ouïe. — L'ouïe nous instruit sur la direction, la nature et les qualités des sons. Son organe est l'oreille.

OREILLE :
- Externe. *Recueille les vibrations.* : Pavillon. Conduit auditif externe.
- Moyenne. *Transmet les vibrations à l'oreille interne.* : Membrane du tympan. Fenêtre ovale. — ronde. } Chaîne des osselets. Trompe d'Eustache, fait communiquer l'oreille moyenne avec le pharynx.
- Interne. *Transmet les impressions sonores au cerveau par le nerf acoustique.* : Limaçon. — Timbre et hauteur de sons. Canaux semi-circulaires. — Direction. Vestibule : perçoit les bruits.

ZOOLOGIE

Vue.
- L'œil est l'organe de la vue.
- Les yeux sont logés dans les orbites.
- **Parties accessoires.**
  - Paupières-Cils.
  - Sourcils.
  - Glandes lacrymales.
  - Muscles.
- **Globe de l'œil.**
  - Membranes.
    - Sclérotique.
    - Choroïde.
    - Rétine (épanouissement du nerf optique).
  - Diverses parties de l'œil.
    - Cornée transparente.
    - Chambre antérieure : humeur aqueuse.
    - Iris-Pupille.
    - Cristallin.
    - Chambre postérieure : humeur vitrée.
- **Mécanisme de la vision.**
  - L'œil fonctionne comme un appareil photographique.
  - L'image des objets se forme renversée sur la rétine.
  - Les objets étant plus ou moins éloignés de l'œil, l'épaisseur du cristallin augmente ou diminue afin que l'image se projette toujours sur la rétine.
  - Persistance des impressions rétiniennes.
  - Illusions d'optique.
- **Anomalies de la vision.**
  - Myopie.
  - Presbytie.
- Hygiène des organes des sens.

Voix. La voix est produite dans le larynx dont deux replis forment les cordes vocales.

EXPÉRIENCES SIMPLES SUR LE SYSTÈME NERVEUX ET LES ORGANES DES SENS.

1. *Réflexe vasculaire sympathique.* — Prendre un thermomètre dans la main droite dès qu'il a pris la température du corps, plonger la main gauche dans l'eau froide. On constate que le thermomètre baisse bien que la température du corps n'ait pas changé.

2. *Extériorisation de la sensation.* — Si l'on frappe un coup de la pointe du coude contre un mur, on éprouve une douleur au petit doigt de la main correspondante.

3. *Expérience d'Aristote.* — Si l'on fait rouler une boule unique entre les bords de l'index et du médius on a la sensation d'un corps unique touchant les deux doigts. Si l'on croise les deux doigts et si on roule la boule entre les deux bords qui ne se correspondent pas d'ordinaire on éprouve la sensation de deux boules distinctes.

4. *Persistance de l'impression rétinienne.* — Faire tourner rapidement un charbon ardent pour éprouver l'impression d'un ruban de feu continu.

5. *Illusions d'optique* : — a) par des bandes parallèles (fig. 72 et 73); b) par des cercles concentriques; c) par l'appréciation de la hauteur d'un chapeau haut de forme.

Les Animaux

9ᵉ LEÇON
Mammifères.

Classification. — La zoologie, nous l'avons dit au début, a pour objet l'étude des animaux. Or, ces derniers sont si nombreux et si variés de forme qu'on ne peut songer à les étudier séparément. Aussi, les a-t-on réunis en groupes d'après un certain nombre de caractères communs.

Les animaux qui ont des mamelles, par exemple, le corps couvert de poils, forment le groupe des *Mammifères*.

Les animaux qui ont un bec et des plumes forment le groupe des *Oiseaux*.

Réunir les animaux suivant leurs plus grandes ressemblances est le but de la *classification*.

Dans la classification actuelle, les caractères de première importance servent à établir de vastes groupes appelés *embranchements*, d'autres caractères moins importants permettent de subdiviser les embranchements en *classes*, les classes en *ordres*, les ordres en *familles*, les familles en *genres* et les genres en *espèces*. On conçoit, d'après cela, que les animaux d'un même genre ou d'une même espèce doivent se ressembler étrangement. Ainsi nos Chiens domestiques constituent une espèce: *Chien de berger, Chien de garde, Chien de chasse*, etc.

Le *Loup* et le *Chien* sont deux espèces du même genre.

Embranchement	Classe	Ordre	Famille	Genre	Espèce
Vertébrés.	Mammifères.	Carnivores. Lion, Chien, Ours.	Famille des Chiens. (*Canidés*).	Chien. (Chien, Loup).	Chiens domestiques.

Grandes divisions du règne animal. — Les animaux qui

ont un squelette interne, dont l'axe est formé de vertèbres, sont réunis sous le nom de *Vertébrés*. *L'Homme*, le *Chien*, le *Coq*, le *Lézard*, la *Carpe* sont des Vertébrés.

Les animaux dépourvus de squelette interne sont appelés *Invertébrés*. Leur nombre est si élevé et leur organisation est si variée qu'on a dû les grouper en plusieurs embranchements :

L'embranchement des *Mollusques* comprend les animaux à corps mou presque toujours protégé par une coquille calcaire (*Escargot, Huître*).

L'embranchement des *Articulés* comprend les animaux dont le corps, recouvert d'une sorte de vernis, est divisé en segments portant des pattes *articulées* (*Insectes, Arachnides, Crustacés*).

L'embranchement des *Vers* renferme les animaux dont le corps mou, divisé en segments, est dépourvu de pattes articulées (*Ver de terre*).

L'embranchement des *Zoophytes* ne comprend que des animaux aquatiques. La plupart sont immobiles et ramifiés comme les plantes auxquelles ils ressemblent (*Animaux-Plantes : Corail*).

L'embranchement des *Protozoaires* comprend des animaux très petits, généralement microscopiques, dont le corps a la valeur d'une cellule (*Infusoires*).

Division des Vertébrés en classes. — Les Vertébrés ont

Fig. 75. — Vertébrés.
Chien (Mammifère), Poule (Oiseau), Lézard (Reptile), Grenouille (Batracien), Carpe (Poisson).

un squelette interne dont l'axe est formé par la colonne vertébrale et du sang rouge. Cet embranchement est subdivisé en cinq classes (fig. 75) :

1re classe : *Mammifères ;*
2e — *Oiseaux ;*
3e — *Reptiles ;*
4e — *Batraciens ;*
5e — *Poissons.*

FRAYSSE. — ÉLÉM. D'HIST. NAT.

Les Mammifères sont vivipares, ils ont le corps couvert de poils; ils respirent l'air atmosphérique à l'aide de poumons. La température de leur corps est constante.

Les Oiseaux sont ovipares, ils ont le corps couvert de plumes; ils respirent l'air atmosphérique au moyen d'un appareil pulmonaire. La température de leur corps est constante.

Les Reptiles sont ovipares, ils ont le corps couvert de plaques simulant des écailles; ils ont une respiration pulmonaire. La température de leur corps est variable.

Les Batraciens sont ovipares, ils ont la peau nue, une température variable, une respiration branchiale au début de leur vie, une respiration pulmonaire lorsqu'ils sont adultes.

Les Poissons sont ovipares, leur corps est couvert d'écailles, ils sont aquatiques et respirent l'air dissous dans l'eau au moyen de branchies.

CLASSE DES MAMMIFÈRES

Caractères généraux et division en ordres. — Les Mammifères, par leur organisation, ressemblent beaucoup à l'Homme. Ils sont vivipares, c'est-à-dire qu'ils se reproduisent comme tous les animaux par des œufs, mais ces œufs très petits se développent complètement (sauf une exception) dans le corps de la femelle qui donne naissance à des jeunes plus ou moins parfaits. Ils ont des mamelles en nombre variable sécrétant le lait pour nourrir les petits.

Leur corps, couvert de poils, a une température constante. Ils respirent l'air atmosphérique au moyen de poumons et ont un cœur à 4 cavités.

Il existe environ 2300 espèces de Mammifères qui ne se ressemblent guère par la taille, ni par le mode de vie, lequel entraîne des différences sensibles dans le nombre, la forme des dents et dans la disposition des membres.

En raison de leur variété considérable ces Mammifères sont répartis en ordres dont nous n'étudierons que les suivants :

Primates (*Homme, Singes*), *Chauves-souris, Insectivores* (*Taupe, Hérisson*), *Rongeurs* (*Rats, Marmotte*), *Carnivores* (*Chien, Loup*), *Ruminants* (*Bœuf, Mouton*), *Solipèdes* (*Cheval*), *Porcins* (*Sanglier, Porc*), *Éléphants* (*Éléphant*), *Cétacés* (*Baleine*).

PRIMATES

Les Primates sont les Mammifères pourvus de mains ; ils comprennent deux groupes : les *Hommes* et les *Singes*.

BIMANES (*Homme*).

L'Homme est le seul représentant de l'ordre des Bimanes. Il est supérieur aux autres Mammifères par son intelligence, son langage articulé et son attitude droite; il peut se servir de

Fig. 76. — Comparaison de l'angle facial chez un Européen et chez un Nègre.

ses mains avec adresse grâce au pouce opposable aux autres doigts.

L'espèce humaine comprend quatre races principales :

La *race blanche*, qui a la peau blanche, les lèvres minces, les cheveux lisses, le visage ovale, l'angle facial (fig. 76) très ouvert. Elle occupe l'Europe, une partie de l'Asie et de l'Afrique. Elle a envahi l'Amérique.

La *race jaune*, qui a le teint jaunâtre, le nez écrasé, les yeux obliques, les pommettes saillantes, occupe une partie de l'Asie. (*Chine, Japon.*)

La *race rouge*, qui a le teint cuivré, le nez droit, les joues saillantes, peuplait autrefois l'Amérique. Elle tend à disparaître.

La *race nègre* (fig. 76), qui a la peau noire, les cheveux crépus, le nez écrasé, les lèvres épaisses, l'angle facial très aigu, occupe l'Afrique et l'Australie.

QUADRUMANES (*Singes*) (Types : *Gorille*, *Chimpanzé*).

Caractères et principaux types. — Les Singes ont le pouce des mains et des pieds opposable aux autres doigts, aussi les appelle-t-on des *Quadrumanes* (fig. 77).

Les doigts portent généralement des ongles plats, leur corps est couvert de poils bien développés. La face nue porte les yeux dirigés en avant. Leur dentition complète comprend des incisives, des canines et des molaires.

Les Singes sont essentiellement *arboricoles*, se servant de leurs mains et souvent de leur queue pour se suspendre aux branches. Ils se nourrissent surtout de fruits, mais ne dédaignent

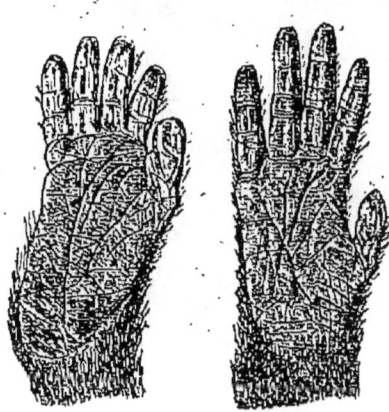

Fig. 77. — Pied et main d'un Singe.   Fig. 78. — Le Chimpanzé.

pas les Insectes et les œufs. Ceux qui ressemblent le plus à l'Homme sont : l'*Orang-outang* (Bornéo), le *Gorille* (Afrique), le *Chimpanzé* (Afrique) (fig. 78) et le *Gibbon* (Asie), ils sont dépourvus de queue. Le *Gorille* est aussi grand, mais plus robuste et plus fort que l'Homme, il se tient habituellement à terre où il défend chèrement sa vie lorsqu'elle est menacée. L'*Orang-outang* et le *Chimpanzé*, plus petits que le Gorille, sont caressants et affectueux quand on les traite avec douceur.

Dans l'ancien continent il existe d'autres Singes munis d'une queue comme les *Guenons*, les *Macaques*, les *Cynocéphales*; ce sont des espèces sociales vivant en troupes nombreuses que dirigent et surveillent de vieux mâles.

Dans le nouveau continent, on rencontre des Singes beaucoup plus petits, d'une intelligence médiocre et pourvus d'une queue longue et prenante dont ils se servent pour sauter d'un arbre à l'autre. Nous pouvons citer les *Sapajous*, les *Atèles* (fig. 79 dont les Indous mangent la chair et les *Ouistitis*.

Les Quadrumanes de Madagascar s'éloignent des vrais Singes par leur museau allongé, leurs molaires à tubercules et leurs nombreuses mamelles. Ils sont paresseux et recherchent les lieux obscurs (*Makis*).

CHAUVES-SOURIS
(Type : *Oreillard*).

Caractères, principaux types. — Les Chauves-souris peuvent voler grâce à la disposition de leurs membres antérieurs en ailes. A cet effet, les doigts, sauf le pouce,

Fig. 79. — Atèles, Singes d'Amérique à queue prenante.

sont longs et grêles et soutiennent, à la façon des baleines d'un parapluie, une large membrane qui part de la nuque, s'attache au corps, enveloppe les membres et la queue (fig. 80). Au repos complet, les Chauves-souris se suspendent par les membres postérieurs, la tête en bas. Ce sont des animaux nocturnes; leurs yeux sont très petits, mais les organes du tact et de l'ouïe sont très développés. Certaines espèces ont un pavillon très grand muni d'un appendice pouvant fermer le conduit auditif.

Fig. 80. — Chauve-souris.

Les Chauves-souris qui se nourrissent d'Insectes ont des molaires hérissées de tubercules aigus, la queue et les oreilles longues comme l'*Oreillard*, les *Pipistrelles* de nos pays.

Les *Vampires* de l'Amérique ont une grande taille et sucent le sang des autres Mammifères.

Les Chauves-souris dorment pendant l'hiver. Elles sont utiles à l'agriculture.

INSECTIVORES (Types : *Taupe, Hérisson, Musaraigne*).

Caractères, types. — Les *Insectivores* sont caractérisés par leur dentition composée pour chaque mâchoire de 3 paires d'incisives, d'une paire de canines et d'un nombre variable de molaires présentant des pointes aiguës propres à briser les carapaces des Insectes dont ils font leur nourriture (fig. 81). Ils sont en général de petite taille, ils ont de petits yeux et un pavillon peu étendu.

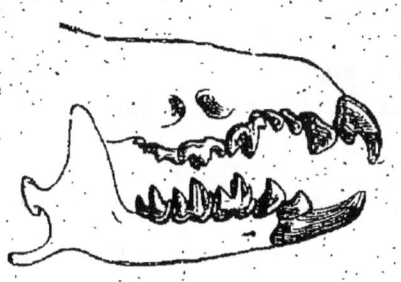

Fig. 81. — Dentition d'Insectivore.

Ils sont représentés dans nos pays par la *Taupe*, le *Hérisson* et la *Musaraigne*.

La *Taupe* que l'Homme détruit sans pitié est un animal très

Fig. 82. — Taupe.

Fig. 83. — Le Hérisson.

utile, se nourrissant d'Insectes, de larves, de Vers, de Reptiles. Elle creuse une habitation souterraine ou *taupinière* (fig. 82), formée de plusieurs galeries, à l'aide des pattes de devant terminées par une sorte de main dont les doigts sont réunis par une membrane. Le nez de la Taupe se prolonge légèrement en trompe ou *boutoir*, les yeux sont très petits et les oreilles dépourvues de pavillon présentent un repli cutané pouvant ouvrir et fermer à volonté le conduit auditif. Le corps est protégé par une fourrure douce dont on fait des coiffures et des doublures.

Les ennemis de la Taupe sont la *Belette*, le *Hibou*, le *Corbeau*, etc.

Le *Hérisson* (fig. 83) a le corps couvert de piquants; il peut se rouler en boule lorsqu'il est attaqué. Il chasse au crépuscule les Mollusques, les Souris, les Vipères. On peut le domestiquer si on le grise de bonne heure avec du vin ou de l'eau-de-vie.

La *Musaraigne* (fig. 84) a un museau long et pointu.

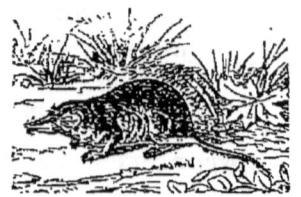

Fig. 84. — La Musaraigne.

Les Hérissons, les Musaraignes sont hibernants. La Taupe mieux abritée dans son souterrain conserve son activité toute l'année.

RONGEURS (Types : *Rats, Marmotte, Écureuil, Loir, Lièvre, Lapin*).

Caractères. — Les Rongeurs se nourrissent de végétaux; ils se reconnaissent facilement à la forme et à la disposition de leurs dents. Ils possèdent 4 grandes incisives recourbées en arc, dépourvues de racines (fig. 85) et protégées sur leur face antérieure par une couche d'émail. Ces incisives, à croissance continue, s'usent constamment par le frottement et comme le bord postérieur, sans émail, s'use plus rapidement, elles sont taillées en biseau. Les molaires sont séparées des incisives par un espace vide appelé *barre*. Les Rongeurs n'ont pas de canines. Leurs mâchoires se déplacent d'avant en arrière et fonctionnent comme une râpe.

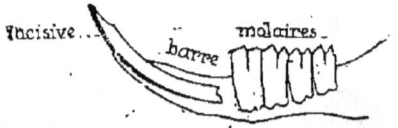

Fig. 85. — Dentition de Rongeur.

Bien que leurs doigts soient munis de griffes, les Rongeurs sont mal outillés pour se défendre; ils échappent à leurs ennemis en se dissimulant (*Souris*), en se rendant inaccessibles (*Marmotte*) ou en fuyant (*Lièvre*). Les principaux représentants de cet ordre sont : les *Rats*, la *Marmotte*, le *Loir*, l'*Écureuil*, le *Lièvre*, le *Lapin*.

Rats (fig. 86). — Les Rats que tout le monde connaît ont un museau pointu, de grandes oreilles, une queue longue et écailleuse. Ils sont très agiles et très voraces; ils se multiplient avec une rapidité étonnante.

« Les rats sont en train de faire la conquête du monde », a-t-on dit.

En effet, ils causent de grands dégâts dans nos habitations et propagent des maladies mortelles : la *peste*, la *trichine*, la *fièvre aphteuse*, la *teigne*, etc.

Le *Rat noir*, la *Souris* sont dans les greniers, le *Surmulot* visite les caves et les égouts, le *Mulot* vit dans les champs et le *Rat des moissons* se construit un nid dans les blés.

Fig. 86. — Rats.

La Marmotte commune (fig. 87) a les pattes courtes, les oreilles petites et la tête grosse et un pelage sombre. Elle est répandue dans les montagnes de l'Europe centrale. Elle passe l'hiver endormie dans un profond terrier roulée en boule, la tête placée entre les jambes postérieures. La chair de la Marmotte est mangée fraîche ou fumée et sa peau sert à faire de solides fourrures. Les habitants des montagnes ont le droit de la chasser l'hiver seulement. Alors, ils visitent les terriers et s'emparent des mâles les plus gros.

Fig. 87. — La Marmotte.

Le *Loir* au pelage gris, l'*Écureuil* de couleur rougeâtre sont de jolis petits animaux à la queue touffue. Ils vivent dans les arbres et se nourrissent surtout de fruits dont ils font d'abondantes provisions. Le *Cobaye* ou cochon d'Inde, *vrai martyr de la science*, sert aux inoculations dans les laboratoires.

Le *Porc-épic* est remarquable par ses piquants.

Les *Castors* (fig. 88), rares en Europe, forment des colonies nombreuses, au Canada ils construisent des digues et des habitations dans l'eau avec de la vase et du bois.

Le *Lièvre* est un animal craintif et agile. Ses pattes postérieures plus longues que les pattes antérieures lui permettent de faire des bonds prodigieux. Il vit solitaire, toujours en éveil, il perçoit avec ses grandes oreilles les moindres bruits. Sa femelle s'appelle *Hase* et ses petits *Levrauts*.

Son plus proche parent le **Lapin** préfère le calme du terrier aux émotions de la fuite. Les Lapins, plus petits que les Lièvres, vivent en bandes nombreuses; ils se multiplient rapidement et

Fig. 83. — Castors avec leurs huttes.

causent de grands dégâts dans les cultures. Le Lapin domestique est un descendant du Lapin sauvage.

La chair du Lièvre est exquise, celle du Lapin très fine. L'un et l'autre sont recherchés pour leur peau dont les poils sont précieux pour la chapellerie.

RÉSUMÉ. — Réunir les animaux suivant leurs plus grandes ressemblances est le but des *classifications*.

Dans la classification actuelle les caractères de première importance servent à établir les *embranchements*, d'autres caractères moins importants permettent de subdiviser les embranchements en *ordres*, les ordres en *classes*, les classes en *familles*, les familles en *genres*, les genres en *espèces*.

Les animaux qui ont un squelette interne et du sang rouge constituent l'embranchement des **Vertébrés**.

Les animaux qui n'ont pas de squelette interne ou Invertébrés forment 5 embranchements : les **Mollusques**, les **Articulés**, les **Vers**, les **Zoophytes**, les **Protozoaires**.

Les Vertébrés ont été répartis en 5 classes :

Les *Mammifères*, les *Oiseaux*, les *Reptiles*, les *Batraciens*, les *Poissons*.

Les Mammifères sont vivipares, ont un nombre variable de mamelles, le corps couvert de poils, la température de leur corps est constante, ils respirent à l'aide de poumons et leur cœur présente 4 cavités. Les Mammifères sont répartis en ordres dont les principaux sont : les *Primates*, les *Chauves-souris*, les *Insectivores*, les *Rongeurs*, les *Carnivores*, les *Ruminants*, les *Solipèdes*, les *Porcins*, les *Éléphants*, les *Cétacés*.

L'Homme est le seul représentant de la classe des *Bimanes*. L'espèce humaine comprend 4 races : la race *Blanche*, la race *Jaune*, la race *Rouge* et la race *Nègre*.

Les Singes ont le pouce des mains et des pieds opposable aux autres doigts. Leur dentition est complète et leur corps est couvert de poils. Ils sont essentiellement arboricoles.

L'*Orang-outang*, le *Gorille*, le *Chimpanzé*, le *Gibbon*, n'ont pas de queue. Les *Guenons*, les *Macaques*, les *Cynocéphales* sont munis d'une queue et habitent comme les premiers l'ancien continent. Dans le nouveau continent on rencontre les *Sapajous*, les *Atèles*, etc.

Les *Chauves-souris* ont leurs membres antérieurs transformés en ailes. La plupart des Chéiroptères sont insectivores et ont des molaires hérissées de tubercules aigus. Citons l'*Oreillard*, la *Pipistrelle*, le *Vampire*, etc.

Les *Insectivores* ont, à chaque mâchoire, 3 paires d'incisives, une paire de canines et un nombre variable de molaires à tubercules pointus ; ils sont en général de petite taille. La *Taupe*, la *Musaraigne*, le *Hérisson* sont des Insectivores.

Les *Rongeurs* se reconnaissent à la disposition de leurs dents. Ils possèdent 4 grandes incisives à croissance continue et des molaires séparées des incisives par un espace vide appelé *barre*, ils n'ont pas de canines.

Les *Rats*, la *Marmotte*, le *Loir*, le *Porc-épic*, le *Castor*, le *Lièvre*, le *Lapin* sont les principaux représentants de cet ordre.

10ᵉ LEÇON

Mammifères (suite).

CARNIVORES (Types : *le Chat, le Lion, le Tigre, le Chien, l'Ours*).

Caractères. — Les Carnivores se nourrissent de la chair des animaux vertébrés auxquels ils font la chasse. Ils sont intelligents, bien musclés et armés de dents puissantes. Leurs mâchoires portent des incisives, de longues canines et des molaires tranchantes. L'une des molaires située vers le milieu de la mâchoire, de chaque côté, est plus grande que les autres, c'est la *carnassière* (fig. 89). Les dernières molaires sont mamelonnées et propres à broyer les os. Les Carnivores ont des doigts armés de griffes. Les uns, très agiles et très souples, marchent sur l'extrémité des doigts, ce sont les *Digitigrades* (*Chat, Lion, Tigre, Jaguar, Chien, Renard, Loup, Martre*, etc.) (fig. 90). Les autres, plus lourds, appuient à terre la plante entière du pied, ce sont les *Plantigrades* (Ours, Blaireau).

Digitigrades. Félins. — *Chat*. — Le Chat domestique vit dans nos maisons soit comme animal d'agrément, soit en auxiliaire employé à la chasse des rongeurs. Chasseur habile, il peut détruire plus de 20 rats par jour; s'il est insuffisamment nourri, il s'attaque aux Oiseaux et aux Poissons. Le Chat a 5 doigts aux pattes de devant et 4 à celles de derrière. La dernière pha-

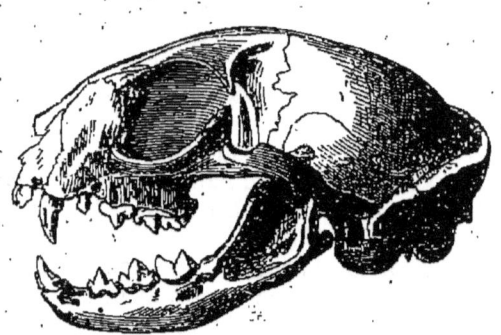

Fig. 89.
Squelette d'une tête de Chat.

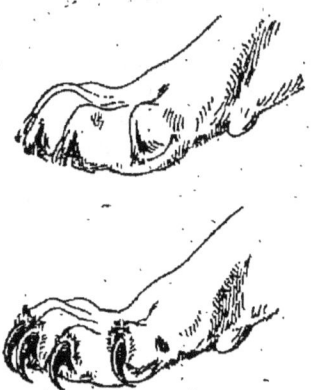

Fig. 90. — Patte du Chat
(digitigrade).

lange qui porte la griffe se relève au repos par un ligament élastique et les griffes sont cachées dans la fourrure. Dans cette position, on dit que le Chat fait « *patte de velours.* »

Le *Tigre* au pelage rayé est le Carnivore le plus féroce, il s'attaque volontiers à l'Homme.

Le *Lion* est aussi puissant que le Tigre, mais moins sanguinaire. Il recherche particulièrement les Ruminants qu'il attend à l'affût. Le mâle a le cou orné d'une belle et longue crinière.

La *Panthère*, le *Jaguar* rappellent le Tigre, quoique plus faibles.

Famille des Chiens. — Le *Chien* a de grandes qualités, aussi est-il devenu dès la plus haute antiquité le fidèle compagnon de l'Homme. Il diffère des Félins par son museau plus allongé, et ses pattes plus longues pourvues de griffes peu aiguës et non rétractiles. Le Chien possède 42 dents; les molaires tuberculeuses lui permettent de broyer les os. A l'état domestique, il mange un peu de tout. D'après les services qu'ils rendent à l'Homme on peut distinguer les *Chiens de garde* : *Chiens de berger, Dogue, Chien du Saint-Bernard, Mâtins* et les *Chiens de chasse* : *Lévrier, Basset, Epagneul, Barbets*, etc.

A la famille des Chiens appartiennent : le *Loup*, le *Renard*, le *Chacal* et l'*Hyène*.

Le *Loup* au museau pointu, aux oreilles droites, à la queue pendante, au pelage fauve, est peu courageux. Il disparaît peu à peu de nos régions. Néanmoins, dans chaque département, le titre de *lieutenant de louveterie* est réservé à un chasseur émérite.

Fig. 91. — Renard (digitigrade).

Le *Renard* (fig. 91) remarquable par sa ruse est l'ennemi de nos basses-cours. Il a le museau pointu et la queue touffue.

Le *Chacal*, l'*Hyène* habitent le nord de l'Afrique et se nourrissent de cadavres.

Famille des Martres. — La *Martre*, le *Putois*, la *Belette*, l'*Hermine* (fig. 92), la *Loutre* forment un groupe de petits Carnivores au corps allongé et aux pattes courtes. Tous dégagent une odeur musquée plus ou moins agréable. Ce sont de grands pillards de nos volières et de nos basses-cours. La Loutre aux pieds palmés se nourrit de Poissons. Ils sont recherchés pour leurs fourrures avec lesquelles on fait des manchons, des manteaux, des boas, etc.

Fig. 92. — L'Hermine.

Plantigrades. — Les principaux plantigrades sont l'*Ours* et le *Blaireau*.

L'*Ours* se nourrit de viande, de fruits et de racines, aussi les molaires tranchantes sont petites. L'Ours grimpe facilement aux arbres : sa démarche est lourde. Il habite les régions froides et tempérées.

L'*Ours brun* habite l'Europe et une partie de l'Asie.

L'*Ours gris* habite les régions polaires.

L'*Ours malais* ou *des cocotiers* habite l'Inde.

L'*Ours blanc*, plus fort et plus féroce, habite les régions polaires.

Le *Blaireau* (fig. 93) est assez commun dans nos pays. Il se creuse des terriers sur le flanc des côteaux, on le reconnaît de loin à l'odeur que dégagent des glandes puantes. Son corps est couvert de poils longs employés dans la brosserie fine.

Fig. 93. — Blaireau (plantigrade).

PINNIPÈDES (Types : Morses, Phoques, Otaries).

Caractères et types. — Nous avons constaté que la Loutre de la famille des Martres se meut aisément dans l'eau à l'aide de ses pieds palmés.

D'autres carnassiers ont acquis une forme aquatique plus parfaite, ce sont les *Phoques*, les *Morses* (fig. 94) et les *Otaries*. Ils forment le groupe des *Pinnipèdes*. Leur corps est allongé et presque cylindrique. Les membres sont transformés en nageoires.

Les membres postérieurs très courts

Fig. 94. — Le Morse.

sont placés, en arrière, dans le prolongement du corps. Ces animaux mangent des Poissons.

Dans les mers arctiques se rencontrent les Phoques, les Morses, dont les canines supérieures sont prolongées en défenses.

Les *Otaries* vivent au nord et au sud du Pacifique.

CÉTACÉS ou BALEINES (Types : *Baleines, Dauphin, Dugong*).

Les Baleines ressemblent, à s'y méprendre, à des Poissons. Elles habitent la haute mer et se meuvent à l'aide de nageoires représentant les membres antérieurs. Les membres postérieurs n'existent pas.

Le corps est terminé par une nageoire horizontale formée par un large repli de la peau. Les Baleines (fig. 95) sont dépourvues de pavillon, leurs narines appelées *évents* sont rejetées sur le haut de la tête permettant à l'animal de respirer en affleurant à la surface de l'eau. Elles rejettent par les évents l'air avec force, ce qui leur a valu le nom de *souffleurs*. La *Baleine*, le *Rorqual*, le *Dauphin*, le *Marsouin*, le *Cachalot* sont des souffleurs.

Fig. 95. — La Baleine.

La Baleine et le Rorqual adultes ont des fanons à la place des dents. Le *Dugong* et le *Lamantin* se nourrissent de plantes marines. Les Baleines auxquelles on fait une chasse active, tant pour leur huile que pour leurs fanons deviennent de plus en plus rares.

MAMMIFÈRES A SABOTS OU ONGULÉS

Les animaux que nous venons d'étudier ont leurs doigts munis d'ongles ou de griffes; ce sont des *onguiculés*. Il nous reste à parler maintenant d'un grand nombre de Mammifères herbivores dont les doigts sont chaussés par un sabot corné et que, pour cette raison, on appelle *ongulés*. Parmi ceux-ci les uns ont un nombre pair de doigts : le *Sanglier*, le *Bœuf*, la *Girafe*, etc.; les autres ont un nombre impair de doigts : l'*Éléphant* (5), le *Rhinocéros* (3), le *Cheval* (1).

ONGULÉS A DOIGTS PAIRS, PORCINS
(Types : *Sanglier*, *Porc*, *Hippopotame*).

Les Porcins ont une peau épaisse recouvrant une couche de lard. Leur dentition est complète; ils possèdent 4 doigts à chaque pied (fig. 96). Le *Sanglier*, le *Cochon domestique*, l'*Hippopotame* sont les représentants de cet ordre.

Fig. 97. — Le Sanglier.

Le *Sanglier* (fig. 97) est un assez gros animal, son corps est couvert de poils très raides (*soies*). Son museau est terminé par un *groin* ou boutoir. Les Sangliers sortent de préférence la nuit pour dévaster les champs de pommes de terre et de betteraves. Ils fouillent le sol à l'aide de leurs canines inférieures dressées vers le haut et prolongées en défenses. Les mâles sont ap-

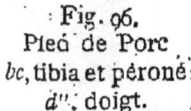

Fig. 96.
Pied de Porc
bc, tibia et péroné;
d", doigt.

Fig. 98. — L'Hippopotame; il a quatre doigts à chaque pied.

pelés *Solitaires*; les femelles, *Laies*; les petits, *Marcassins*.

Le *Porc* ou Cochon domestique descend du Sanglier; il est élevé pour sa chair que l'on mange fraîche, salée ou fumée, pour son lard et pour sa graisse ou saindoux.

L'*Hippopotame* vit dans les fleuves d'Afrique; c'est un animal hideux et féroce (fig. 98).

RUMINANTS (Types : **Bœuf, Chèvre, Cerf, Chameau**).

Caractères. — L'ordre des *Ruminants* est intéressant par le nombre et l'utilité de ses représentants. Le *Bœuf*, le *Mouton*, la *Chèvre*, le *Chameau*, le *Renne* sont des Ruminants. Ils sont tous herbivores et leurs molaires présentent des replis sinueux leur permettant de broyer les herbes coupées par

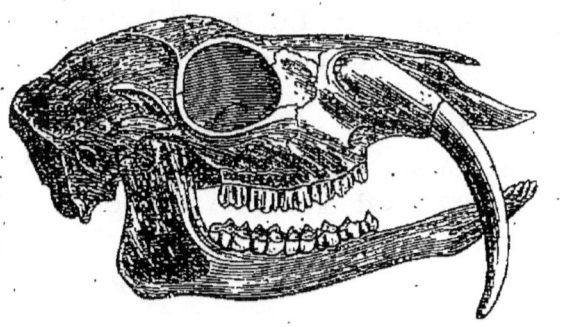

Fig. 99. — Tête de Ruminant pourvu de défenses.

les incisives de la mâchoire inférieure. Les canines existent à la mâchoire supérieure seulement comme armes de défense chez ceux qui n'ont pas de cornes (fig. 99). Ils possèdent la faculté de *ruminer*, c'est-à-dire de mâcher et d'avaler deux fois de suite les mêmes aliments. Leur estomac est formé de quatre poches : la *panse*, le *bonnet*, le *feuillet* et la *caillette* (fig. 100). Ces animaux étant souvent de grande taille et les herbes dont ils se nourrissent étant peu nutritives, ils doivent en absorber une grande quantité. Ils broutent, à la hâte, emmagasinant leurs aliments grossièrement divisés dans la panse et le bonnet, et c'est au gîte qu'ils ramènent les aliments dans la bouche où ils sont mâchés complè-

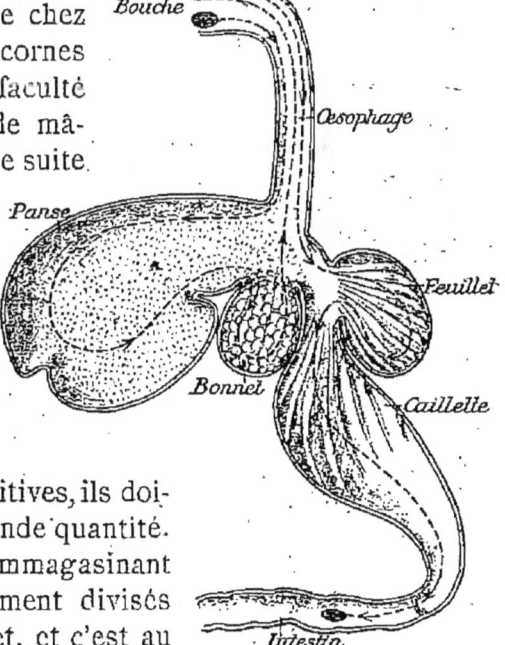

Fig. 100.
Estomac de la Vache.

tement et imbibés de salive. Ils sont alors reçus par le feuillet et la caillette et soumis à l'action du suc gastrique. Cette faculté de ruminer est particulièrement favorable aux Ruminants. Ces animaux sont activement recherchés par les Carnivores qui s'en nourrissent; mal armés pour se défendre, ils trouvent souvent leur salut dans la fuite. Ils doivent donc prendre leur repas très rapidement sans même mâcher leurs aliments. Ils font simplement leurs provisions au dehors et c'est à l'abri de toute attaque qu'ils mangent réellement. Fuir, toujours fuir devant leurs terribles ennemis, telle est leur destinée! Ce sont des êtres vagabonds et leur estomac volumineux semble leur tenir lieu de *besace*.

Principaux types. — Le *Bœuf*, tranquille et doux, porte sur son large front deux cornes creuses et persistantes. Son pied, terminé par deux doigts égaux, enveloppés chacun d'un sabot, s'articule avec deux os métacarpiens ou métatarsiens, soudés en un seul, appelé *canon* (fig. 101).

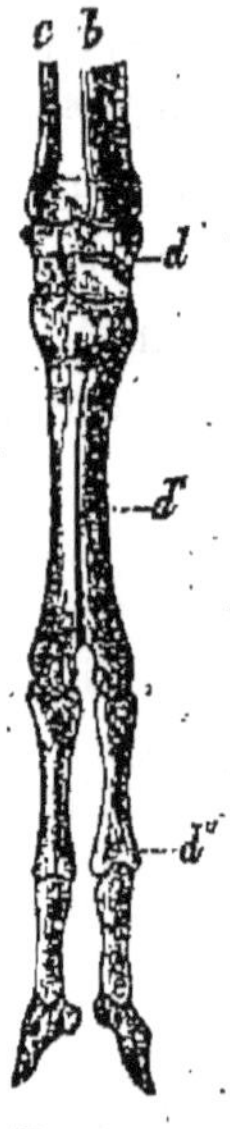

Le Bœuf est un animal très utile, il nous fournit son travail, sa chair, sa graisse, sa peau dont on fait le cuir, ses cornes dont on fait des objets divers. La Vache nous donne son lait, le jeune ou *veau* a une chair très délicate. Le Bœuf existait à l'état sauvage dans l'ancienne Gaule; on l'appelait *Auroch*, il a donné naissance a une foule de races dont les principales sont celles du *Charolais*, de *Durham*, de *Normandie* et de *Flandre*.

Fig. 101. Pied de Ruminant; d', os canon.

Fig. 102. — Mouton sauvage d'Asie.

Le *Zébu*, le *Buffle*, le *Bison*, voisins de notre Bœuf domestique, vivent à l'état sauvage.

La *Chèvre*, appelée avec juste raison la vache du pauvre, est très rustique. Son mâle ou *Bouc* répand une odeur désagréable.

Le *Mouton* a des cornes enroulées en spirale; les mâles sont appelés *Béliers*, les femelles *Brebis*, et les jeunes *Agneaux*.

L'Homme utilise la toison des Moutons pour faire des vêtements de laine (fig. 102).

Les *Antilopes*, les *Gazelles* gracieuses et agiles, les *Chamois* des Pyrénées et des Alpes ont comme le Bœuf et le Mouton des cornes creuses et persistantes.

La *Girafe* au long cou et le curieux *Okapi* du Congo sont des Ruminants à cornes courtes et velues.

Le *Cerf*, le *Renne*, l'*Élan*, le *Chevreuil* ont la tête armée de cornes ramifiées (*bois*), qui tombent chaque année au printemps pour repousser en été. Le Renne est un animal précieux pour les habitants des régions septentrionales.

Certains Ruminants sont dépourvus de cornes, comme le *Chameau* (Asie), le *Dromadaire* (Afrique), le *Lama* (Amérique du Sud), les *Chevrotains* (Asie), mais ils possèdent des canines parfois très développées à la mâchoire supérieure.

ONGULÉS A DOIGTS IMPAIRS (Type : *Cheval*).

Le Cheval. — Les Chevaux sont admirablement organisés pour la course; leurs membres longs, terminés par un seul doigt, aux articulations simples, ne sont pas exposés aux entorses (fig. 103). Ils sont herbivores. Leur dentition comprend, pour chaque mâchoire, 6 incisives et 12 molaires. Les incisives s'usent par leur extrémité libre. Suivant le degré d'usure, les dessins qu'elles présentent, on peut reconnaître l'âge du Cheval. Entre les incisives et les molaires, il existe un espace vide ou *barre*; c'est là qu'est placé le *mors*, muni d'une bride avec laquelle on guide le Cheval.

Le Cheval est devenu l'auxiliaire de l'Homme dès l'aurore de la civilisation; il a donné naissance à une foule de races : *Cheval arabe, pur sang anglais*, Chevaux *Boulonnais, Bretons, Ardennais, Normands, Percherons*, etc. (fig. 104).

Fig. 103.
Pied
de Cheval.
d", doigt.

L'*Ane* aux longues oreilles est plus petit que le Cheval, mais plus sobre et plus rustique.

L'*Hémione* est une espèce d'Ane sauvage.

Le *Mulet* provient de la Jument et de l'Ane, il rend de grands services dans les pays montagneux.

Rhinocéros. — Le Rhinocéros est énorme et lourd; sa peau est très épaisse et ses membres sont terminés par 3 doigts.

Le *Rhinocéros d'Afrique* a deux cornes sur le nez, le *Rhinocéros d'Asie* n'en a qu'une.

Fig. 104. — Cheval.

ÉLÉPHANTS (Type : *Éléphant*).

Les Éléphants (fig. 105) sont les plus gros Mammifères ter-

Fig. 105. — L'Éléphant.

restres. Ils sont caractérisés par leur nez prolongé en une longue trompe qui leur sert d'organe de préhension et leurs défenses provenant de leurs incisives supérieures, leurs oreilles pendantes, leurs petits yeux, leur peau ridée. Leurs membres puissants sont terminés par 5 doigts munis de sabots aplatis. Malgré leur aspect disgracieux, les Éléphants sont intelligents et peuvent être dressés aux besognes les plus variées. Ces gros animaux, comme les géants de tous les groupes, tendent à disparaître. Il n'en existe plus que 2 espèces : l'*Éléphant d'Afrique* qui peut atteindre 4 mètres de hauteur et dont les défenses peuvent avoir 2 mètres de long ; l'*Éléphant d'Asie*, un peu plus petit.

Citons encore, en nous promettant de les étudier plus tard :
l'ordre des *Édentés* avec le *Fourmilier* ;
l'ordre des *Marsupiaux* avec la *Sarigue* ;
l'ordre des *Monotrèmes* avec l'*Ornithorhynque*.

RÉSUMÉ. — Les Carnivores ont leurs mâchoires armées de dents puissantes. Les incisives sont tranchantes, les canines très longues et les molaires propres à broyer. L'une de ces molaires plus grande que les autres est appelée *carnassière*. Les Carnivores ont des doigts armés de griffes. Les *digitigrades* très agiles marchent sur l'extrémité des doigts. Les *plantigrades* plus lourds appuient à terre la plante entière du pied.

Le *Chat*, le *Tigre*, le *Lion*, la *Panthère*, le *Jaguar* ont des griffes rétractiles.

Le *Chien* a des griffes peu aiguës et non rétractiles. Le *Loup*, le *Renard*, le *Chacal*, l'*Hyène* ont de très grandes ressemblances avec le Chien.

La *Martre*, le *Putois*, la *Belette*, l'*Hermine*, la *Loutre* ont le corps allongé et les pattes courtes.

Les principaux plantigrades sont l'*Ours* et le *Blaireau*.

Les **Pinnipèdes** représentés par les *Phoques*, les *Morses*, les *Otaries* ont acquis une forme aquatique parfaite. Leur corps est presque cylindrique et leurs membres sont transformés en nageoires.

Les **Cétacés** habitent la haute mer, leurs membres antérieurs sont transformés en nageoires et leur corps est terminé par une nageoire horizontale.

Les *Baleines*, les *Rorquals* ont des fanons à la place des dents.

Le *Dugong* et le *Lamantin* se nourrissent de plantes marines.

Les **Porcins** sont caractérisés par une peau épaisse ; ils ont une dentition complète et leurs pieds sont terminés par quatre doigts chaussés pour un sabot corné. Le *Sanglier*, le *Cochon domestique*, l'*Hippopotame* sont les principaux représentants de cet ordre.

L'ordre des **Ruminants** est intéressant par le nombre et l'utilité de ses représentants. Le *Bœuf*, le *Mouton*, la *Chèvre*, le *Chameau*, le *Renne*, les *Antilopes*, la *Gazelle*, le *Chamois*, l'*Élan*, le *Chevreuil* sont des Ruminants. Ils sont tous herbivores, leurs molaires présentent des replis sinueux leur permettant de broyer les herbes coupées par les incisives de la mâchoire inférieure. Ils ont tous la faculté de *ruminer*. Les Ruminants sont des ongulés à doigts pairs.

Les *Équidés* ont des membres terminés par un seul doigt (*Cheval*).

Les *Éléphants* sont les plus gros Mammifères terrestres. Leur nez est prolongé en une longue trompe qui leur sert d'organe de préhension. Leurs membres sont terminés par 5 doigts munis de sabots aplatis. L'*Éléphant d'Afrique* peut atteindre 4 mètres de hauteur et les défenses (incisives supérieures) peuvent mesurer 2 mètres de long, l'*Éléphant d'Asie* est un peu plus petit.

11ᵉ LEÇON

Classe des Oiseaux.

Caractères généraux. — Les Mammifères, nous venons de le constater, renferment des animaux très différents les uns des

Fig. 106. — Noms des diverses parties du corps d'un Oiseau (le Chardonneret).

1, bec; 2, mandibule inférieure; 3, pointe du bec; 4, mandibule supérieure; 5, joue; 6, région post-oculaire; 7, front; 8, vertex; 9, occiput; 10, région parotidienne; 11, gorge; 12, 13, dessus et devant du cou; 14, dos; 15, lombes; 16, flancs; 17, poitrine; 18, 19, ventre; 20, épaules; 21, couvertures des ailes; 22, rémiges ou pennes des ailes; 23, couvertures inférieures de la queue; 24, rectrices ou pennes de la queue; 25, métatarses; 26, doigts.

Fig. 107. Schéma de plume.

autres : le *Singe*, la *Chauve-Souris*, le *Lion*, le *Morse*, la *Baleine* ont chacun une physionomie très particulière. La Chauve-souris peut être confondue avec un Oiseau, on peut prendre la Baleine pour un Poisson. Cela s'explique; les Mammifères, vivant sur les arbres, à la surface du sol ou dans les souterrains, étant aériens ou aquatiques, ont acquis une forme et des caractères leur permettant de vivre facilement dans le milieu qu'ils ont conquis. Il n'en est plus de même chez les Oiseaux, êtres essentiellement aériens et presque tous organisés pour *voler* et *sauter*. Aussi se ressemblent-ils entre eux beaucoup plus que les Mammifères.

Tous ont le corps couvert de plumes (fig. 106). La base de la plume (fig. 107) est creuse; elle forme le *tuyau*, celui-ci se continue par une tige portant sur ses côtés des branches ou *barbes*. Les barbes portent des branches secondaires ou *barbules*.

On donne le nom de *pennes* aux longues plumes des ailes et de la queue. Celles des ailes font office de rames, ce sont les *rémiges* (*remigare* : ramer) et celles de la queue servent de gouvernail; ce sont les *rectrices* (*regere* ; diriger). Les toutes petites plumes moins ramifiées portent le nom de duvet. Les plumes tombent une fois par an et sont remplacées par d'autres, c'est la *mue*.

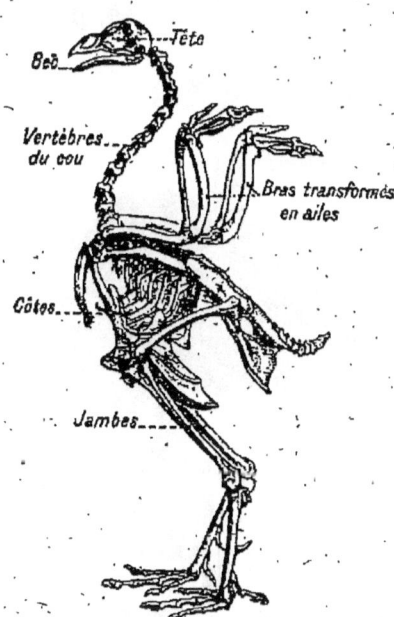

Fig. 108. — Squelette d'Oiseau.

Le squelette des Oiseaux (fig. 108) est composé d'os légers et creusés de cavités en communication avec l'appareil respiratoire.

Les bons voiliers ont des os très légers; leur sternum porte sur la ligne médiane une crête verticale appelée *bréchet*. Cette crête ne sert pas, comme on le dit souvent, à fendre l'air, pour la bonne raison qu'elle n'est pas saillante à l'extérieur, mais elle offre une large surface d'insertion aux muscles des ailes. Celles-ci représentent les membres antérieurs. Elles s'articulent solidement avec le tronc par l'intermédiaire de trois os : l'*omoplate*, l'*os coracoïde* et la *clavicule*. Les deux clavicules soudées forment la *fourchette*. Les membres postérieurs, souvent longs et grêles, sont terminés par quatre doigts. Certains coureurs comme les Autruches n'ont que deux doigts.

Les Oiseaux ont un bec corné, très solide, mais pas de dents (fig. 109). Le tube digestif (fig. 110) présente généralement une

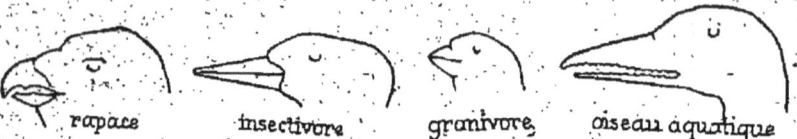

Fig. 109. — Becs d'Oiseaux.

première cavité ou *jabot*, véritable réservoir à graines, puis un estomac sécréteur ou *ventricule succenturié* et un *gésier* à parois épaisses. L'intestin présente plusieurs appendices.

Les excréments, l'urine et les œufs se rendent dans un *cloaque* et sont expulsés par le même orifice.

La respiration est très active, les poumons sont bien développés et se prolongent en de vastes sacs aériens renfermant une réserve d'air que l'oiseau utilise pendant le vol.

A la base de la trachée-artère se trouve un second larynx, organe producteur de la voix.

Le cœur présente quatre cavités et la circulation est, comme chez les Mammifères, double et complète.

Les sens de la vue et de l'ouïe sont très développés chez les Oiseaux.

L'œil protégé par trois paupières est remarquable par son acuité.

L'oreille externe ne présente un pavillon que chez les Hiboux.

Fig. 110. — Tube digestif d'un Oiseau.

a, œsophage; *b*, jabot; *c*, ventricule succenturié (ouvert); *d*, gésier (ouvert); *m*, foie; *o*, pancréas; circonvolution de l'intestin grêle *i, i*, les deux cæcums; *k*, rectum; *l*, cloaque.

Le *goût est peu développé*, la plupart de ces animaux avalent leurs aliments sans les écraser, par conséquent sans les *goûter*.

Œufs. — Les Oiseaux sont ovipares ; les œufs (fig. 111) sont habituellement pondus dans des nids et couvés par la mère qui les maintient à la température du corps (42°). Les Autruches déposent les œufs dans le sable et les abandonnent à la chaleur du soleil. L'observation de ce fait a donné naissance aux couveuses artificielles (fig. 112). La période d'incubation est variable. Elle est de vingt et un jours pour la Poule, de dix-huit jours pour le Pigeon, de soixante jours pour l'Autruche.

Examinons un œuf de Poule (fig. 111) ; il comprend quatre

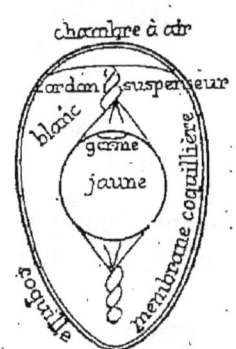
Fig. 111. — Œuf.

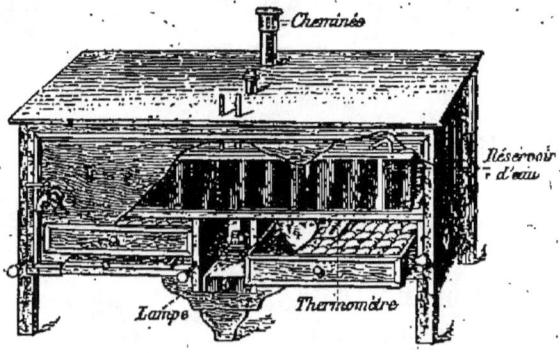
Fig. 112. — Couveuse artificielle.

parties : le *jaune*, le *blanc*, une *membrane mince* et l'enveloppe calcaire ou *coquille*.

Le jaune est la partie essentielle, il présente à sa surface une tache blanche, la *cicatricule* ou *germe*. La cicatricule donnera naissance au petit poulet qui absorbera pendant l'incubation le jaune et le blanc. Au gros bout de l'œuf, entre la membrane mince et la coquille, se trouve la chambre à air.

On compte 11000 espèces d'Oiseaux réparties en huit ordres, d'après la conformation du bec, des pattes, du sternum et des ailes. Ce sont :

Les *Rapaces*. — Oiseaux de l'air (*Aigle, Hibou*).
Les *Passereaux*. — Oiseaux des arbres : sauteurs (*Moineau*).
Les *Grimpeurs*. — Oiseaux des arbres : grimpeurs (*Pic*).
Les *Colombins*. — Oiseaux des champs : voiliers (*Pigeon*).
Les *Gallinacés*. — Oiseaux des champs : marcheurs (*Poule*).
Les *Échassiers*. — Oiseaux de rivage (*Héron*).
Les *Palmipèdes* — Oiseaux nageurs (*Cygne*).
Les *Coureurs*. — (*Autruche*).

RAPACES (Types : *Aigle*, *Hibou*).

Les *Rapaces* ou Oiseaux de proie sont carnassiers. Ils ont un bec crochu (fig. 113), à bords tranchants, revêtu à la base d'une membrane appelée *cirre* dans laquelle sont percées les narines. Les pattes terminées par 4 doigts, 3 en avant et 1 en arrière, sont armées d'ongles longs et acérés, nommés *serres* (fig. 114).

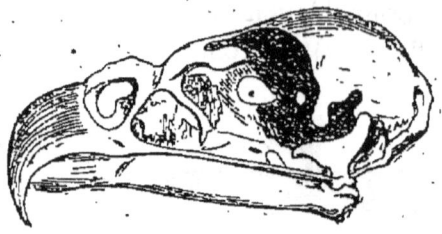

Fig. 113. — Bec crochu d'un Oiseau de proie.

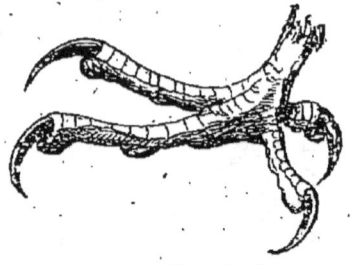

Fig. 114. — Pied de Rapace.

Deux grandes ailes mues par des muscles puissants leur permettent des vols longs et rapides. Chasseurs vigilants, ils recherchent leur nourriture pendant le jour : *Rapaces diurnes*, ou pendant la nuit : *Rapaces nocturnes*.

Rapaces diurnes. — L'Aigle au plumage sombre habite les hautes montagnes de l'Europe où il chasse les Oiseaux, enlève les Moutons et parfois même s'attaque aux enfants.

Fig. 115. — Chat-Huant.

L'arcade sourcilière saillante, l'œil enfoncé donnent à la tête de l'Aigle un aspect de sévérité qu'on a interprété tantôt comme noblesse, tantôt comme férocité.

Le *Faucon* est le plus rapide voilier.

Le *Vautour* a le cou nu et le bec très crochu. Les Vautours vivent en société et se nourrissent de cadavres.

Le *Condor* est le Vautour du nouveau monde.

Rapaces nocturnes. — Les Rapaces nocturnes ont un vol

silencieux parce que leur plumage est très souple. On les reconnaît aisément à leurs yeux ronds dirigés en avant et entourés d'une couronne de plumes. Les principaux représentants de ce groupe sont le *Hibou*, la *Chouette*, le *Chat-huant* (fig. 115). Ce sont des Oiseaux utiles à l'agriculture, ils détruisent une foule de Rongeurs.

PASSEREAUX (Types : *Moineau, Rossignol, Pinson*).

Caractères. — Il est très difficile de définir l'ordre des Passereaux, car il comprend un très grand nombre d'espèces dont les adaptations, les habitudes sont diverses. A ce groupe appartiennent les Oiseaux chanteurs. Ils sont en général de petite taille, vivent sur les arbres ou dans les buissons. Tous ont quatre doigts : trois en avant et un en arrière. D'après la forme du bec on peut les diviser en plusieurs groupes.

Représentants. — 1° La fidèle *Hirondelle* a le bec plat et largement fendu, les ailes longues et pointues. Elle se nourrit d'Insectes qu'elle saisit au vol. Suivant l'état du ciel elle vole plus ou moins haut. Lorsque les hirondelles se rapprochent du sol, c'est, dit un vieil adage, présage de pluie : « *Quand les hirondelles rasent la terre, adieu la poussière* ».

Fig. 116.
Alouette huppée.

2° Les *Merles*, les *Grives*, les *Mésanges* ont le bec échancré et muni parfois d'une saillie ou dent.

3° Le *Moineau*, l'*Alouette* (fig. 116), le *Chardonneret*, le *Pinson*, etc., ont un bec gros et conique avec lequel ils peuvent broyer des graines très dures. Le Moineau pillard et indépendant vit autour de nos habitations, dans les jardins publics et n'est nullement effrayé par la présence des promeneurs.

4° Les *Corbeaux*, les *Corneilles*, les *Pies*, les *Geais* ont un bec long et une taille assez grande ; ils sont plutôt carnivores et nuisibles.

5° Le *Colibri*, l'*Oiseau-mouche*, le *Martin-pêcheur*, les *Roitelets*, les *Fauvettes*, les *Rossignols* se nourrissent surtout d'Insectes ; leur bec est long et grêle.

GRIMPEURS (Types : *Pic, Coucou, Perroquet*).

Les *Grimpeurs* comme les *Pics*, les *Coucous*, les *Perroquets* des régions tropicales, les *Toucans d'Amérique* ont quatre doigts à chaque patte : deux en avant, deux en arrière, armés de griffes pointues (fig. 117). Cette disposition particulière des doigts leur permet de grimper facilement et de serrer fortement les branches sur lesquelles ils perchent.

Fig. 117. — Pied de Grimpeur.

Le *Pic*, commun dans nos forêts, se sert de son bec long, droit et fort pour frapper le bois des arbres et en faire sortir les insectes dont il se nourrit. C'est un oiseau très utile.

Le *Coucou* bien connu par son cri : *cou-cou* reste chez nous pendant la belle saison. Il vit dans les bois et se nourrit de chenilles. La femelle, ne pouvant elle-même couver ses œufs, à cause de la lenteur de la ponte, les dépose dans d'autres nids. Elle choisit de préférence les nids de Bergeronnettes, de Fauvettes, de Bruants, voire même de Roitelets. Ceux-ci couvent les œufs et soignent les petits du coucou avec dévouement. Les *Perroquets* (fig. 118), les *Perruches*, les *Toucans* ont le bec crochu et la langue épaisse. Ils vivent dans les régions chaudes. La beauté de leur plumage les fait rechercher comme Oiseaux d'ornement.

Fig. 118. — Perroquet.

COLOMBINS (Types : *Pigeon*, *Ramier*, *Tourterelle*).

Le *Pigeon*, le *Biset*, la *Tourterelle* sont les représentants de l'ordre des Colombins. Ils sont très voisins des Gallinacés, dont ils ne diffèrent que par certains caractères du bec et des doigts. L'extrémité du bec est cornée, la base est renflée et recouverte d'une *cire* molle entourant les narines. Les doigts au nombre de quatre, trois en avant et un en arrière, sont libres et placés à la même hauteur.

Fig. 119. — Pigeon.

Le *Pigeon* (fig. 119) est un excellent voilier ; il possède à un très haut degré le sens de la direction. Il retrouve facilement son nid après en avoir été éloigné de plusieurs centaines de kilomètres. L'Homme utilise cette faculté chez le Pigeon voyageur.

Les *Ramiers* restent en France du printemps à l'automne, ils se distinguent des pigeons par leurs pattes emplumées et leurs doigts légèrement palmés.

Le *Bizet*, souche de nos Pigeons domestiques, ne niche jamais sur les arbres.

GALLINACÉS (Types : *Coq, Poule, Dindon, Paon, Perdrix*).

Les Gallinacés, dont beaucoup sont domestiques, sont des oiseaux de taille moyenne, au vol lourd, à la marche rapide, au corps épais revêtu d'un plumage abondant. Le bec est fort et convexe en dessus. Les pattes sont

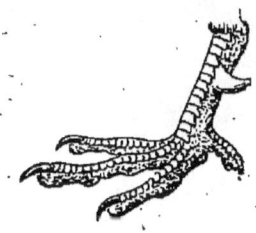

Fig. 120. — Pied de Gallinacé mâle portant un ergot.

Fig. 121. — Le Coq, la Poule et ses Poussins.

plus ou moins emplumées. Les trois doigts antérieurs, réunis à la base par une membrane, portent des ongles avec lesquels ils grattent le sol pour y rechercher des graines, des insectes et des vers (fig. 120). Le doigt postérieur inséré un peu plus haut n'est pas en contact avec le sol. Les mâles ont généralement un riche plumage.

La *Poule* (fig. 121) vole mal mais elle marche vite. Elle est plus petite et moins jolie que le *Coq*. Elle n'a ni crête ni ergot, mais elle porte comme le Coq, les *oreillons* et les *barbillons* rouges aux côtés et au-dessous du bec. Ses petits ou poussins suivent leur mère dès la sortie de l'œuf. Les Poules sont élevées pour leur chair délicate et leurs œufs. Les bonnes pondeuses appartiennent aux races de *Crève-cœur*, de *Houdan*, de *la Flèche*, du *Mans*, de la *Bresse*.

Le *Paon* originaire de l'Inde fut, dit-on, introduit en Europe par Alexandre le Grand, où il se propagea rapidement. C'est un superbe Oiseau. Les mâles ont de larges plumes caudales qu'ils relèvent et étalent en éventail quand ils font la roue. Leur tête est ornée d'une magnifique aigrette.

Le *Faisan* commun est élevé dans nos forêts pour la chasse.

Les *Dindons* sont originaires de l'Amérique du Sud. Les mâles ont un gloussement particulier et font la roue comme les Paons.

La *Pintade* au plumage tacheté de blanc a la voix désagréable.

Les *Perdrix*, la *Caille* sont des Gallinacés.

ÉCHASSIERS (Types : *Héron*, *Cigogne*, *Bécasse*).

Le *Héron*, au long bec emmanché d'un long cou, au corps perché sur de hautes pattes grêles est bien le type des Échassiers

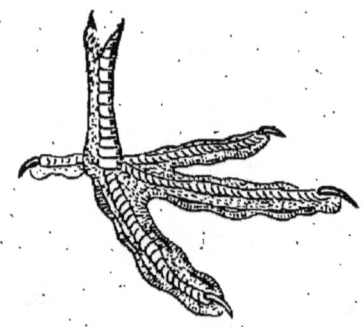

Fig. 122. — Pied d'Échassier.

Fig. 123.
1, Bécassine sourde.
2, Bécassine ordinaire.

(fig. 122). Les principaux représentants de cet ordre sont le *Héron*, la *Cigogne*, la *Grue* au bec conique ; l'*Ibis* (Afrique) au bec recourbé, le *Marabout*, les *Poules d'eau*, les *Pluviers*, les *Bécasses*, etc. (fig. 123).

L'Ibis qui devient de plus en plus rare était considéré autrefois comme un Oiseau sacré. Le Marabout a des plumes blanches très recherchées.

Le Héron est un Oiseau nuisible parce qu'il se nourrit de Poissons, mais la Cigogne se rend utile en détruisant les Insectes, les Rongeurs et les Serpents.

PALMIPÈDES (Types : *Canard*, *Albatros*, *Pingouin*).

Les *Palmipèdes* sont des Oiseaux aquatiques dont les trois doigts antérieurs sont réunis par une large membrane (fig. 124). Le doigt postérieur est souvent rudimentaire. Ils se meuvent facilement sur l'eau, mais ils ont sur terre une démarche lente et disgracieuse. Le plumage des Palmipèdes est généralement serré et abondant. Une glande située près du cloaque sécrète une matière grasse qui empêche les plumes d'être mouillées par l'eau.

Le *Canard*, l'*Oie*, le *Cygne* ont un bec aplati portant sur ses bords de petites lamelles transversales destinées à tamiser la vase.

Le Cygne est l'ornement de nos pièces d'eau.

La *Sarcelle*, la *Macreuse* sont des espèces très voisines du canard. Avec le duvet de l'*Eider* des régions boréales on fabrique les véritables édredons.

Fig. 124.
Pied palmé de Canard.

Les *Albatros*, les *Goëlands*, les *Mouettes* communes sur nos côtes, les *Pélicans*, les *Cormorans* sont de bons voiliers. Le *Pélican* (fig. 125) a la mandibule inférieure pourvue d'une poche profonde servant à emmagasiner les Poissons. Le *Cormoran* est universellement répandu. Il est très vorace ; son œsophage dilatable peut contenir une certaine quantité de petits Poissons. En Chine, on a tiré parti de cette disposition : après avoir passé au bas de son cou un anneau qui l'empêche d'avaler, on le fait plonger et on retire le poisson qu'il a recueilli.

Fig. 125. — Le Pélican.

Certains Palmipèdes ont des ailes très courtes, insuffisantes pour soutenir le corps dans l'air mais pouvant servir de rames. Tels sont : les *Pingouins* venant en bandes nombreuses dans les régions arctiques, les *Manchots* des régions antarctiques.

COUREURS (Types : **Autruche, Casoar, Émeu**).

Les *Coureurs* ont des ailes rudimentaires, des pattes longues terminées par trois doigts ou par deux doigts seulement. Cette réduction dans le nombre de doigts rappelle celle que nous avons observée chez les Mammifères coureurs, Ruminants et Chevaux dont les membres sont terminés par un ou deux sabots. Ce groupe peu nombreux est représenté par l'*Autruche*, le *Nandou* ou Autruche d'Amérique (trois doigts) (fig. 126).

L'Autruche est le plus gros des Oiseaux vivants; elle pèse jusqu'à soixante-quinze kilos. Le mâle a un plumage noir, celui de la femelle est gris. Les plumes des ailes et de la queue sont recherchées comme objets de parure. Une dépouille d'Autruche vaut de 100 à 200 francs. On utilise sa chair et sa graisse; on l'emploie aussi comme bête de trait et de selle.

Fig. 126. — Le Nandou.

Un œuf d'Autruche pèse 1 k. 500.

Intelligence des Oiseaux. — Les manifestations de l'intelligence chez beaucoup d'Oiseaux dépassent souvent celles qu'on rencontre chez les Mammifères. La plupart de ces manifestations se rapportent à la construction des nids, à la ponte et à la défense des petits.

Fig. 127. — Nid de Chardonneret.

Beaucoup d'Oiseaux sont de véritables artistes. Sans doute, les Rapaces nocturnes déposent leurs œufs dans des anfractuosités de rochers, les Rapaces diurnes, les Échassiers, les Autruches, les Alouettes ont des nids à peine ébauchés, mais les espèces arboricoles déploient un art incomparable pour préparer à leurs petits un abri solide, chaud et moelleux (fig. 127 et 128). Les nids de la Fauvette, de la Mésange, du Pinson sont de petits chefs-d'œuvre. Celui de la Fauvette couturière est protégé par deux larges feuilles cousues ensemble.

Certaines espèces sont maçonnes. L'Hirondelle bâtit son nid sous les corniches et dans les encoignures des maisons.

Quelques Oiseaux éminemment sociaux groupent leurs nids en de véritables villages. Ainsi font les Hérons et les Républicains d'Afrique (fig. 128).

Fig. 128. — Nids des Républicains.

Mœurs. — Les Oiseaux sont *sédentaires*, *errants* ou *migrateurs*. Les Oiseaux sédentaires sont peu nombreux dans nos pays : on peut citer le Corbeau, la Pie, le Roitelet, le Hibou, l'Aigle, le Moineau.

Les Oiseaux errants se déplacent pour la recherche de leur nourriture, mais sans s'éloigner cependant de leur résidence primitive ; les Grives, les Pinsons désertent les montagnes pour les versants ensoleillés.

Les Oiseaux migrateurs sont la majorité. Les Hirondelles, les Cigognes, les Grues, les Corneilles partent tous les ans en bandes nombreuses vers les régions méridionales. En août les Martinets nous abandonnent ; puis s'en vont les Coucous, les Cailles, les Loriots ; les Oiseaux chanteurs : Rossignols et Fauvettes. En octobre ce sont les Bergeronnettes, les Alouettes, les Merles, les Éperviers qui nous disent au revoir.

Par contre, quelques Oiseaux viennent hiverner chez nous, comme les Roitelets, les Canards, les Mouettes, les Freux, etc.

RÉSUMÉ. — Les Oiseaux sont essentiellement aériens et presque tous sont organisés pour voler et sauter, *aussi se ressemblent-ils beaucoup entre eux*. Les Oiseaux ont le corps couvert de plumes. La base de la plume est creuse; elle forme le *tuyau*; celui-ci se continue par une tige portant sur ses côtés des branches ou *barbes*. Les barbes portent des *barbules*. Les *pennes* sont les longues plumes des ailes et de la queue.

Squelette. — Le squelette des Oiseaux est composé d'os légers et creusés de cavités en communication avec l'appareil respiratoire. Les membres antérieurs ou ailes sont remarquables par la réduction du poignet et des doigts au nombre de 3. Les membres postérieurs, souvent longs et grêles, sont terminés par 4 doigts. Les coureurs comme l'Autruche, le Nandou n'ont que 2 ou 3 doigts à chaque pied.

Tube digestif. — Les oiseaux ont un bec corné, mais pas de dents. Le tube digestif comprend l'œsophage, le jabot, le ventricule succenturié, le gésier, et un intestin muni de plusieurs appendices. Les excréments, l'urine et les œufs sont expulsés par le même orifice.

Respiration. — La respiration est très active, les poumons bien développés se prolongent en de vastes sacs aériens. A la base de la trachée, il existe généralement un second larynx, c'est l'organe producteur de la voix.

Le *Cœur* des Oiseaux présente 4 cavités ; la circulation est double et complète.

Les *Sens* de la vue et de l'ouïe sont très développés chez les Oiseaux.

Ils sont *Ovipares*. Les œufs sont habituellement pondus dans un nid et couvés par la mère.

Les Oiseaux ont été répartis en 8 ordres, d'après la conformation du bec, des pattes, du sternum et des ailes. Ce sont :

Les **Rapaces**. — *Aigle, Vautour, Condor* (diurnes), *Hibou, Chat-Huant* (nocturnes).

Les **Passereaux**. — *Hirondelle, Merle, Grive, Moineau, Colibri, Martin-pêcheur.*

Les **Grimpeurs**. — *Perroquet, Pic, Coucou, Toucan.*

Les **Colombins**. — *Pigeon, Ramier, Tourterelle.*

Les **Gallinacés**. — *Coq, Dindon, Paon, Perdrix, Pintade.*

Les **Échassiers**. — *Héron, Cigogne, Bécasse, Marabout.*

Les **Palmipèdes**. — *Canard, Cygne, Albatros, Pingouin, Cormoran.*

Les **Coureurs**. — *Autruche, Casoar, Nandou, Emeu.*

Les Oiseaux sont sédentaires (*Corbeau, Pie, Moineau*), errants (*Grive, Pinson*) ou migrateurs (*Hirondelle, Cigogne*).

12º LEÇON

Reptiles et Batraciens.

CLASSE DES REPTILES

Caractères généraux. — Les *Lézards*, les *Serpents*, les *Tortues* sont les représentants actuels de la classe des Reptiles. Petits, faibles et lents dans nos régions, ils déploient une grande activité dans les pays chauds. Ils paraissent être des survivants d'une époque lointaine. La Géologie nous apprendra, en effet, dans la suite, que durant l'ère secondaire les Reptiles étaient les maîtres du monde; ils se partageaient la terre, l'air et les eaux. Il y avait des Reptiles bons voiliers, ressemblant aux Oiseaux, des Reptiles nageurs et surtout des Reptiles terrestres énormes, véritables monstres, dont le squelette du *Diplodocus*, mesurant plus de 25 mètres et offert par l'Américain Carnegie au Muséum d'Histoire naturelle de Paris, peut donner une idée. L'étude des formes disparues et des formes actuelles a permis d'affirmer que les *Reptiles sont les ancêtres des Oiseaux et des Mammifères.*

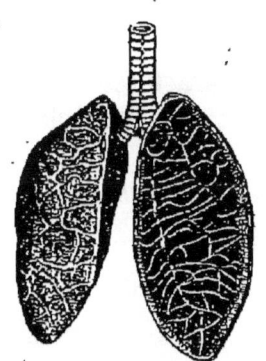

Fig. 129.
Poumons de Lézard.

Les Reptiles sont des animaux à température variable dont la respiration peu active s'effectue à l'aide de poumons très simples, véritables sacs partagés en plusieurs compartiments par des cloisons (fig. 129). Le sang n'est en contact avec l'air que par une surface peu étendue.

Le cœur des Reptiles, sauf chez les *Crocodiles*, est formé de deux oreillettes et d'un ventricule divisé en deux parties inégales par une cloison incomplète (fig. 130). Ce ventricule unique reçoit à la fois du sang rouge et du sang noir.

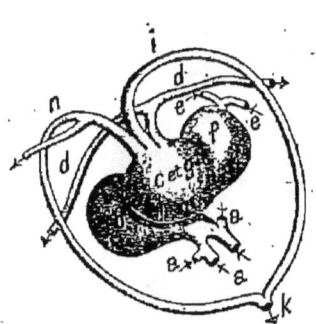

Fig. 130. — Cœur de Tortue.
n, i, aortes; *dd*, artères pulmonaires; *ee*, veines pulmonaires; *aa*, veines du corps; *c et g*, ventricule; *f*, oreillette.

Les Reptiles ont un tube digestif complet; comme chez les Oiseaux, les excréments et l'urine sont rejetés par un orifice unique. Les dents sont tantôt soudées sur les mâchoires (*Lézard*) ou logées dans des alvéoles (*Crocodile*). Elles sont mal localisées puisque tous les os qui forment la charpente de la bouche peuvent en porter (*Boa*).

Les membres et la forme générale du corps permettent de définir cette classe. Les membres, quand ils existent, sont courts et rejetés en dehors. Ils ne soutiennent pas le corps, mais servent à le pousser en avant. Ils paraissent plutôt com-

brants chez les Lézards et les Crocodiles, ils manquent chez les Serpents. *Les Reptiles sont des animaux rampants.*

Leur corps allongé est protégé par des plaques osseuses ou fausses écailles n'ayant pas la même origine que les écailles des Poissons. Les plaques osseuses se soudent chez la Tortue pour former la carapace. Les Reptiles sont ovipares, cependant les petits de la *Vipère* naissent vivants.

Classification. — En tenant compte des caractères fournis par les membres, les dents et les écailles, on divise cette classe en 4 ordres :

Les *Crocodiles*. — Les *Lézards*. — Les *Serpents*. — Les *Tortues*.

CROCODILES (Types : **Crocodile, Caïman, Gavial**).

Les *Crocodiles* ressemblent à d'énormes Lézards. Leur corps

Fig. 131. — Le Caïman.

allongé est couvert de plaques osseuses et terminé par une queue aplatie pouvant servir à la natation. Les membres sont courts et palmés. Le cœur des *Crocodiles* présente quatre cavités : deux oreillettes et deux ventricules, mais le sang noir et le sang rouge se mélangent encore par suite d'une communication existant entre certains vaisseaux.

Ce sont des animaux redoutables. Il existe trois genres de

Crocodiles : Le *Crocodile d'Égypte*, le *Gavial du* Gange au museau pointu et le *Caïman* d'Amérique (fig. 131.)

LÉZARDS (Types : *Lézard gris*, *Lézard vert*, *Caméléon*).

Les *Lézards* sont des animaux gracieux au corps fluet, aux pattes courtes, présentant de grandes écailles autour du cou et de petites écailles sur le dos. On les rencontre dans l'Europe méridionale, en Asie et en Afrique.

Il existe en France le *Lézard gris*, le *Lézard vert*, le *Lézard ocellé*. Ce dernier est le plus grand ; il habite de préférence le midi de la France et l'Italie.

Ces animaux sont très frileux ; ils s'enferment dans des trous dès les premiers froids et ils n'en sortent que pour recevoir les caresses du soleil.

Leur queue très fragile se brise au moindre choc, mais repousse vite. Si l'on saisit un *Lézard gris* par l'extrémité de la queue, celle-ci se sépare du corps et l'animal s'enfuit. Cette faculté constitue un moyen de défense.

Fig. 132. — Le Caméléon.

Le *Caméléon* (fig. 132), commun en Espagne et en Afrique, offre quelques caractères bizarres. Son corps aplati latéralement peut se gonfler comme un ballon ; il change facilement de couleur sous l'influence de la peur, de la colère, de la faim, de la soif, de la fatigue. Il grimpe facilement sur les arbres au moyen de ses doigts bien disposés pour entourer les branches et de sa queue prenante. Il chasse les Insectes avec sa langue qu'il projette violemment, à la manière d'une flèche, jusqu'à une distance de 15 à 20 centimètres. Les curieux *Geckos* ont des doigts à ventouses leur permettant de courir le long des murs les plus lisses.

L'*Orvet*, appelé encore serpent de verre à cause de la facilité avec laquelle sa queue se brise, est un Lézard sans membres, ou, plus exactement, sans membres apparents. Cet animal établit une transition entre l'ordre des Lézards et celui des Serpents.

SERPENTS (Types : *Couleuvre*, *Vipère*, *Boa*, *Cobra*).

Les Serpents sont dépourvus de membres, leur corps long et cylindrique ondule sur le sol. Leur tête est aplatie. Les deux moitiés de la mâchoire inférieure n'étant pas soudées en avant et les os de la mâchoire supérieure étant séparés du crâne, leur bouche s'ouvre démesurément, ce qui leur permet d'avaler des proies plus grosses qu'eux-mêmes. On distingue les Ser-

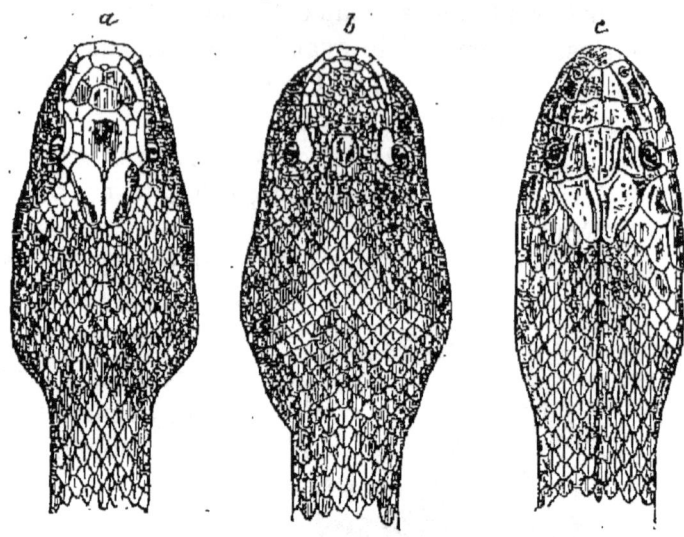

Fig. 133. — *a*, Vipère; *b* et *c*, Couleuvre.

pents non venimeux et les Serpents venimeux. Les premiers étouffent leur proie avant de s'en nourrir. Les seconds l'empoisonnent avant de l'ingérer.

Les Serpents non venimeux sont représentés chez nous par la Couleuvre (fig. 133). Cet animal a la tête ovale, couverte de

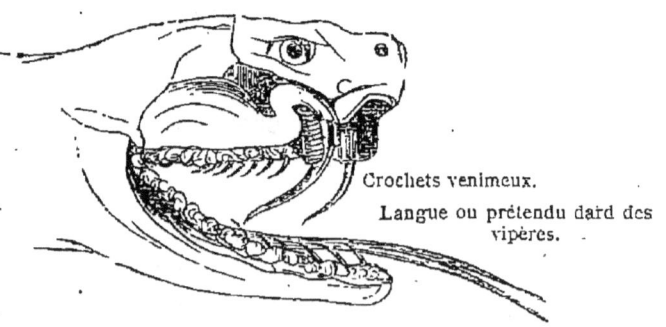

Fig. 134. — Tête de Vipère.

larges écailles, la queue longue et effilée. Sa langue, bifurquée comme celle des vrais Lézards, est inoffensive.

Le *Python* d'Asie et le *Boa* d'Amérique sont énormes.

Les Serpents venimeux de nos régions sont la *Vipère* et la

Péliade; elles ont la tête triangulaire et la queue courte. L'appareil venimeux de la Vipère se compose de deux glandes à venin, correspondant aux glandes salivaires en communication avec deux crochets venimeux recourbés (fig. 134). Ces crochets se redressent lorsque la bouche s'ouvre largement. Ils permettent au Serpent d'introduire le venin dans le corps des animaux. Le *Crotale* produit un venin comparable à celui de la Vipère. Le *Cobra* ou Serpent à lunette, le *Elaps*, sécrètent un venin plus actif.

Certains animaux : la *Mangouste*, le *Porc*, le *Hérisson*, le *Pélican* paraissent insensibles à l'action du venin.

Le Porc mange les Vipères; il est protégé, contre l'effet de leurs morsures, par son tissu adipeux, pauvre en vaisseaux sanguins et impropre à la diffusion du venin. Lorsqu'on est mordu par un Serpent venimeux, il faut sucer la plaie, si toutefois on n'a pas d'écorchure aux lèvres, la laver avec de l'ammoniaque, de l'eau de javel ou injecter sous la peau une solution à 1 pour 100 de permanganate de potasse, etc., et mieux encore se faire inoculer sous la peau de l'épaule ou de l'abdomen du sérum antivenimeux de l'Institut Pasteur de Lille.

L'Inde est la patrie des *charmeurs de Serpents* ou *psylles* qui paraissent subir impunément les morsures des Serpents venimeux. Ce n'est qu'une légende. Les psylles arrachent les crochets aux Serpents qu'ils veulent charmer, se vaccinent contre leur venin en se faisant mordre de temps en temps par de jeunes Cobras ou ils évitent les morsures en suivant attentivement les mouvements de l'animal.

TORTUES (Types : *Tortues grecques, le Caret*).

Fig. 135. — Tortue terrestre.

Les Tortues (fig. 135) ont le corps recouvert d'une carapace très dure. La partie supérieure de cette carapace est le *bouclier*, la partie inférieure le *plastron*. Cet ensemble forme une espèce de boîte de laquelle sortent la tête et les pattes. La carapace se soude avec les prolongements des vertèbres et des côtes.

D'après leur genre de vie, on peut citer :

Les *Tortues terrestres* : Les Tortues terrestres ont les pieds terminés par des griffes et une carapace très dure. La *Tortue grecque* est herbivore.

Les *Tortues palustres* : Elles habitent les bords des marais et des ruisseaux, se nourrissent de Mollusques et de Poissons. Le *Cistude* du Midi de la France est une Tortue palustre.

Les *Tortues fluviales* : Les Tortues fluviales vivent dans les fleuves des régions tropicales; leur chair est délicate.

Les *Tortues marines* : Les *Tortues marines* atteignent souvent une assez grande taille. Leurs doigts sont cachés sous la peau, et la patte est terminée par une espèce de rame. Le *Carê* de l'océan Atlantique et de l'océan Indien est recherché pour l'*écaille* qui recouvre la carapace.

CLASSE DES BATRACIENS

Caractères généraux. — Les *Batraciens,* souvent appelés *Amphibiens,* ont été pendant longtemps confondus avec les Reptiles. Les Batraciens diffèrent des Reptiles par deux caractères importants : *la nature des téguments, les métamorphoses.*

Ils ont une peau molle et nue maintenue visqueuse par les sécrétions de nombreuses glandes. Chez le Crapaud et la Salamandre ces glandes produisent un véritable poison (venin). Ces animaux n'offrent aucun danger parce qu'ils ne peuvent inoculer leur venin.

Dans leur jeunesse, les Batraciens sont aquatiques et respirent l'air dissous dans l'eau à l'aide de branchies. Adultes, ils vivent sur terre ou dans les lieux humides, respirent l'air atmosphérique. Les Batraciens ont généralement quatre membres égaux (Salamandre) ou, inégaux (Grenouille).

Les Batraciens possèdent des côtes rudimentaires (fig. 136), les mouvements d'inspiration et d'expiration ne pouvant se produire, ils avalent l'air. Ils respirent aussi par la peau laquelle est mince, toujours humide et renferme de nombreux vaisseaux sanguins.

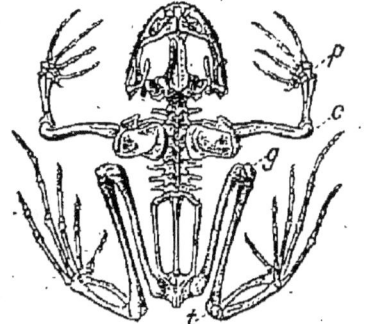

Fig. 136.— Squelette de Grenouille

Le cœur est formé de deux oreillettes et d'un seul ventricule; le sang noir et le sang rouge se rendent dans ce dernier.

Néanmoins, le mélange des deux sangs n'est que partiel par suite de la nature des parois du ventricule et de son mode de contraction.

Ce sont des animaux peu actifs et à température variable. La plupart des Batraciens se nourrissent d'Insectes et de Vers. La langue est souvent attachée par son bord antérieur et se rabat comme une trappe sur les proies.

Classification et principaux types. — Les Batraciens ont été divisés en deux groupes d'après l'absence ou la présence d'une queue.

Fig. 137. — Métamorphoses de la Grenouille.

1. *Batraciens sans queue*. La *Grenouille*, le *Crapaud*, la *Rainette* sont les principaux représentants de ce groupe.

La *Grenouille*, au coassement désagréable, pond au mois de mai des œufs réunis en amas par une matière gluante. De l'œuf sort une larve ou *Têtard* qui s'accroche par la bouche aux plantes aquatiques. Cette larve a une grosse tête, une large queue, elle respire au moyen de branchies externes situées de chaque côté de la tête. Au bout de quinze jours les branchies externes se flétrissent, tombent et sont remplacées par des branchies internes. Peu après les membres postérieurs apparaissent, puis les membres antérieurs grandissent et les poumons se développent. Le Têtard possède alors les caractères essentiels d'un Triton; mais peu à peu la queue diminue et disparaît. A l'approche de l'hiver, la *Grenouille* a son organisation définitive (fig. 137). Le *Crapaud* subit les mêmes métamorphoses; il vit dans les jardins et se nourrit d'Insectes auxquels il fait la chasse pendant la nuit.

2. *Batraciens à queue*. Les *Batraciens* à queue ont en général les membres égaux. Les plus connus sont le *Triton*, la *Salamandre*, la *Sirène* des États-Unis.

L'*Axolotl* (fig. 138) qu'on élève dans les aquariums peut conserver toute sa vie ses caractères de jeunesse si on le maintient constamment dans l'eau; mais si on l'oblige à se tenir fréquemment hors de l'eau il perd ses branchies, devient aérien, adulte, on l'appelle alors *Amblystome*. L'Axolotl et l'Amblystome représentent le même individu à deux phases successives de son évolution.

Fig. 138. — L'Axolotl.

a, tête d'Axolotl, montrant les trois paires de branchies externes; *b*, la même dont les branchies externes ont été relevées; *c*, Axolotl tel qu'il demeure habituellement; *d*, Axolotl métamorphosé.

RÉSUMÉ. — Les **Reptiles** sont des animaux à température variable dont la respiration est peu active. Leurs poumons sont des sacs partagés en plusieurs compartiments par de simples cloisons. Le sang n'est en contact avec l'air que par une surface peu étendue.

Le cœur des Reptiles, sauf chez les Crocodiles, est formé de deux oreillettes et d'un ventricule divisé en deux parties inégales par une cloison incomplète. *La circulation est double et incomplète.*

Le tube digestif ressemble à celui des Oiseaux; les excréments et l'urine sont rejetés par un orifice unique.

Les dents sont tantôt soudées sur les mâchoires, tantôt logées dans des alvéoles.

Les membres, quand ils existent, sont courts et rejetés en dehors. Ils ne portent pas le corps mais servent à le pousser en avant. *Ce sont des animaux rampants.*

Le corps des Reptiles est protégé par des plaques osseuses ou *fausses écailles*. Ces plaques osseuses se soudent chez la Tortue pour former la carapace.

Les Reptiles sont ovipares, cependant les petits de la Vipère naissent vivants.

En tenant compte des caractères fournis par les membres, les dents et les écailles on peut diviser cette classe en 4 ordres :

Les **Crocodiles**. — *Crocodile, Gavial, Caïman.*
Les **Lézards**. — *Lézard vert, lézard gris, Caméléon, Gecko, Orvet.*
Les **Serpents**. — *Vipère, Crotale, Cobra* (venimeux); *Couleuvre, Boa* (non venimeux).
Les **Tortues**. — Tortues terrestres (Tortue grecque), Tortues palustres (Cistude), Tortues fluviales, Tortues marines (Caret).

Batraciens. — Les Batraciens ont une peau molle et nue maintenue visqueuse par les sécrétions de nombreuses glandes. Certaines glandes produisent un véritable poison.

Dans leur jeunesse les Batraciens sont aquatiques, plus tard, devenus adultes, ils vivent sur terre ou dans les lieux humides et respirent l'air atmosphérique. La plupart subissent des métamorphoses.

Les Batraciens ont 4 membres égaux ou inégaux.

Les Batraciens ont des côtes rudimentaires; les mouvements respiratoires ne pouvant se produire ils avalent l'air. Ils respirent aussi par la peau.

Le cœur comprend deux oreillettes et un ventricule : *circulation double et incomplète*. Les Batraciens sont des animaux à température variable. Ils ont été divisés en deux groupes d'après la présence ou l'absence d'une queue.

1° *Batraciens sans queue.* — Grenouille, Crapaud, Rainette.
2° *Batraciens à queue.* — Triton, Salamandre.

13e LEÇON
CLASSE DES POISSONS

Caractères généraux. — Les Poissons sont essentiellement aquatiques; ils sont tous organisés pour vivre dans l'eau et s'y mouvoir avec aisance; aussi se ressemblent-ils entre eux. Ils ont une physionomie qui ne trompe pas : une *Carpe*, un *Maquereau*, un *Hareng*, un *Requin*, une *Anguille* sont pour quiconque des Poissons. L'influence du milieu est telle que les animaux obligés à passer leur vie dans l'eau comme la *Baleine* acquièrent la forme poisson. Après bien des tâtonnements, c'est aussi la forme que l'on est arrivé à donner aux navires lorsqu'on tient surtout à les rendre rapides. C'est en effet celle qui offre le moins de résistance en glissant dans l'eau.

Le corps du plus grand nombre de Poissons est couvert d'écailles imbriquées d'avant en arrière comme les tuiles d'un toit. La structure des écailles varie assez profondément; elle est utilisée pour caractériser plusieurs ordres. Dans certains cas, les écailles disparaissent et la peau est nue; dans d'autres, elles se soudent pour former des plaques ou une cuirasse complète.

La peau des Poissons présente des colorations riches et variées; plusieurs espèces peuvent changer de couleur et prendre celle des objets environnants. C'est ainsi que la *Plie*, la *Limande* s'adaptent à la couleur du sable sur lequel elles vivent.

Squelette et organes des sens. — Le squelette des Poissons est dur, *osseux* (*Perche*) (fig. 139), ou mou, *cartilagineux*

(*Raie*). Il est composé d'une colonne vertébrale qui soutient la tête en avant et porte des côtes disposées par paires.

Lorsqu'on ouvre longitudinalement en deux parties un poisson cuit, on aperçoit l'*arête* principale, c'est la colonne vertébrale et les *arêtes* latérales, flexibles, un peu arquées, ce sont les côtes.

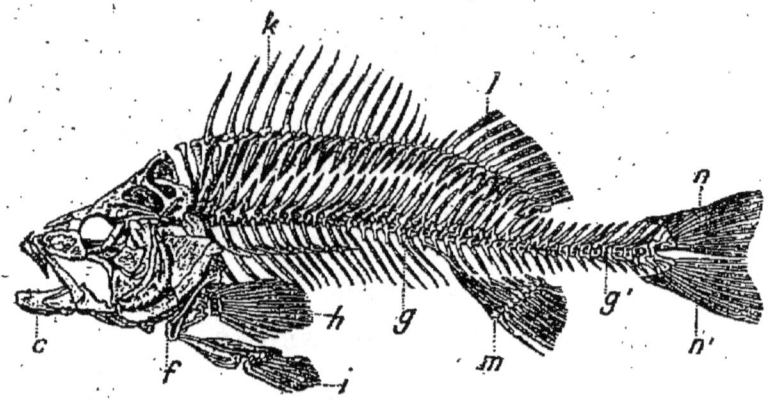

Fig. 139. — Squelette de Perche (Poisson osseux).

Les membres des Poissons sont transformés en nageoires : les membres antérieurs deviennent les *nageoires pectorales*, les membres postérieurs, les *nageoires abdominales* (fig. 140).

Les nageoires pectorales sont suspendues au crâne, ce qui leur assure une position constante. Les nageoires abdominales n'ont pas de point d'appui déterminé ; aussi leur position est très variable. Il existe, en outre, des nageoires

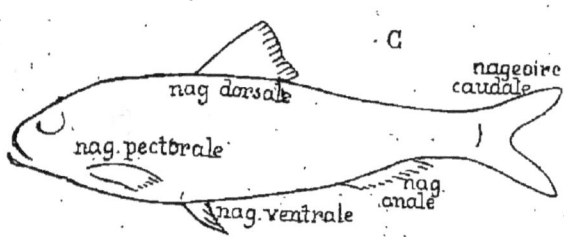

Fig. 140. — Un Poisson.

impaires auxquelles on donne le nom de *nageoire dorsale*, *nageoire ventrale*, *nageoire caudale*, *nageoire anale*. Toutes sont soutenues par *rayons* mous ou épineux.

Les Poissons ont un cerveau très petit et des organes des sens peu développés.

L'œil très grand n'est pas protégé par des paupières parce que le principal rôle de celles-ci est de répandre les larmes à la surface de la cornée transparente pour la maintenir humide. L'oreille réduite à la partie interne leur permet de percevoir les bruits produits hors de l'eau.

Nutrition. — L'appareil digestif des Poissons peut être réduit à un tube uniforme; le plus souvent l'estomac et l'intestin sont distincts (fig. 144).

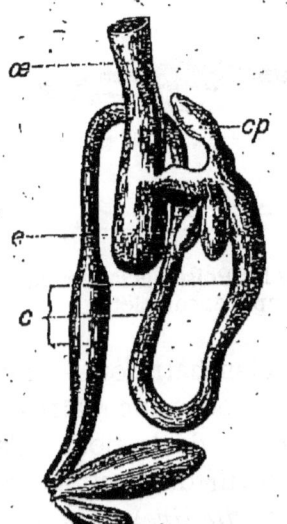

Fig. 141. — Tube digestif. œ, œsophage; e, estomac; cp, appendices pyloriques, i, intestin.

Les dents se rencontrent sur toutes les parties de la bouche, elles servent à saisir les aliments et à les couper plutôt qu'à les mâcher. Dans ces conditions, les glandes salivaires inutiles n'existent pas.

Beaucoup de Poissons possèdent une *vessie natatoire*, poche à parois minces et remplie d'air. Quand elle se comprime le poisson descend, quand elle se dilate le poisson monte (*Principe d'Archimède*). Comme cette poche ne peut changer de volume qu'entre certaines limites, on comprend qu'elle oblige l'animal à demeurer dans des profondeurs déterminées.

Les Poissons ont une respiration *branchiale*. Les branchies sont formées de lamelles, disposées comme les dents d'un peigne et supportées par des *arcs branchiaux*. Elles sont situées de chaque côté de la tête (fig. 142) et logées dans une ou plusieurs cavités s'ouvrant dans le pharynx et appelées *chambres branchiales*. Celles-ci sont habituellement protégées extérieurement par un opercule qui se soulève et s'abaisse alternativement. Quand l'animal respire, l'eau pénètre dans la bouche, baigne les branchies et s'écoule au dehors.

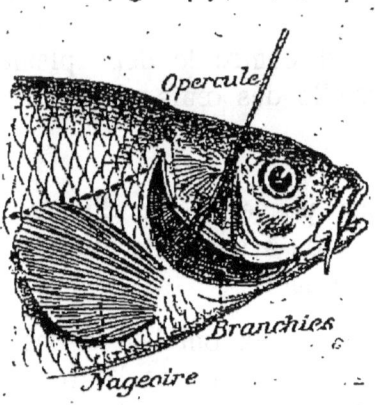

Fig. 142. — Tête de Carpe.

Le sang venant du cœur arrive dans les lamelles branchiales, se charge d'oxygène emprunté à l'air dissous dans l'eau, se débarrasse de l'acide carbonique et se rend dans les diverses parties du corps sans passer d'abord par le cœur. Le cœur comprend une oreillette et un ventricule, il correspond à la moitié droite de celui des Mammifères (fig. 143).

Lorsque le Poisson est en vie ou mort depuis peu de temps, les branchies sont raides et rouges. C'est pourquoi les ménagères soulèvent l'opercule et examinent la couleur des branchies pour connaître l'état du poisson qu'elles achètent.

Développement. — A part quelques exceptions, les Poissons sont ovipares. En général, les œufs pondus par la femelle sont fécondés par le mâle qui les arrose d'un liquide blanchâtre ou *laitance*.

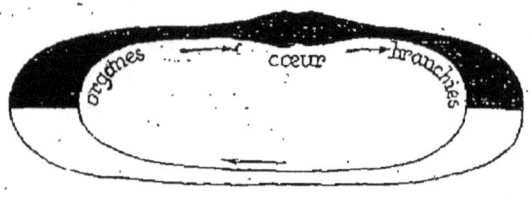

Fig. 143. — Chez les Poissons la circulation est simple et complète.

Parfois les œufs sont retenus dans une poche incubatrice ou déposés dans un nid (*Épinoche*). L'époque de la ponte s'appelle le *frai*. Les jeunes ou *alevins* au sortir de l'œuf portent sur leur face ventrale le jaune (*vésicule vitelline*) dont ils se nourrissent. Beaucoup de Poissons sont utiles à l'homme parce qu'ils entrent dans son alimentation. La consommation individuelle est en France de 10 k. 200 par an. La pêche est l'objet d'un commerce considérable. Les Poissons ont de nombreux ennemis, ils se maintiennent grâce à leur prodigieuse fécondité. Ainsi, le Hareng pond de 30 à 40 000 œufs, les Carpes en pondent 700 000, l'Esturgeon et le Maquereau plusieurs millions.

La *pisciculture* a pour but de lutter contre le dépeuplement de nos rivières par l'éclosion artificielle des œufs de Poissons préalablement recueillis à cet effet.

Classification. — Les Poissons peuvent être divisés en deux groupes : Les *Poissons osseux* ou à squelette dur et les *Poissons cartilagineux* ou à squelette mou.

Poissons osseux. — Les Poissons osseux ont les rayons de la nageoire dorsale *mous* ou *épineux*. Dans l'un et l'autre cas, en tenant compte de la position relative des nageoires paires, on a pu établir plusieurs groupes faciles à définir.

Poissons osseux à rayons de la nageoire dorsale mous.

1. **Poissons apodes.** — L'*Anguille* (fig. 144), le *Congre*, la *Murène* sont dits apodes parce que leur corps cylindrique est

toujours dépourvu de nageoires ventrales. Par contre, les nageoires impaires sont très développées.

Fig. 144. — Anguille : Poisson apode.

L'*Anguille*, dont la chair est savoureuse, habite les eaux douces, mais va pondre dans la mer.

2. **Poissons abdominaux.** — Le *Brochet*, la *Carpe* (fig. 145), le *Saumon*, le *Hareng* ont les nageoires abdominales en arrière et très éloignées des pectorales; ce sont des Poissons abdominaux.

Le *Brochet* est très vorace, il se nourrit exclusivement de Poissons, sa chair est excellente.

La *Carpe* mange un peu de tout, elle a de grandes écailles sur le dos et peut atteindre un poids de 10 kilos, sa chair un peu fade renferme de nombreuses arêtes. La *Tanche*, le *Gardon*, l'*Ablette* sont comestibles.

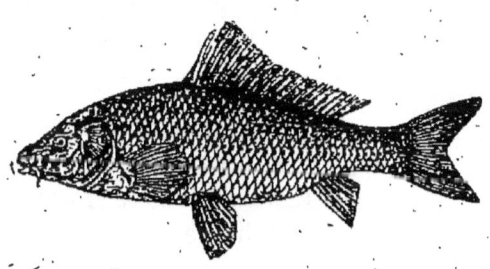

Fig. 145. — Carpe.
Les nageoires ventrales sont éloignées des pectorales (Poissons abdominaux).

Le *Saumon* est un Poisson marin, il remonte les fleuves pour y déposer les œufs. Sa grande taille et sa chair rose le distinguent de la *Truite*, Poisson d'eau douce très estimé.

Les *Harengs* se déplacent par bandes ou bancs composés de plusieurs millions d'individus. La pêche du *Hareng* est des plus importantes. Le Hareng est consommé frais, salé ou fumé, sous le nom de *Hareng saur* et de *Hareng blanc*. La *Sardine* et l'*Anchois* sont également sur nos côtes l'objet d'une pêche très active.

3. **Poissons à nageoires ventrales rapprochées des nageoires pectorales.** — Ces Poissons ont les deux paires de nageoires très rapprochées. Ils forment deux familles localisées dans les eaux marines :

Les *Gades* (*Morue*) et les *Poissons plats*.

On rencontre la *Morue* (fig. 146) dans les mers du Nord, mais les grandes pêches ont lieu sur les côtes de Norvège, en Irlande, et à Terre-Neuve. Plus de 200 navires font chaque année, dans le voisinage de cette dernière île, une pêche de huit mois et chaque navire peut rapporter pour 100 000 francs de Morues. On les ouvre, on enlève les œufs, le foie qui sert à fabriquer l'huile de foie de morue et les langues. Le reste est salé, conservé, pour être livré à la consommation.

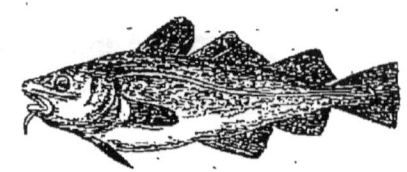

Fig. 146. — Morue.
Les nageoires ventrales sont rapprochées des nageoires pectorales.

Le *Merlan* se mange frais.

Poissons plats (fig. 147). Les Poissons plats sont très comprimés latéralement, les deux yeux et la bouche sont rejetés sur une même face ; ils sont asymétriques. Ils sont tous comestibles. Citons : la *Sole*, la *Limande*, le *Carrelet*, le *Turbot*, la *Plie*, etc.

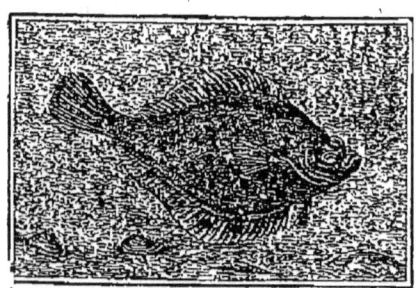

Fig. 147. — La Plie, Poisson plat.

Poissons à rayons de la nageoire dorsale épineux. — Ici prennent place le *Thon*, le *Maquereau*, la *Perche*, l'*Épinoche*. On pêche le Thon dans la Méditerranée et dans l'océan Atlantique à partir du mois d'avril avec de longs filets présentant de loin en loin des poches. Les Thons poursuivis par les Requins se rapprochent des côtes et se laissent prendre. Ils sont mangés frais ou marinés.

Le *Maquereau* aux tons irisés a une chair grasse, mais savoureuse.

Fig. 148. — L'Esturgeon (Poisson cartilagineux).

II. Poissons cartilagineux. — L'*Esturgeon* (fig. 148), Poisson cartilagineux, a les branchies protégées par un opercule comme les Poissons osseux.

Il porte cinq séries de plaques osseuses disposées longitudinalement. La queue est formée de deux lobes inégaux. Il vit dans les mers et remonte les fleuves au moment du frai. La chair de l'Esturgeon est délicate et ses œufs servent à préparer le *caviar*.

Les *Requins*, les *Raies*, les *Torpilles*, constituent une seconde série de Poissons cartilagineux caractérisés par la présence de cinq paires de chambres branchiales, s'ouvrant à l'extérieur par autant de fentes. La bouche est ventrale.

Le *Requin* a des mâchoires armées de plusieurs rangées de dents aiguës. Les Requins sont d'une rapacité inouïe. Ils suivent les navires et engloutissent tous les objets qu'ils peuvent atteindre.

Les *Raies*, les *Torpilles*, ont le corps aplati dans le sens dorso-ventral. Il ne faut donc pas les confondre avec les Poissons plats étudiés précédemment.

Les *Lamproies* sont de curieux Poissons dont le squelette est à peine indiqué par un *axe mou* occupant la place de la colonne vertébrale. Elles ressemblent aux Anguilles. Elles s'en distinguent cependant par sept paires de trous branchiaux, placés de chaque côté de la tête et par une bouche fonctionnant comme un suçoir. Les Lamproies sont comestibles.

Dipnés. — Certains Poissons rappellent par leur organisation les Batraciens, ce sont les *Ceratodus*, les *Protoptères*, etc. Ils possèdent des branchies internes ou externes, de véritables poumons et leurs nageoires ont quelque ressemblance avec des pattes.

Ils vivent dans les étangs des régions tropicales exposés à se dessécher pendant de longues périodes de chaleur.

Dans ce cas, les branchies ne fonctionnent plus et ces poissons bizarres s'enfoncent dans la vase et respirent alors à l'aide de poumons.

RÉSUMÉ. — **Caractères.** — Les Poissons sont essentiellement aquatiques. Le corps du plus grand nombre de Poissons a l'aspect d'un fuseau aplati; il est couvert d'écailles imbriquées d'avant en arrière comme les tuiles d'un toit.

Le squelette des Poissons est dur (*osseux*) ou mou (*cartilagineux*). Les membres sont transformés en nageoires : les membres antérieurs deviennent les *nageoires pectorales*, les membres postérieurs les *nageoires abdominales*. Les nageoires pectorales ont une position constante, les nageoires abdominales ont une position variable. Il existe, en outre, des nageoires impaires appelées nageoires dorsale, ventrale, caudale, anale.

Les Poissons ont un cerveau très petit et des organes des sens peu développés. L'appareil digestif peut être réduit à un tube uniforme; mais le plus souvent l'estomac et l'intestin sont nettement distincts. Les dents se rencontrent sur tous les os de la bouche.

Beaucoup de Poissons possèdent une *vessie natatoire ;* elle est fermée chez la *Perche,* elle s'ouvre dans l'œsophage chez la *Carpe,* elle manque chez la *Raie.*

Les Poissons ont une *respiration branchiale.*

Les Poissons sont presque tous ovipares. Les œufs sont parfois déposés dans un nid (Epinoche) ou retenus dans une poche incubatrice. L'époque de la ponte s'appelle *frai* et les jeunes poissons *alevins.*

Classification. — Les Poissons sont divisés en 2 groupes : les *Poissons osseux,* les *Poissons cartilagineux.*

Les Poissons osseux ont été divisés à leur tour en 2 groupes :

I. *Poissons osseux à rayons de la nageoire dorsale mous,* comprenant :

Les *Poissons apodes.* — Anguille, Congre, Murène.

Les *Poissons abdominaux.* — Brochet, Carpe, Saumon, Hareng.

Les *Poissons à nageoires pectorales et abdominales rapprochées.* — Morue, Merlan.

Les *Poissons plats.* — Sole, Limande, Plie, Turbot.

Poissons osseux à rayons de la nageoire dorsale épineuse. — Thon, Maquereau, Perche.

II. *Poissons cartilagineux.* — Requin, Raie, Torpille, Lamproie.

ANIMAUX SANS OS

14ᵉ LEÇON

Animaux sans os. — Mollusques.

Animaux sans os. — Les animaux que nous connaissons : *Mammifères, Oiseaux, Reptiles, Batraciens, Poissons,* ont tous un squelette interne, du sang rouge, quatre membres au plus, construits sur un même plan et une symétrie bilatérale; ce sont les *Vertébrés.*

Les animaux dont nous allons très sommairement étudier l'organisation : *Mollusques, Articulés, Vers, Zoophytes, Protozoaires,* n'ont pas de squelette interne, ni de sang rouge, leur symétrie est bilatérale, rayonnée ou nulle (fig. 149).

Il n'y a pas cependant entre les animaux Vertébrés et les animaux dépourvus de squelette interne une démarcation nette, une limite apparente.

En effet les *Lamproies* sont des Poissons dont le squelette est à peine indiqué par un axe mou et flexible.

Il existe un animal, que les savants considèrent aujourd'hui comme un vertébré, l'*Amphioxus, qui n'a ni squelette, ni sang*

Fig. 149. — Le Hanneton, le Ver de terre, l'Escargot, la Moule, l'Éponge sont des animaux sans os.

rouge, ni cerveau. Il constitue un véritable trait d'union entre les *vertébrés* et les animaux sans os.

Le naturaliste qui le découvrit en 1778, frappé par son aspect, le considéra comme un Mollusque, voisin de la *Limace*.

EMBRANCHEMENT DES MOLLUSQUES

Caractères généraux. — Les Mollusques ont le corps mou, ordinairement protégé par une coquille calcaire, à une ou deux valves, sécrétée par une membrane appelée *manteau*. Entre le manteau et le corps se trouve un espace vide dans lequel est logé l'appareil respiratoire. Le cœur, composé de deux oreillettes (*pouvant se réduire à une*) et d'un ventricule, renferme toujours du sang oxygéné. Le tube digestif complet est en général très long.

Les Mollusques se meuvent à l'aide d'un organe musculaire ou *pied*. Il est large et aplati chez les Mollusques rampants (*Escargot, Limace*), il a la forme d'une hache chez les Mollusques fouisseurs (*Pholades, Tarets*), il est grand et muni de longs bras chez les Mollusques nageurs (*Seiche, Pieuvre*).

Le système nerveux de ces animaux est formé de trois paires de renflements ou *ganglions*, réunis par des cordons nerveux.

On a décrit plus de 200 000 espèces de Mollusques vivants ou fossiles se rattachant étroitement à trois types : l'*Escargot*, l'*Huître*, la *Seiche*.

CLASSE DE L'ESCARGOT OU GASTÉROPODES

Escargot. — Le corps de l'*Escargot* (fig. 150) est enfermé dans une coquille tordue ; il comprend trois parties : la tête, le tronc et le pied.

La tête est ornée de quatre tentacules rétractiles : deux grands portant les yeux à leur extrémité et deux petits servant au toucher. Pendant la marche, ces tentacules se penchent dans tous les sens ; ils rentrent rapidement dans leur gaine au moindre contact.

La bouche, placée en avant, conduit dans un large pharynx, à l'intérieur duquel se trouve une espèce de râpe. Cette râpe

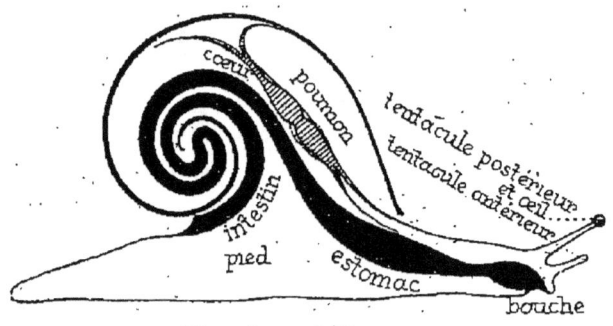

Fig. 150. — L'Escargot.

est un organe de préhension et de mastication. L'œsophage, l'estomac et un long intestin complètent le tube digestif, qui s'ouvre sur un bourrelet très apparent, non loin de l'orifice pulmonaire.

Cet orifice, que l'animal peut ouvrir et fermer à volonté, fait communiquer la chambre respiratoire ou poumon avec l'extérieur. Le sang se rend du poumon au cœur formé d'une oreillette et d'un ventricule, il est conduit par des artères dans des espaces ou *lacunes* qui le ramènent aux vaisseaux pulmonaires.

Le pied est un disque charnu, aplati et visqueux. Il sécrète un *mucus* destiné à faciliter la locomotion ; le mucus se solidifie à l'air et marque le trajet suivi.

L'Escargot est nuisible ; il se nourrit de feuilles, de bourgeons, et de fruits. Il pond au printemps ; en hiver, il pénètre dans les fentes des murailles ou s'enfonce dans le sol. Il rentre dans sa coquille et la ferme à l'aide d'un mucus calcaire qui se solidifie à l'air.

Quelques Gastéropodes. — Plusieurs espèces d'*Escargots* sont utilisées dans l'alimentation. L'*Hélice vigneronne* ou Escargot de Bourgogne est un aliment très apprécié dans le nord de la France.

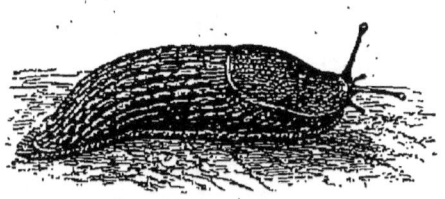

Fig. 151. — Limace.

Les *Littorines*, les *Patelles*, les *Vignots*, les *Murex* épineux, les *Buccins* sont des Gastéropodes aquatiques.

La coquille très développée chez l'Escargot ne forme plus qu'un petit bouclier chez la *Limace* (fig. 151).

CLASSE DE L'HUITRE OU LAMELLIBRANCHES

Huître. — Le corps de l'Huître (fig. 152), ne présente pas de tête distincte, il est enfermé dans une coquille à deux valves inégales, l'une droite, l'autre gauche réunies par une sorte de *charnière*. La valve gauche fixée aux rochers est plus grande que la valve droite. Un muscle permet à l'animal de rapprocher les valves, un ligament élastique les écarte.

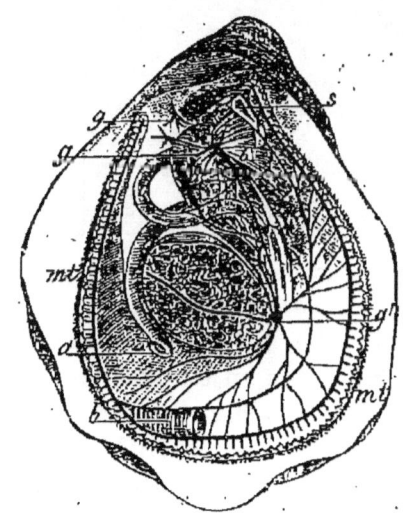

Fig. 152. — Organisation de l'Huître.
s, bouche; *ge*, estomac; *i*, intestin; *a*, anus; *b*, branchies; *mt*, manteau; *m*, muscle unique de la coquille; *g*, *g*, ganglions.

La coquille est tapissée par le *manteau*; entre le manteau et le corps se trouvent les branchies dont les filaments sont réunis en lamelles, ce qui a valu à la classe de l'Huître le nom de *Lamellibranches*.

Le pied est rudimentaire parce que ce Mollusque est immobile.

Il existe soixante-dix espèces d'Huîtres environ dont les plus connues sont l'Huître commune qui habite presque exclusivement les côtes de la Manche et de l'Océan Atlantique, l'Huître de Corse, l'Huître Portugaise.

L'élevage des Huîtres prend de jour en jour un plus grand développement. *L'Ostréiculture* est en honneur en France depuis un demi-siècle seulement. On recueille les jeunes Huîtres, ou *naissain*, sur des fagots de branchages ou sur tout autre support et on les transporte dans des *parcs* où elles se développent jusqu'à ce qu'elles aient atteint la *taille marchande*, c'est-à-dire 5 centimètres environ. A Marennes on élève l'*Huître verte* particulièrement recherchée en France.

Paris consomme de 6 à 7 millions de kilogrammes d'Huîtres par an.

Quelques Lamellibranches. — L'*Huître perlière* ou *Pen-*

Fig. 153. — Portion d'un bouchot chargé de Moules.

tadine habite l'Océan Pacifique, elle produit une *nacre* fort estimée et les *perles d'Orient* employées en bijouterie.

Les *coquilles de Saint-Jacques*, les *Vénus*, les *Clovisses*, les *Moules* sont comestibles. La Moule se fixe aux rochers à l'aide de filaments ou *byssus*. On l'élève sur des palissades nommées *bouchots* (fig. 153).

Les *Pholades*, les *Tarets* sont des Mollusques fouisseurs. Ils creusent des galeries dans la vase, dans les rochers et dans le bois.

CLASSE DE LA SEICHE OU CÉPHALOPODES

Seiche. — La *Seiche* (fig. 154), a une tête parfaitement distincte du corps, elle porte deux grands yeux latéraux et, en avant, une bouche placée entre deux mandibules formant un bec comparable à celui des Perroquets. Cette bouche est entourée par dix bras : huit courts et deux longs, munis de ventouses. C'est au moyen de ces tentacules que l'animal saisit et retient sa proie.

Le tronc est enveloppé par un manteau, espèce de sac, adhérent à la partie postérieure et à la partie dorsale du corps. Le manteau est libre du côté ventral et délimite une cavité où sont placées les deux branchies et où viennent s'ouvrir le tube digestif et la *glande du noir*. Celle-ci produit un liquide noir que l'animal rejette pour se dissimuler lorsqu'il est attaqué; ce liquide est employé sous le nom de *sépia* par les aquarellistes et entre dans la fabrication de l'*encre de Chine*.

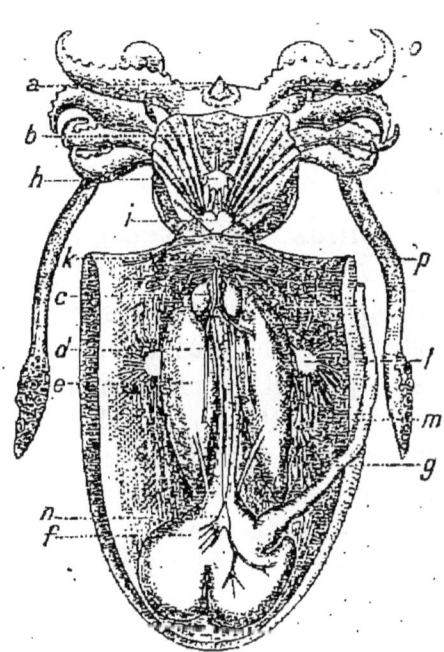

Fig. 154. — La Seiche.

a, bec ; *b*, pharynx; *c*, glandes salivaires; *d*, œsophage; *e*, foie; *f*, estomac; *g*, intestin; *h*, *i*, *k*, *l*, *m*, *n*, système nerveux; *o*, petits bras; *p*, grands bras.

En avant, le manteau embrasse la base large du pied transformé en *entonnoir*. Quand le manteau s'écarte du corps, l'eau pénètre dans la cavité branchiale; quand il se contracte, l'eau s'échappe par l'orifice étroit de l'entonnoir. Les contractions du manteau font progresser l'animal.

La coquille de la *Seiche* est cachée sous le manteau, elle est réduite à un bouclier bien connu sous le nom d'*os de Seiche*.

Poulpe. — Les *Poulpes* ou *Pieuvres* ont huit tentacules.

RÉSUMÉ. — Les **Mollusques** ont le corps mou, souvent protégé par une coquille calcaire sécrétée par une membrane appelée *manteau*. Entre la coquille et le manteau il y a l'appareil respiratoire.

Le cœur, composé d'une ou de deux oreillettes et d'un ventricule, renferme toujours du sang oxygéné.

Le tube digestif complet est en général très long.

Les Mollusques se meuvent à l'aide d'un organe musculaire appelé *pied*. Il est large et aplati chez les *Mollusques rampants*; il a la forme d'une hache chez les *Mollusques fouisseurs*; il est grand et muni de longs bras chez les *Mollusques nageurs*.

Le système nerveux est formé de trois paires de ganglions réunis par des cordons nerveux.

L'embranchement des Mollusques comprend 3 classes :

Les **Gastéropodes.** — *Escargot, Limace, Littorine, Murex, Buccin.*

Les **Lamellibranches.** — *Huître, Moule, Vénus, Pholades, Tarets, Coquille de Saint-Jacques.*

Les **Céphalopodes.** — *Seiche, Poulpe* ou *Pieuvre.*

15ᵉ LEÇON

Embranchement des Articulés. — Insectes.

Caractères généraux. — Les *Articulés* ou *Annelés* ont le corps formé d'anneaux ou segments, tantôt emboîtés les uns dans les autres, tantôt soudés. Ces anneaux portent des pattes divisées en *articles*. Le corps tout entier est revêtu d'une substance relativement épaisse, formant un squelette épidermique.

Cette substance, appelée *chitine*, provient de la peau; elle reste mince et souple en certains points du corps et particulièrement suivant la ligne de séparation des segments. Les Articulés respirent ordinairement par des trachées et par des branchies.

D'après leur mode de vie, le nombre et la nature des pattes, on a divisé les Articulés en 4 classes.

1° Les *Insectes* respirant par des trachées, pourvus de 3 paires de pattes : *Abeille, Hanneton.*

2° Les *Myriapodes* : respirant par des trachées, pourvus d'un grand nombre de pattes : *Iule, Scolopendre.*

3° Les *Arachnides* : respirant par des trachées ou des poumons, pourvus de 4 paires de pattes : *Araignée.*

4° Les *Crustacés* : Animaux aquatiques à respiration branchiale et pourvus d'un nombre variable de pattes : *Écrevisse.*

CLASSE DES INSECTES
(Types : **Abeille, Hanneton, Papillon, Mouche**).

Caractères généraux. — *Organisation externe.* — La classe des Insectes est la plus nombreuse du règne animal, elle comprend plus de 180 000 espèces.

Le corps d'un Insecte est divisé en trois parties : la *tête*, le *thorax* et l'*abdomen* (fig. 155).

La *tête* porte les *antennes*, la *bouche* et les *yeux*.

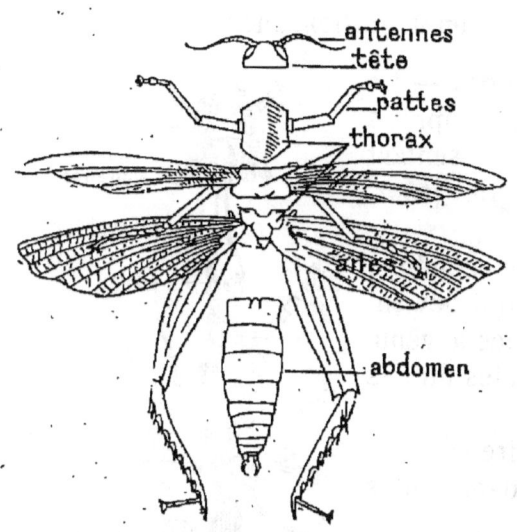

Fig, 155. — Corps d'un insecte.

Les antennes sont les organes du toucher et de l'odorat, elles sont placées en avant des yeux. Ceux-ci sont *composés* d'un grand nombre de *facettes*, 6000 chez l'*Abeille*, 12000 au moins chez la *Libellule*.

La bouche est entourée de quatre paires de pièces, ce sont : (fig. 156), la *lèvre supérieure*, une *paire de mandibules*, une *paire de mâchoires*, une *lèvre inférieure* résultant de la soudure de deux appendices. Les pièces buccales ont une disposition en rapport avec le mode de vie de l'Insecte. Elles sont disposées pour broyer (*Hanneton*), pour lécher (*Abeille*), pour sucer (*Papillon*), pour sucer et piquer (*Moustique*).

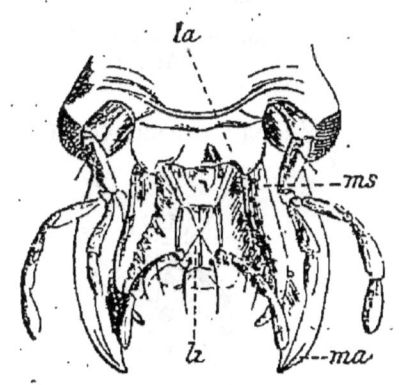

Fig. 156. — Insecte broyeur.
la, lèvre supérieure ; *ms*, mâchoires supérieures ou *mandibules* ; *ma*, mâchoires inférieures ; *li*, lèvre inférieure, munie de palpes (*pl*).

Le thorax est composé de trois anneaux soudés portant chacun une paire de pattes ; les deux derniers supportent ordinairement une paire d'ailes.

Chaque patte est formée d'articles auxquels on a donné des noms rappelant les diverses parties des membres postérieurs des vertébrés ; ainsi on distingue la *hanche*, la *cuisse*, la *jambe* et le *tarse*.

Les ailes sont des expansions membraneuses soutenues par des *nervures*. Elles ne se développent pas lorsqu'elles ne doivent pas servir, comme chez la *Punaise*, les *Poux*, insectes parasites de l'Homme et des animaux.

L'abdomen compte 11 anneaux, mais plusieurs peuvent se souder entre eux.

Il se termine parfois par un *aiguillon*, une *tarière*, ou une *pince*.

Organisation interne. — Le tube digestif (fig. 157) comprend la bouche, l'œsophage présentant parfois un renflement ou *jabot*, l'estomac et l'intestin.

La bouche reçoit les conduits des glandes salivaires qui deviennent souvent des glandes à venin (*Moustique*) ou des glandes filières (*Chenilles*).

L'appareil respiratoire consiste en *trachées* ramifiées dans toutes les parties du corps. Les trachées s'ouvrent à l'extérieur par des orifices appelés *stigmates* (fig. 158). Les stigmates ressemblent à de petites boutonnières, au nombre de 10 paires au plus et placés sur les côtés de l'abdomen.

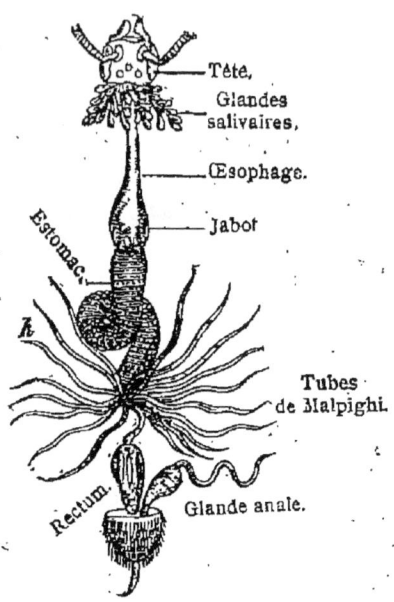

Fig. 157. — Appareil digestif de l'Abeille.

Le cœur est représenté par un vaisseau dorsal contractile,

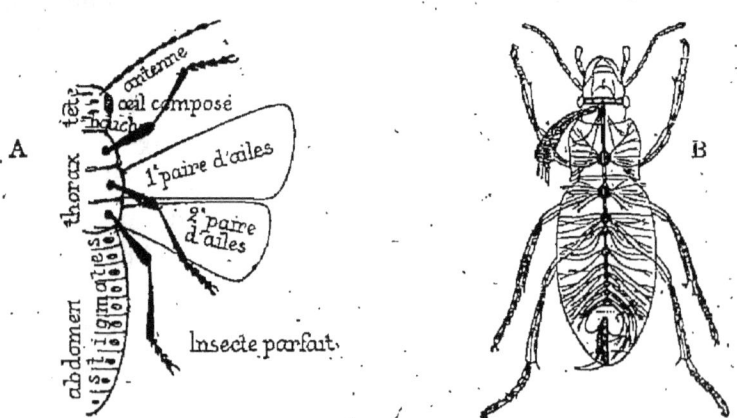

Fig. 158. — Appareil respiratoire (A) et système nerveux (B).

formé de dilatations ou chambres communiquant entre elles. Le sang y circule d'arrière en avant. L'*appareil respiratoire, très* développé, apporte l'air directement dans tous les organes, mais l'appareil circulatoire est fort réduit.

Le système nerveux est représenté par une chaîne de ganglions placés en grande partie au-dessous du tube digestif (fig. 158).

La plupart des Insectes subissent dans le cours de leur développement des changements de forme qu'on nomme *métamorphoses*.

Les espèces à métamorphoses complètes passent après leur éclosion par 3 états : l'état *de larve*, l'état *de nymphe*, l'état *d'insecte parfait*. L'histoire du *Hanneton*, de l'*Abeille* et du *Papillon* nous fera mieux connaître le mécanisme de ces transformations.

Les Insectes sont universellement répandus. Ils nous étonnent par la variété de leurs actes et la précision avec laquelle ils les accomplissent, par l'habileté qu'ils déploient pour protéger leurs larves et assurer leur subsistance, par la hardiesse dont ils font preuve pour se défendre ou attaquer leurs ennemis. Les espèces sociales sont particulièrement remarquables par leur développement psychique. Quiconque a étudié les mœurs des Abeilles, des Fourmis ou des Termites ne peut s'empêcher de reconnaître à ces animaux une réelle intelligence.

Classification. — La classification des Insectes est basée sur la disposition des pièces buccales, sur la forme des ailes et la nature des métamorphoses. Elle comprend neuf ordres subdivisés à leur tour en familles.

Nous n'envisagerons, cette année, que la disposition des annexes de la bouche et nous grouperons les Insectes en quatre sections : les *Insectes broyeurs*, les *Insectes lécheurs*, les *Insectes suceurs* et les *Insectes piqueurs*.

INSECTES BROYEURS (Type : *Hanneton*).

Le Hanneton. — Le Hanneton (fig. 159), gros Insecte bien connu, a des antennes terminées par des lamelles mobiles; les ailes supérieures sont dures, cornées; elles protègent les ailes inférieures. Ces dernières sont membraneuses, elles soutiennent l'Insecte pendant le vol.

Le *Hanneton commun* est de couleur brune. Au mois de juin, la femelle s'enfonce dans la terre, pond une trentaine d'œufs et meurt; les larves ou *vers blancs* éclosent six semaines après; elles rongent les radicelles des plantes. A l'approche de l'hiver, les vers blancs pénètrent plus profondément dans le sol; ils reviennent à la surface au printemps. Ils redescendent une deuxième fois, l'hiver suivant, puis se transforment en *Nymphes*.

Au bout de deux mois environ, la nymphe se change en Insecte parfait. Le Hanneton sort de terre en avril et dévore les feuilles des arbres. Il vit plusieurs semaines sans augmenter de taille.

L'évolution dure de 3 à 4 ans. L'humidité l'accélère, la sécheresse la retarde.

Les principaux ennemis du Hanneton sont les *Taupes*, les *Corbeaux*, les *Pics*, les *Moineaux*. L'Homme doit lui faire une chasse incessante.

Fig. 159. — Hanneton et ver blanc (larve).

Parmi les Insectes présentant comme le Hanneton des ailes cornées ou élytres (*Coléoptères*), les uns sont herbivores et nuisibles, d'autres sont carnassiers et utiles.

Le *Charançon*, reconnaissable au bec, ou *rostre*, que porte la tête s'attaque au blé.

Le *Taupin* cause des dégâts dans les cultures.

La *Bruche* dévore les légumes secs.

Le *Doryphora*, détruit la pomme de terre.

La *Criocère* vit sur les asperges.

Parmi les Insectes utiles signalon

Les *Carabes* très agiles, très voraces, se nourrissent d'autres Insectes (fig. 160.)

Fig. 160. Carabe doré.

La *Coccinelle* ou *Bête à Bon Dieu* fait la chasse aux Pucerons.

Les *Nécrophores*, fossoyeurs infatigables, enterrent les cadavres des oiseaux, des petits Mammifères et y déposent leurs œufs.

Les *Scarabées dorés*, les *Copris* font des boules avec des excréments, les poussent à reculons jusque dans un terrier. Ils s'en nourrissent et déposent un œuf dans chaque boule.

Les *Criquets* sont des Insectes broyeurs dont les élytres droites et de consistance molle recouvrent les ailes postérieures plissées en éventail. Ils ont les pattes de derrière très longues, ce qui leur permet de progresser par sauts. Les *Criquets pèlerins* sont très nuisibles et causent de grands dégâts en Algérie.

Les *Sauterelles* (fig. 161), le *Grillon*, la *Courtilière* fouisseuse et mangeuse de racines (fig. 162), la *Blatte*, la *Forficule* ou *perce-oreille*, dont l'abdomen porte une pince, sont des Insectes voisins des *Criquets*.

Les sveltes *Libellules* aux couleurs éclatantes ont quatre ailes

Fig. 161. — La Sauterelle (enterrant ses œufs).

Fig. 162. — La Courtilière.

minces et transparentes ainsi que les *Éphémères*, les *Termites* et les *Fourmilions* (fig. 163).

Les *Termites* ont les mœurs des *Fourmis*; elles forment des colonies bien organisées et parfaitement policées. Chaque colonie ou État possède une *reine*, des *mâles*, des *ouvriers* et des défenseurs ou *soldats*. Les soldats ont une grosse tête et de puissantes mandibules. Ils montent la garde à l'intérieur des nids, creusés dans la terre ou dans les troncs d'arbre. Les Termites sont d'une voracité inouïe, tout leur sert de proie : vêtements, livres, jus-

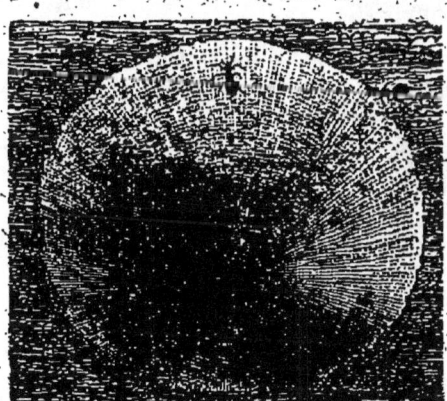

Fig. 163. — Piège en entonnoir d'une larve de Fourmilion.

qu'aux charpentes des maisons qu'elles détruisent en quelques jours.

Le Fourmilion ressemble à une *Libellule*, la larve creuse dans le sable mouvant une sorte d'entonnoir au fond duquel elle se tapit. C'est un véritable piège (fig. 163) où beaucoup de petits Insectes viennent s'enliser.

INSECTES LÉCHEURS (Types : *Abeille, Fourmi, Ichneumon*).

Chez les *Insectes lécheurs* les mandibules sont construites comme chez les broyeurs, mais les mâchoires et la lèvre inférieure sont disposées pour lécher et aspirer (fig. 164). A cet effet, les mâchoires se rapprochent et forment une espèce de trompe entourant la lèvre allongée en *languette*. Leurs ailes sont transparentes et inégales ; l'abdomen est pourvu d'un aiguillon destiné à inoculer du *venin*, ou d'une *tarière* pour déposer les œufs.

Les *Abeilles*, les *Fourmis*, les *Guêpes* ont un aiguillon ; les *Ichneumons*, les *Cynips*, les *Sirex* ont une tarière.

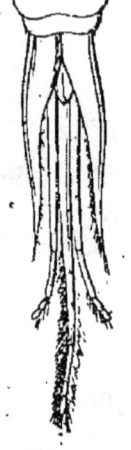

Fig. 164. Trompe d'Abeille.

Histoire de l'Abeille. — Les Abeilles vivent en société formant des *colonies* nombreuses. A l'état sauvage elles s'installent dans un tronc d'arbre creux ou dans la fente d'un rocher, mais elles profitent avec empressement des *maisons* ou *ruches* de formes variées que l'homme peut leur offrir.

Une colonie comprend une femelle pondeuse ou *reine*, quelques centaines de *mâles* et plusieurs milliers *d'ouvrières* (fig. 165).

La reine et les ouvrières ont l'abdomen pourvu d'un aiguillon barbelé.

La piqûre de l'Abeille est douloureuse, car l'aiguillon reste

Fig. 165. — Abeilles (de gauche à droite) : Reine, Faux bourdon, Ouvrière.

ordinairement dans la plaie. L'animal privé de son arme ne tarde pas à mourir.

Les ouvrières accomplissent tous les travaux de colonie : elles fabriquent la cire, recueillent le nectar des fleurs et nourrissent les larves.

La *cire* est fabriquée de toutes pièces par l'Insecte. Elle est sécrétée, sous forme de lamelles, par une foule de petites glandes placées entre les quatre derniers anneaux de l'abdomen.

L'ouvrière saisit ces lamelles avec les pinces des pattes postérieures, les pétrit avec ses mandibules et en fait des gâteaux ou rayons qu'elle dispose verticalement dans la ruche. Les rayons portent sur les deux faces des *alvéoles* ou cellules ayant la forme de prismes à six pans. Les cellules sont destinées à loger les larves et à devenir des magasins à miel (fig. 166).

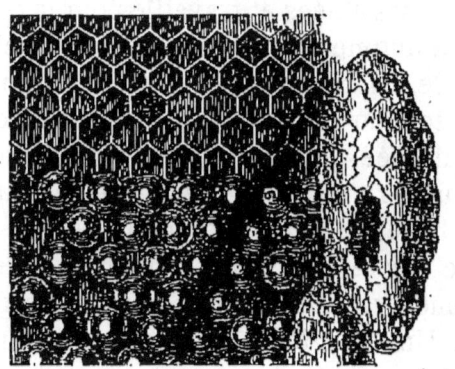
Fig. 166.
Fragment de rayon d'Abeille.

Fig. 167. — Patte d'Abeille ouvrière.

Le miel est le nectar des fleurs. Les Abeilles le recueillent à l'aide de leur langue, l'avalent et l'emmagasinent dans le *jabot* où il subit une transformation. Dans la ruche, elles le régurgitent à l'état de miel. Dès qu'un alvéole est plein il est recouvert d'un opercule.

Les ouvrières récoltent la poussière jaune des fleurs ou *pollen* avec leurs pattes qui présentent des particularités intéressantes de structure. La jambe des pattes postérieures (fig. 167) est aplatie et porte sur la face externe une dépression ou **corbeille** dans laquelle l'abeille rassemble les grains de pollen.

Le premier article du *tarse* est très large, garni de plusieurs rangées de poils; il fonctionne comme une **brosse**. Il réunit en une pelote les grains de pollen épars sur les fleurs ou sur le corps de l'insecte. Cette pelote est ensuite roulée par un mouvement du tarse dans la corbeille. Le pollen mélangé au miel sert particulièrement à la nourriture des larves.

Les ouvrières se partagent ces divers travaux : les *cirières* produisent la cire, les **pourvoyeuses** font d'abondantes récoltes et les *ménagères* s'occupent des larves et veillent à la sécurité de l'habitation.

Dès que les Abeilles ont pris possession d'une ruche, la reine s'élève dans l'air, vers le milieu du jour, suivie de tous les mâles, elle rentre bientôt après, fécondée pour plusieurs années.

La ponte commence deux jours après et dure tout l'été. Elle dépose un œuf dans chaque cellule. La larve éclôt trois jours après ; elle se nourrit d'une pâtée composée de miel, de pollen et d'eau. Elle grandit pendant une semaine, puis se transforme en *nymphe*. L'Insecte parfait apparaît le vingt et unième jour. La jeune Abeille se mêle à ses aînées et travaille pour la colonie. La population de la ruche augmente rapidement ; quand elle est devenue trop considérable, la reine dépose un œuf dans une des cellules royales placées sur les bords du gâteau. Cet œuf produit une larve privilégiée qui reçoit une nourriture plus abondante ; elle devient une reine. Cette jeune reine entre en lutte avec l'ancienne. Si la jeune reine est victorieuse, la vieille reine abandonne la ruche suivie d'un grand nombre d'ouvrières. La troupe s'accroche à une branche d'arbre formant une grappe vivante, appelée *essaim*. Un *apiculteur* le recueille et lui offre une nouvelle ruche.

Avant l'hiver, les mâles sont tués à coups d'aiguillon par les ouvrières, ou meurent de faim dans un coin de la ruche : leur rôle étant terminé, ils seraient des bouches inutiles pendant la mauvaise saison. Lorsqu'une reine meurt prématurément, les ouvrières choisissent une larve, agrandissent sa loge, lui fournissent une *patée royale* et la transforment en une jeune reine. C'est ce qu'on appelle une *reine de sauveté*.

Les *Bourdons*, les *Guêpes*, sociales, forment des colonies annuelles. Les Guêpes malaxent avec leur salive des débris de bois pourri et fabriquent une pâte avec laquelle elles font leur nid.

Les *Fourmis* vivent en société. Elles sont nuisibles. Une colonie renferme trois sortes d'individus : des *femelles*, des *mâles* et des *ouvrières* (fig. 168).

Les femelles pondent des œufs donnant naissance à des larves que les ouvrières soignent avec beaucoup de sollicitude.

Les ouvrières, dépourvues d'ailes, sont chargées d'alimenter la colonie et de construire la *fourmilière*.

Les mâles, toujours ailés, restent inoccupés.

Il serait trop long de décrire les mœurs des fourmis. Les

unes ont de véritables jardins dans lesquels elles ne laissent croître que les plantes dont les graines leur sont utiles; d'autres élèvent des *pucerons* pour leur ravir le liquide sucré qu'ils sécrètent. D'autres encore, plus fortes, pillent les habitations de fourmis plus petites; elles enlèvent les nymphes et les réduisent une fois écloses au rôle d'esclaves.

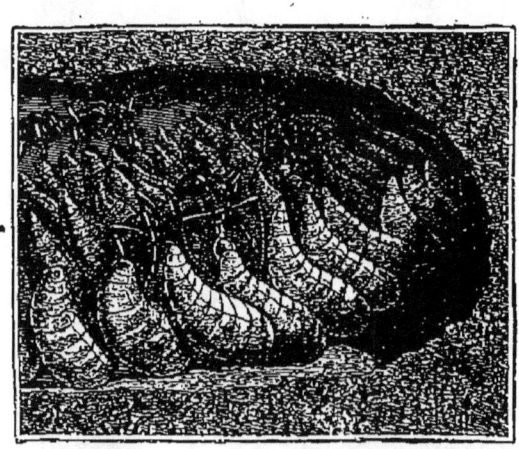

Fig. 168. — Fourmis et leurs larves.

Fig. 169. — Galles produites sur des feuilles de Chêne par la piqûre d'un Cynips.

Insectes lécheurs à tarière. — Les Insectes lécheurs à tarière sont les *Cynips* et les *Ichneumons.*

Les femelles de *Cynips* piquent les rameaux et les feuilles d'un grand nombre de plantes et y déposent leurs œufs. La blessure provoque une excroissance des tissus. Ces excroissances, appelées *Galles*, affectent les formes les plus variées et ressemblent parfois à des fruits. Les galles du Chêne, du Térébinthe, des Rosiers, des Ormes sont fréquentes. Les larves trouvent dans ces espèces de *furoncles* un abri et une nourriture abondante (fig. 169).

Les Ichneumons sont utiles parce qu'ils déposent leurs œufs dans le corps des chenilles.

INSECTES SUCEURS (Types : *Bombyx du Mûrier, Moustiques*).

Les légers Papillons, aux couleurs si variées, sont des Insectes suceurs. Leurs mâchoires très longues sont soudées en un tube, véritable trompe, pouvant s'enrouler au repos et se dérouler quand l'Insecte veut aspirer le suc des fleurs (fig. 170). Ils ont quatre ailes minces recouvertes d'écailles diversement colorées.

Leurs métamorphoses sont complètes. Suivons celles du *Bombyx du Mûrier* (fig. 171).

La femelle pond, à la fin de l'été, un grand nombre d'œufs. Ils donnent naissance, au printemps suivant, à des *chenilles*, appelées *Vers à soie*. Ceux-ci mangent beaucoup, grandissent et subissent quatre mues successives dans l'espace d'un mois. Puis ils filent leur *cocon*. Un cocon est constitué par l'enroulement d'un long fil produit par le durcissement à l'air d'une substance visqueuse sécrétée par les glandes salivaires modifiées. La chenille fixe l'extrémité du fil à une petite branche et, par des mouvements de la tête, l'enroule autour d'elle. En trois jours elle est complètement enveloppée. Dans sa prison la larve devient une *nymphe* immobile. Au bout de quinze à vingt jours, il sort du cocon un beau Papillon. Les femelles pondent un grand nombre d'œufs et meurent bientôt après.

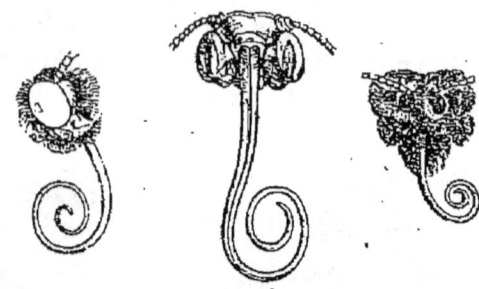

Fig. 170. — Trompes de Papillons.

La plupart des Papillons subissent les mêmes transformations : *œuf, chenille, nymphe, insecte parfait*.

On distingue deux groupes parmi les Papillons :

Les *Papillons diurnes* et les *Papillons nocturnes*.

Les Papillons diurnes volent pendant le jour. Ils se reconnaissent à leurs ailes dressées verticalement au repos et à leurs antennes en massue. Les plus communs sont : la *Piéride du Chou*, les belles *Vanesses* aux taches ocellées et les *Lycènes* de couleur bleue. Les Papillons nocturnes ont les ailes longues et rabattues horizontalement au repos. Les *Bombyx*, les *Phalènes*, les *Teignes* sont des Papillons nocturnes.

Fig. 171. — Vers à soie filant leur cocon.

La chenille du Bombyx est le *Ver à soie* qui vit exclusivement sur le Mûrier dont il mange les feuilles. On élève le Ver à soie dans des chambres appelées *magnaneries*. La soie, telle qu'elle est produite par la chenille, est connue sous le nom de *soie brute* ou *soie grège*. Après avoir été nettoyée, elle est mise en fil pour faire les étoffes appelées *soieries*.

Les *Teignes* sont de petits Papillons blancs dont les chenilles rongent les vêtements et les fourrures.

Les *Pyrales*, du même groupe, ravagent les vignobles.

INSECTES SUCEURS ET PIQUEURS

Nous terminerons l'étude de la classe des Insectes en signalant quelques espèces très connues dont les mandibules et les mâchoires sont transformées en *stylets*. Ce sont des Insectes suceurs et piqueurs.

La *Punaise des bois* aspire les sucs des végétaux. Les *Punaises des lits* (fig. 172), répandues dans les maisons malpropres,

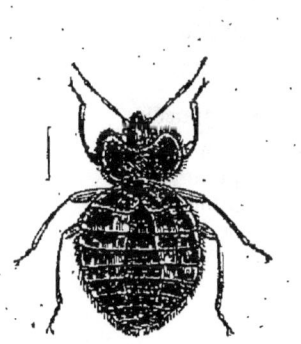

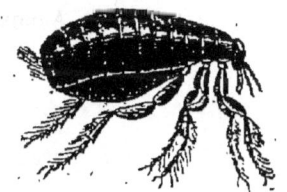

Fig. 172. La Punaise des lits. Fig. 173. Trompe de Mouche. Fig. 174. — Puce.

sont des parasites incommodes. Les *Cigales* vivent dans les pays chauds. Les mâles font vibrer une membrane particulière cachée sous des plaques cornées à la base de l'abdomen.

Le *Phylloxera* est un très petit Insecte qui a détruit les vignobles méridionaux. La *Cochenille du nopal* vit sur les Cactus en Afrique et en Amérique et fournit le *carmin*. Signalons encore le *Moustique* ou *Cousin*, le *Taon* qui suce le sang du Bœuf et du Cheval.

La *Mouche* commune (fig. 173) ne pique pas, elle aspire les liquides avec sa trompe. Elle n'a que les ailes antérieures; les ailes postérieures sont remplacées par deux appendices ou *balanciers*.

La *Puce* (fig. 174) est dépourvue d'ailes. Il en est de même des Poux, parasites de l'Homme et de beaucoup d'animaux.

RÉSUMÉ

Annelés ou Articulés.
- Les articulés ont le corps formé d'anneaux.
- Les anneaux portent des pattes articulées.
- CLASSIFICATION.
  - INSECTES.
  - MYRIAPODES.
  - ARACHNIDES.
  - CRUSTACÉS.

LES INSECTES

LE CORPS D'UN INSECTE COMPREND 3 PARTIES :

- TÊTE.
  - *Antennes.*
  - *Bouche.*
    - Lèvre supérieure.
    - Mandibules.
    - Mâchoires.
    - Lèvre inférieure.
  - *Yeux.*
    - Composés.
    - Simples.
- THORAX.
  - Composé de 3 anneaux.
  - 3 paires de pattes.
  - Ailes [4, 2, 0].
- ABDOMEN.
  - Compte au plus 11 anneaux.
  - Il est parfois terminé par :
    - un aiguillon.
    - une tarière.
    - une pince.

ORGANISATION.
- *Tube digestif.*
  - Bouche.
  - Œsophage.
  - Jabot.
  - Estomac.
  - Intestin.
- *Appareil respiratoire.*
  - Trachées.
  - Stigmates.
- *Cœur.* Cœur représenté par un vaisseau contractile.
- *Système nerveux.* Chaîne ganglionnaire.
- *Développement.*
  - Métamorphoses
    - complètes.
    - incomplètes.
  - Pas de métamorphoses.

Classification.
- Insectes broyeurs : Hanneton, Carabe.
- — lécheurs : Abeille, Fourmi, Cynips.
- — suceurs : Papillons.
- — suceurs et piqueurs : Mouche, Punaise.

16ᵉ LEÇON

Myriapodes. Arachnides. Crustacés.

CLASSE DES MYRIAPODES (Types : Iule, Scolopendre).

Les *Myriapodes* ont leur place tout indiquée à côté des *Insectes* dont ils se rapprochent par leur organisation. Ils ont le corps formé d'un grand nombre d'anneaux semblables, portant chacun une ou deux paires de pattes, ce qui leur a valu le nom de *Mille-pattes*. Ils subissent des métamorphoses incomplètes.

Les *Iules* et les *Gloméris* qui se roulent en spirale ou en boule au moindre contact se nourrissent de matières végétales.

Les *Scolopendres* (fig. 175) et les *Géophiles* sont carnivores; elles possèdent des mâchoires supplémentaires transformées en crochets venimeux laissant écouler un venin assez actif pour tuer de petits animaux.

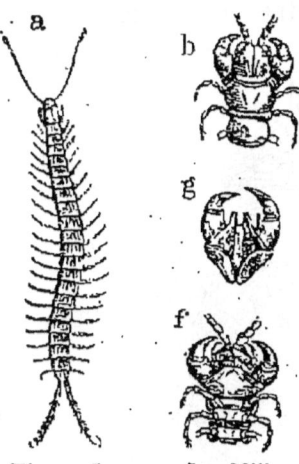

Fig. 175. — *a*, Le Mille-pattes (Scolopendre); — *b*, sa tête vue en dessus; — *f*, sa tête vue en dessous; — *g*, ses crochets venimeux.

CLASSE DES ARACHNIDES (Types : Scorpion, Araignée).

Les *Scorpions*, les *Araignées* sont des *Arachnides*. Ils ont le corps divisé en deux parties : le **céphalothorax** correspondant à la tête et au thorax soudés et l'*abdomen*.

Le céphalothorax porte six paires d'appendices : une paire de griffes ou de pinces, ce sont les **chélicères**, une paire de *mâchoires* servant plutôt au toucher qu'à la mastication et quatre paires de *pattes*. Ils respirent à l'aide de *trachées* ou de *poumons*. Ceux-ci sont de simples poches dont la paroi interne présente de nombreux feuillets superposés. Les Arachnides ne subissent pas de métamorphoses.

Le Scorpion. — Le corps du Scorpion (fig. 176) est formé d'anneaux distincts. Les six premiers portent les chélicères, ou petites pinces, les grosses pinces et les quatre paires de pattes.

Les anneaux suivants au nombre de sept correspondent à l'abdomen. Viennent ensuite six anneaux plus étroits formant la *queue* ou partie rétrécie de l'abdomen, car elle est traversée entièrement par le tube digestif. La queue se termine par un aiguillon en rapport avec des glandes à venin. Les Scorpions vivent dans les pays chauds : ils recherchent les lieux obscurs et hu-

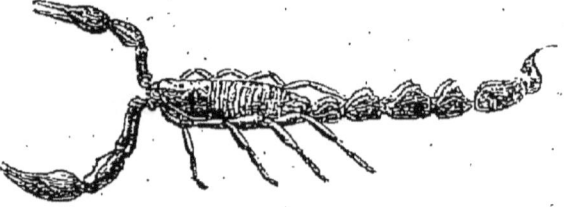

Fig. 176. — Le Scorpion.

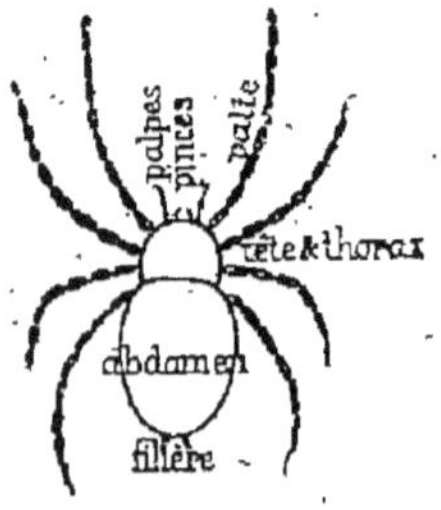

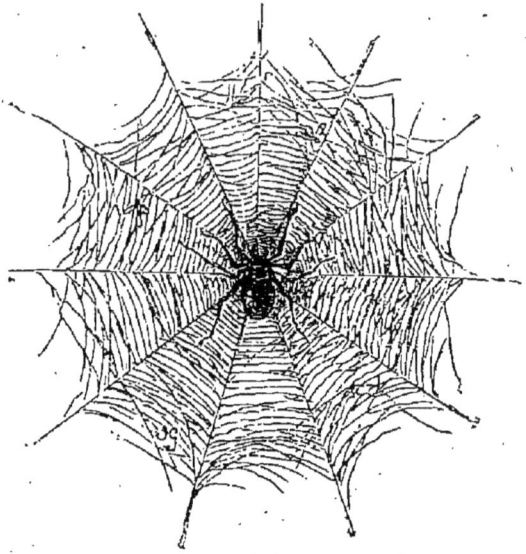

Fig. 177. — Araignée.   Fig. 178. — Araignée et sa toile.

mides. La piqûre des gros Scorpions est quelquefois mortelle.

Araignées. — Chez les *Araignées* le céphalothorax et l'abdomen ne sont pas formés d'anneaux distincts. Les chélicères sont des crochets venimeux (fig. 177).

Les Araignées sécrètent un liquide gluant qui s'écoule par 4 ou 6 petits mamelons, appelés filières, placés à la partie postérieure de l'abdomen. Ce liquide durcit à l'air et s'étire en de longs fils avec lesquels l'animal tisse sa toile.

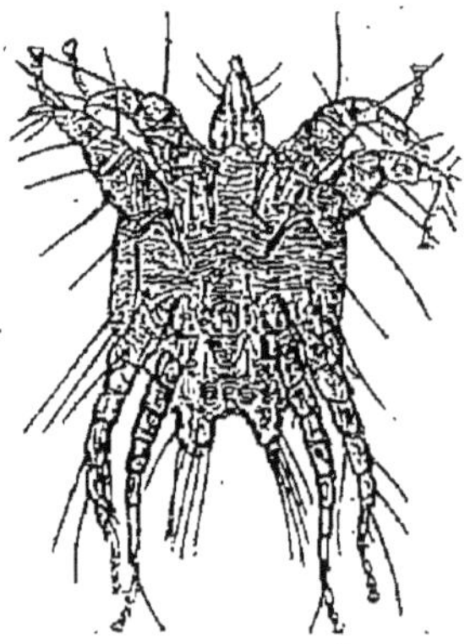

Les Araignées détruisent un grand nombre d'Insectes nuisibles.

Fig. 179. — Le Sarcopte de la gale. Très grossi.

L'*Épeire* tisse une toile disposée verticalement faite de fils concentriques et de fils rayonnants (fig. 178).

Les *Mygales* se creusent des terriers qu'elles ferment au moyen d'un couvercle.

Acariens. — Les *Acariens* sont des Arachnides suceurs, généralement parasites. Les *Mites*, les *Tiques* des Chiens, le *Sarcopte de la gale* qui s'enfonce sous la peau de l'Homme et détermine la maladie repoussante qu'on appelle *gale*, sont les principaux représentants de ce petit groupe (fig. 179).

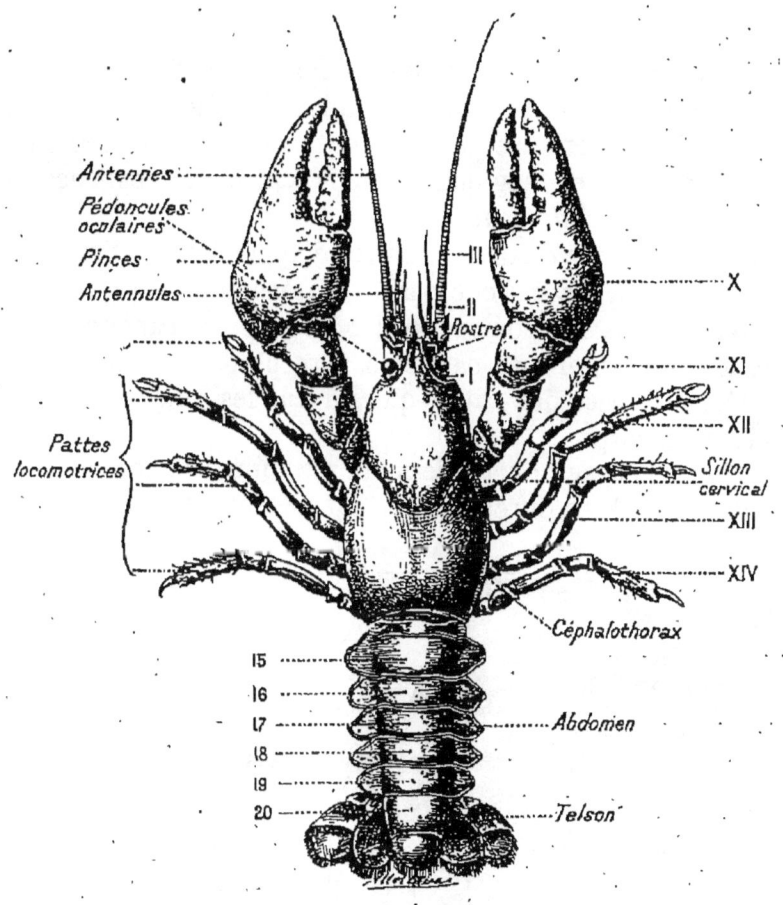

Fig. 180. — L'Écrevisse.

1 paire de pédoncules portant les yeux.	I	
1 — de petites antennes.	II	
1 — de grandes antennes.	III	
1 — de mandibules.	IV	céphalothorax
2 paires de mâchoires.	V et VI	14 paires.
3 — de pattes-mâchoires.	VII, VIII et IX	
1 paire de pattes ravisseuses ou pinces.	X	
4 paires de pattes locomotrices.	XI, XII, XIII et XIV	
5 paires de pattes abdominales.	15, 16, 17, 18 et 19	abdomen
1 paire de pattes natatoires ou lamelles.	20	6 paires.

CLASSE DES CRUSTACÉS
(Types : *Écrevisse, Homard, Crabe, Cloporte*).

Les *Crustacés* sont aquatiques et respirent par des branchies. Le corps, ordinairement protégé par une carapace imprégnée de calcaire, comprend un *céphalothorax* et un *abdomen*. La carapace tombe et se renouvelle à chaque mue, ce qui permet à l'animal de croître. Les Crustacés subissent des métamorphoses.

L'Écrevisse. — Examinons l'*Écrevisse* (fig. 180). Elle a le corps recouvert d'une carapace solide. La face dorsale présente une région antérieure, le céphalothorax, et une région postérieure divisée en segments réunis entre eux par des parties molles, c'est l'*abdomen*.

La *face ventrale* porte 20 paires d'appendices articulés.

L'Écrevisse ne marche pas à reculons comme on l'entend dire souvent, mais les contractions brusques de l'abdomen lui permettent de nager par saccades à reculons. Les branchies sont situées à la base des pattes qui suivent les pinces, entre la carapace et le corps.

L'Écrevisse se nourrit de matières animales, son estomac renferme des pièces dures constituant un appareil de trituration.

Fig. 181. — Le Crabe.

Fig. 182.
Le Pagure ou Bernard-l'ermite.

Le *Homard*, la *Langouste*, les *Crabes* (fig. 181), les *Pagures* (fig. 182) qui abritent leur abdomen mou dans une coquille vide de Mollusque, les *Crevettes* appartiennent au même groupe que l'*Écrevisse*. Le Homard se distingue de la *Langouste* par la

présence de deux grandes pinces et par une carapace épineuse.
Dans une autre série on groupe les Crustacés privés de pattes-mâchoires et dont la physionomie générale n'est pas celle de l'Écrevisse.

Les *Anatifes* (fig. 183) fixés aux corps flottants sont enfermés dans un manteau soutenu par des pièces calcaires, ce qui leur donne une certaine ressemblance avec les Mollusques.

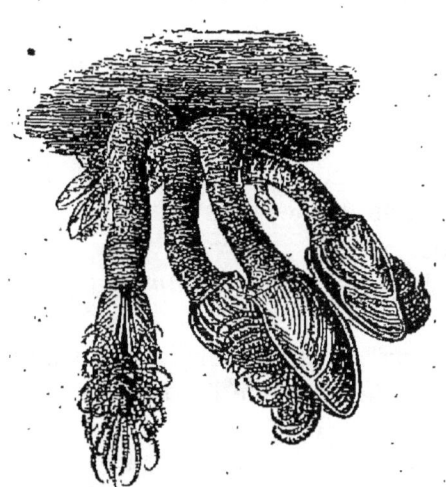

Fig. 183.
Anatifes fixés à un morceau de bois.

RÉSUMÉ.— Les **Myriapodes** ont le corps formé d'un grand nombre d'anneaux portant chacun une ou deux paires de pattes, ce qui leur a valu le nom de *Mille-pattes*. Les *Iules*, les *Glomeris* se nourrissent de matières végétales.
Les *Scolopendres*, les *Géophiles* sont carnivores.
Les **Arachnides** ont le corps divisé en deux parties : le céphalothorax et l'abdomen.
Le céphalothorax porte une paire de griffes ou de pinces, une paire de mâchoires et quatre paires de pattes.
Ils respirent à l'aide de trachées ou de poumons. Les Arachnides ne subissent pas de métamorphoses.
Les principaux représentants de cette classe sont les *Scorpions*, l'*Araignée* commune, la *Mygale*, les *Mites*, les *Tiques*; le *Sarcopte de la gale*.
Les **Crustacés** sont aquatiques et respirent par des branchies. Leur corps ordinairement protégé par une carapace comprend un céphalothorax et un abdomen. La carapace tombe périodiquement, ce qui permet à l'animal de croître.
L'*Écrevisse*, le *Homard* aux grandes pinces, la *Langouste*, le *Crabe*, le *Pagure*, la *Crevette*, les *Anatifes* sont les Crustacés les plus connus.

17ᵉ LEÇON

Embranchement des Vers.

Caractères généraux. — Les Vers ont le corps formé d'anneaux distincts ou soudés entre eux. Ces anneaux ne portent jamais de pattes articulées, mais de simples soies implantées sur des mamelons saillants ou attachées directement à la peau. Celle-ci, toujours molle, n'est jamais protégée par une carapace de *chitine*. Toutefois, certaines espèces s'enferment dans des tubes sans y adhérer.

Le tube digestif, quand il existe, est ordinairement droit. L'appareil circulatoire, plus parfait que chez les Articulés, se compose de deux vaisseaux : l'un dorsal, l'autre ventral, souvent réunis par des vaisseaux transversaux. Cette disposition fait que le sang ne tombe jamais dans les cavités du corps ou *lacunes*, comme chez les Insectes.

La respiration s'effectue par la *peau mince* et *humide* ou par des branchies.

Les Vers vivent dans l'eau ou dans la terre. Beaucoup d'espèces vivent en parasites dans le corps de l'Homme et des animaux.

On peut diviser l'embranchement des Vers en 3 classes principales : les *Vers annelés*, les *Vers plats* et les *Vers ronds*.

VERS ANNELÉS (Type : *Ver de terre*).

Les *Vers annelés marins* portent des saillies et des soies locomotrices, ils respirent à l'aide de branchies.

L'*Arénicole* des pêcheurs vit dans les sables des plages marines (fig. 184).

Les *Serpules* s'abritent dans un tube calcaire.

Les *Vers annelés d'eau douce* ou *terrestres* sont représentés par le *Lombric* ou *Ver de terre*.

Fig. 184. — Arénicole des pêcheurs.

Examinons un *Ver de terre* (fig. 185). Son corps est formé de 60 à 100 anneaux distincts. Le premier porte la bouche, le dernier, plus effilé, porte l'anus. Du 30° ou 40° anneau on remarque un épaississement, c'est la *ceinture*. Elle provient de glandes qui servent à fabriquer le cocon où seront enfermés les œufs. La face dorsale est nue, la face ventrale porte, au niveau de chaque anneau, huit faisceaux de soies servant à la locomotion. Le Lombric creuse des galeries souterraines et avale la terre pour se nourrir des matières végétales qu'elle renferme. Les excréments sont rejetés la nuit à la surface sous forme de petits *tortillons*. On a calculé que dans nos champs il doit y avoir

133 000 Vers par hectare. Aussi, paraissent-ils jouer un rôle important dans l'ameublissement du sol et dans la formation de la terre arable.

Les Lombrics respirent par la peau; cette dernière doit toujours être humide pour assurer les échanges gazeux. Ils s'enfoncent plus ou moins loin dans le sol par les temps de séche-

Fig. 185. — Lombric ou Ver de terre.   Fig. 186. — Sangsue (schéma).

resse et montent à la surface lorsqu'il pleut. A l'air libre, le Lombric meurt rapidement asphyxié, car sa peau se dessèche et son corps devient dur comme un morceau de bois.

Les *Sangsues* n'ont pas tous les anneaux du corps distincts; elles progressent à l'aide de *ventouses* placées aux extrémités du corps. La plus petite, antérieure, contient la bouche; la plus grande, postérieure, sert à l'animal pour se fixer (fig. 186).

La bouche est armée de trois pièces cornées et dentelées avec lesquelles elles entament la peau des animaux pour sucer le sang. Elles sont utilisées en médecine pour retirer le sang dans les contusions ou dans les congestions. Elles vivent dans les ruisseaux, les étangs et les mares.

VERS PLATS (Types : *Douve du foie, Ténia*).

Les *Vers plats* sont parasites dans les organes de l'Homme et des animaux.

La *Douve du foie* vit dans les canaux biliaires du foie des Ruminants et en particulier du Mouton. Elle a la forme d'une feuille (fig. 187) et mesure de 1 à 2 centimètres de longueur. Son développement comporte des métamorphoses compliquées accompagnées de migrations successives.

Ténia. — Les *Ténias* ou *Vers solitaires* (fig. 188), longs souvent de plusieurs mètres, ressemblent à de véritables rubans. Ils sont formés d'une série de segments placés bout à bout. Chaque segment peut être comparé à une Douve du foie.

La plupart des Vertébrés sont sujets à être infestés par des Ténias. Le plus célèbre et le mieux connu est celui de l'Homme, appelé improprement *Ver solitaire*. Il se fixe aux parois de l'intestin par quatre ventouses et par une couronne de crochets que porte la tête ou *scolex*. Ce scolex produit sans cesse de nouveaux anneaux, si bien que le Ver s'allonge constamment. Les anneaux terminaux, plus âgés et remplis d'œufs, se détachent et sont rejetés à l'extérieur avec les excréments. Lorsque les œufs sont absorbés par un Porc, ils produisent dans son estomac des embryons très petits munis de *crochets*. A l'aide de ces crochets, ils cheminent à travers les tissus et vont se fixer dans les muscles. Là, ils se transforment en une vésicule de la grosseur d'un pois renfermant une tête ou scolex. Cette vésicule a reçu le nom de *Cysticerque*. Le Porc infesté est *ladre*. En mangeant la viande de Porc ladre salée ou insuffisamment cuite, l'Homme avale des Cysticerques qui deviennent des Ténias dans son intestin. Le Ténia, vivant au milieu de substances toutes digérées, n'a *ni appareil digestif, ni appareil circulatoire*.

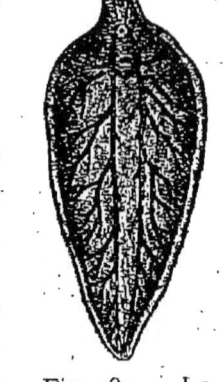

Fig. 187. — La Douve du Mouton. (grossie deux fois.)

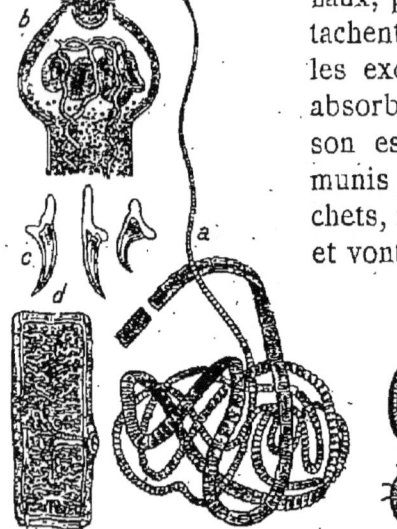

Fig. 188. — Ver solitaire. — *a*, Ténia de l'Homme (3 ou 4 mètres de long); *b*, son scolex; *c*, crochets du scolex; *d*, l'un des segments; *e*, l'œuf; *f*, embryon.

VERS RONDS

Ces Vers ont la forme d'un fuseau très allongé. Ils sont ordinairement parasites :

Fig. 189. — La Trichine.

L'*Ascaride* vit dans l'intestin des enfants.

La *Trichine* jeune habite les muscles du Porc et de divers animaux. Si l'Homme mange la chair du Porc *mal cuite*, il s'infeste. Les jeunes Trichines se multiplient dans l'estomac et l'intestin, traversent les parois du tube digestif et vont se loger dans les muscles (fig. 189).

RÉSUMÉ — LES VERS

CARACTÈRES.
- Corps formé d'anneaux distincts ou soudés.
- Les anneaux ne portent jamais de pattes, mais des soies locomotrices.
- Tube digestif souvent droit.
- Appareil circulatoire relativement parfait.
- Respiration cutanée.
- Vivent dans l'eau ou dans la terre.
- Quelques espèces vivent en parasites dans le corps de l'Homme et des animaux.

CLASSIFICATION.
- VERS ANNELÉS. { Arénicole. Serpule. Ver de terre. Sangsue.
- VERS PLATS. { Douve du foie. Ténia. } Parasites.
- VERS RONDS. { Ascaride. Trichine. } Parasites.

ZOOPHYTES
ANIMAUX A FORME VÉGÉTALE

18º LEÇON

Les *Échinodermes*, les *Polypes* et les *Éponges* dont nous allons commencer l'étude sont appelés *Zoophytes* ou *animaux-plantes*. En effet, ces êtres sont immobiles ou se déplacent très lentement.

Ils trouvent autour d'eux, sans avoir à les rechercher, les aliments dont ils ont besoin. Le corps ne présente plus une région antérieure et une région postérieure; toutes les parties de l'organisme s'accroissent également et se disposent autour d'un centre comme les rayons d'une roue autour du moyeu. On dit qu'ils possèdent une symétrie rayonnée. Parfois, le corps se ramifie et la ressemblance de ces animaux avec les plantes est complète.

Embranchement des Échinodermes.
(Types : *Étoile de mer, Oursin, Holothurie*).

Les *Échinodermes* ont le corps protégé par une peau dure, incrustée de calcaire. Ce calcaire forme des plaques solides articulées entre elles. Ils sont marins et se déplacent lentement à l'aide d'organes spéciaux en forme de tubes. L'appareil circulatoire complexe communique avec l'extérieur, et le tube digestif est toujours séparé des téguments par une cavité spacieuse.

Les *Étoiles de mer*, les *Oursins*, les *Holothuries* sont les représentants les mieux connus de cet embranchement. L'*Étoile de mer* ou *Astérie rouge* (fig. 190), commune sur nos côtes, est formée de cinq bras rayonnants disposés autour d'un disque central. La face appliquée sur le

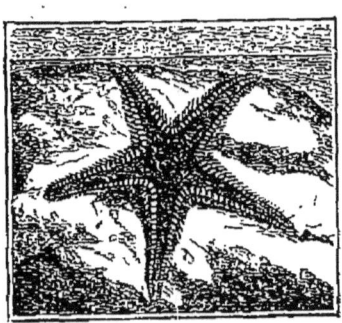

Fig. 190. — Étoile de mer.

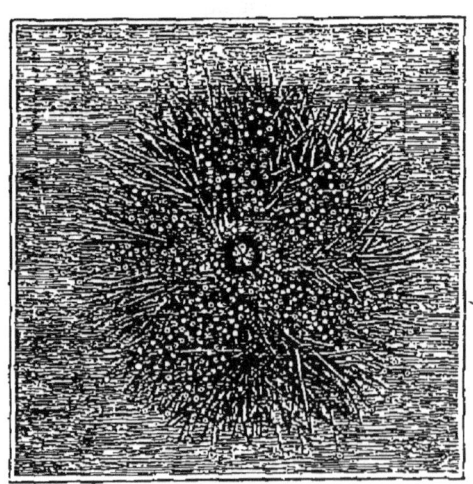

Fig. 191. — Oursin.

sol porte la bouche qui donne accès dans le tube digestif. L'estomac envoie des prolongements dans chaque bras. Sur cette même face les bras portent deux rangées de tubes terminés par une petite ventouse, ce sont les ambulacres au moyen desquels l'animal progresse lentement.

Les *Oursins* ou *Châtaignes de mer* (fig. 191) ont le corps globuleux, presque sphérique, soutenu par une carapace calcaire hérissée de tubes et de piquants. Les tubes sont mobiles et servent à la locomotion; les piquants sont maintenus à leur base par un ligament élastique et peuvent s'incliner dans tous les sens. Tubes et piquants alternent et forment dix séries disposées en fuseau. L'ensemble rappelle un petit melon à dix côtes. Cet aspect apparaît nettement si l'on a soin d'enlever les piquants en frottant vivement l'enveloppe calcaire avec une brosse.

Les *Holothuries* ont le corps mou et allongé. Les téguments ne renferment pas de larges plaques calcaires. La bouche est entourée d'une couronne de tentacules ramifiés. Malgré leur aspect, les *Holothuries* ont une symétrie rayonnée.

Embranchement des Polypes.
(Types : *Hydre verte*, *Méduse*, *Corail*).

L'appareil digestif des *Polypes* ne présente qu'un seul orifice, il n'est plus distinct de l'appareil circulatoire.

Ces curieux animaux, parfois isolés, sont le plus souvent associés en colonies arborescentes.

Les *Hydres*, les *Méduses*, les *Coraux* sont les principaux représentants de cet embranchement.

L'*Hydre verte* est le plus simple des *Polypes*. Elle a la forme d'une petite coupe dont la partie étroite est fixée aux plantes aquatiques (fig. 192). L'extrémité opposée porte de longs tentacules filiformes avec lesquels l'animal paralyse et capture des proies microscopiques, car les tentacules sont munis de petits appareils venimeux.

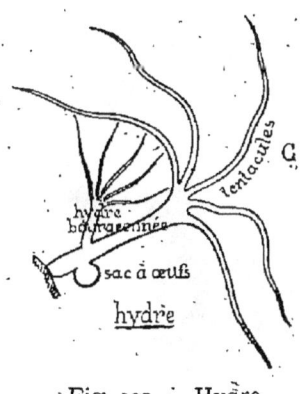

Fig. 192. — Hydre.

L'Hydre verte donne naissance à d'autres Hydres par bourgeonnement. Les bourgeons se détachent et vivent isolément.

Ce bizarre animal peut être partagé en plusieurs morceaux, chacun d'entre eux régénère un individu complet. Cette multiplication rappelle le *bouturage*, opération que les jardiniers pratiquent sur certaines plantes.

Polypes ramifiés. — Il existe des Polypes dont les bourgeons reproducteurs ne s'isolent pas. Il en résulte que les Polypes nés les uns sur les autres forment des colonies.

Les bourgeons reproducteurs de certains Polypes produisent des organismes rayonnés appelés *Méduses*. Les *Méduses* (fig. 193) se séparent ordinairement du Polype mère pour nager librement dans la mer et y répandre leurs œufs qui produiront de nouvelles colonies de Polypes. Les Méduses ont la forme d'une cloche transparente dont le centre porte un tube creux à l'extrémité duquel s'ouvre la bouche. Certaines Méduses ne passent jamais par la phase polype et leurs œufs reproduisent directement des Méduses libres. Elles ont la forme d'un chapeau de Champignon.

Fig. 193. — Méduse

Corail. — Le Corail (fig. 194) est un petit animal fixé dont le corps cylindrique est terminé par huit tentacules finement dentelés sur les bords. La bouche placée au centre des tentacules conduit dans une cavité digestive divisée en plusieurs compartiments. Une foule de ces petits animaux semblables à des fleurs vivent associés. Ils sont reliés les uns aux autres par un tissu de couleur rouge et par de nombreux canaux qui font communiquer entre elles les cavités digestives. Tous les individus ou *Polypes* sont portés par un édifice calcaire ou *polypier* construit par eux. Ce polypier a la forme d'un arbuste et produit la matière rouge connue dans le commerce sous le nom de corail. On pêche le Corail dans la Méditerranée et la mer Rouge.

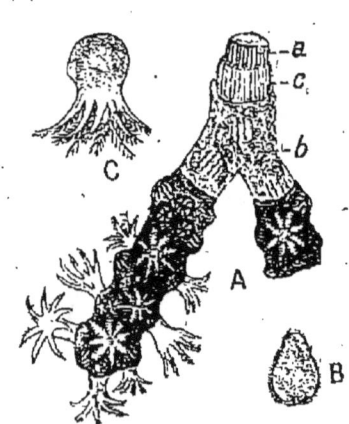

Fig. 194. — Rameau de Corail.

A côté du Corail nous devons placer d'autres Polypes appelés *Madrépores* qui ont construit et construisent encore, dans les mers chaudes, autour des îles et des continents, d'immenses récifs. (Voir plus loin, Géologie.)

Éponges.

Les *Éponges* vivent dans la mer et dans les eaux douces. Elles sont simples ou groupées en colonies (fig. 195 et 196). Une Éponge simple est toujours de petite taille. Elle se réduit à une urne fixée, dont la paroi est percée de nombreux canaux tapissés de cils vibratiles. Les canaux font communiquer l'extérieur avec la cavité interne de l'urne. L'eau passe par les canaux, abandonne les particules alimentaires aux diverses cellules et sort par l'ouverture de l'urne appelée *oscule*.

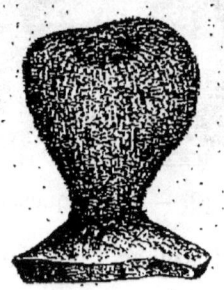

Fig. 195. — Éponge.

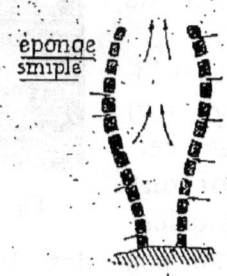

Fig. 196. — Éponge simple (schéma).

Les Éponges coloniales peuvent être considérées comme une réunion d'Éponges simples. Elles sont soutenues par des *spicules* calcaires, siliceuses, cornées ou par des fibres élastiques.

L'Éponge commune se pêche dans la Méditerranée. L'éponge de toilette représente le squelette corné ou fibreux de différentes espèces.

Protozoaires.

Les animaux les plus simples sont constitués par une cellule, pouvant présenter un degré de complication plus ou moins grand. On les réunit dans le groupe des *Protozoaires*. Ce mot *protozoaire* est donc synonyme d'*animal unicellulaire*. Ils sont généralement microscopiques et se rencontrent abondamment dans les eaux stagnantes et dans la mer.

Ils se multiplient en se divisant en un certain nombre de parties, parfois ils se fusionnent deux par deux avant de se diviser. Leurs formes sont très variées.

Les *Infusoires*, les *Rhizopodes* et les *Amibes* constituent les trois classes du groupe des *Protozoaires*.

Infusoires. — Les Infusoires se développent rapidement dans les *infusions* de plantes et de substances organiques, de là leur nom. Le corps, réduit à une cellule, est limité par une membrane pourvue d'un ou de deux longs filaments ou couverte de cils vibratiles. Filaments et cils sont les organes de locomotion et de préhension.

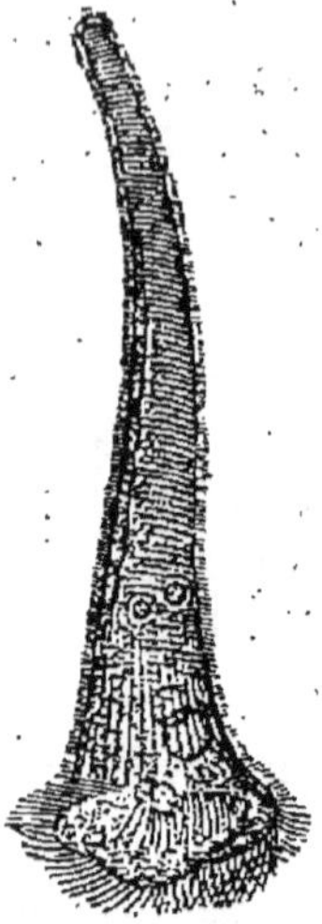

La *Paramécie* est un infusoire cilié. La membrane est perforée en deux points ; par l'un de ces points pénètrent les aliments, par l'autre, sortent les excréments. Ce petit animal nous offre encore une trace de tube digestif.

La plupart des Infusoires (fig. 197) vivent isolés ; certains s'associent en petites colonies.

Fig. 197. Infusoire.

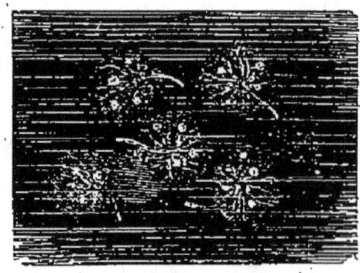

Fig. 198. — Noctiluques.

Les *Noctiluques* (fig. 198) sont des Infusoires lumineux (phosphorescents).

Rhizopodes. — Les Rhizopodes n'ont pas de membrane d'enveloppe ; la substance vivante ou protoplasme envoie des prolongements dans tous les sens. Les uns, comme les *Foraminifères* possèdent une coquille calcaire, d'autres, comme les *Radiolaires* ont un squelette siliceux (fig. 199).

Les Rhizopodes pullulent dans les océans, leurs débris constituent, avec le temps, des dépôts d'une grande importance.

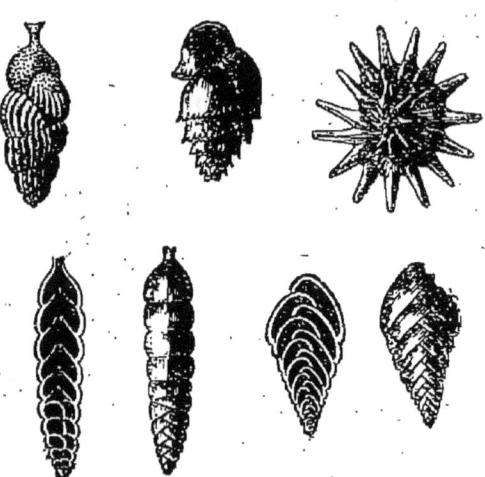

Fig. 199. — Coquilles de Foraminifères vues au microscope.

Amibes. — Les *Amibes* (fig. 200) représentent le dernier degré de l'échelle animale. Elles se réduisent à une simple masse de matière vivante changeant à chaque instant de forme. L'Amibe pousse, en effet, des prolongements courts et irréguliers à l'aide desquels elle rampe et saisit les particules alimentaires.

Animaux et plantes. — L'*Amibe* dont le corps est formé d'une très petite masse de matière vivante, d'une cellule sans enveloppe, appartient au *règne animal*. Si cette même masse de matière vivante vient à s'immobiliser dans une membrane rigide de cellulose, elle forme un être appartenant désormais au *règne végétal*.

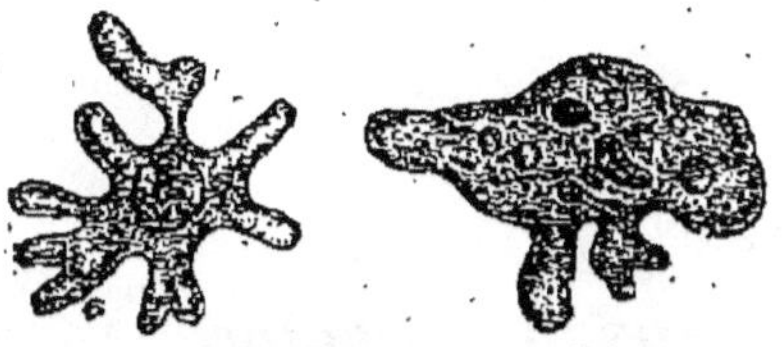

Fig. 200. — Amibe vu à deux moments différents.

Mais certains végétaux ne s'emprisonnent que temporairement ou ne s'emprisonnent jamais dans une telle membrane et vivent à la manière des Amibes. Si bien qu'il devient impossible, lorsqu'on atteint cette forme extrême de la vie, de séparer les deux groupes d'êtres vivants : animaux et végétaux que *l'on peut comparer à deux branches issues d'un même tronc*.

RÉSUMÉ — **PHYTOZOAIRES**

Phytozoaires ou Animaux-plantes.	Échinodermes. Polypes. Éponges.	
Échinodermes.	Corps protégé par une peau dure, incrustée de calcaire. Appareil digestif séparé des téguments par une cavité spacieuse.	
	Principaux types.	Étoiles de mer. Oursins. Holothuries.
Polypes.	Appareil digestif à un seul orifice, confondu avec l'appareil circulatoire. Forment le plus souvent des colonies nombreuses.	
	Principaux types.	Hydres. Méduses. Coraux.
Éponges.	Vivent dans la mer et les eaux douces.	
	Éponges.	Simples. Composées.
	Éponge simple.	Ressemble à une urne dont les parois sont percées de nombreux canaux tapissés de *cils vibratiles*.
	Type	Éponge commune (pêchée dans la Méditerranée.)
Protozoaires.	Animaux très simples, unicellulaires. Se multiplient souvent par simple division.	
	3 classes.	Infusoires. | *Paramæcie*. Rhizopodes. | *Foraminifères. Radiolaires*. Amibes. | *Amibes*.

DEUXIÈME PARTIE

BOTANIQUE

19º LEÇON
Caractères des végétaux. — Racine.

La Botanique a pour objet l'étude des végétaux.

Le végétal être vivant. — Un végétal est un être vivant. Comme l'animal, il a une existence limitée : il *naît*, puis... *meurt*. Mais entre la naissance et la mort nous le voyons se *nourrir*, *s'accroître*, se *multiplier* et enfin dépérir. La plupart des plantes ne se déplacent pas ; elles sont fixées au sol et trouvent autour d'elles les aliments dont elles ont besoin. Il s'ensuit qu'elles *s'étalent en surface*, se *ramifient* le plus possible pour puiser aisément dans le sol, dans l'eau ou dans l'atmosphère les matériaux de leur subsistance.

Ne se déplaçant pas pour rechercher leur nourriture, les végétaux n'ont pas besoin d'organes d'exploration, de sensibilité ; aussi, dit-on généralement, à tort, que les plantes diffèrent des animaux parce qu'*elles ne se meuvent pas et ne sentent pas*.

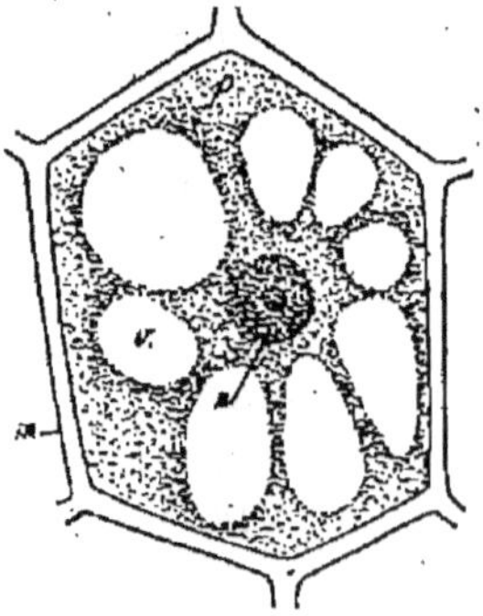

Le végétal possède une organisation cellulaire. — Si à l'aide d'un rasoir on fait une

Fig. 201. — Cellule vivante avec le protoplasme *p* et le noyau *n*.

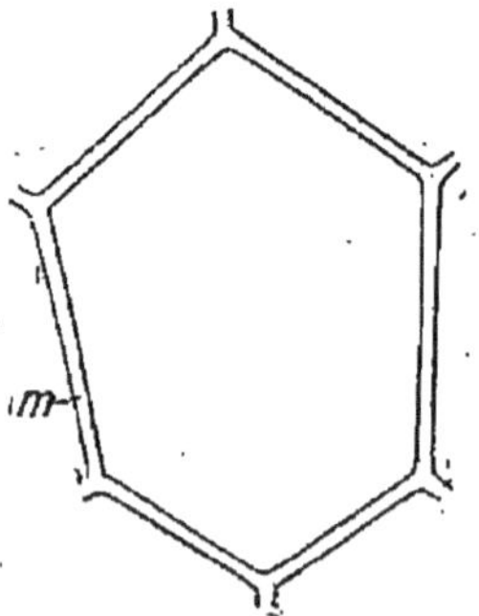

Fig. 202. — Cellule morte : *m*, membrane.

coupe très mince dans un rameau de Haricot, l'examen de cette coupe au microscope nous révèle l'existence d'un grand nombre de cellules. Chaque cellule a une forme très définie ; elle est limitée par des cloisons plus ou moins épaisses, rigides. Ces cloisons représentent la *membrane de cellulose* emprisonnant le *protoplasme* et le *noyau* (fig. 201 et 202).

L'examen plus attentif d'une cellule nous permet de découvrir dans le protoplasme de petits corps colorés; ils sont imprégnés d'une matière verte appelée *chlorophylle*. Ils sont très abondants dans les feuilles auxquelles ils communiquent leur coloration. Ils remplissent une fonction essentielle que nous étudierons plus loin (21ᵉ leçon).

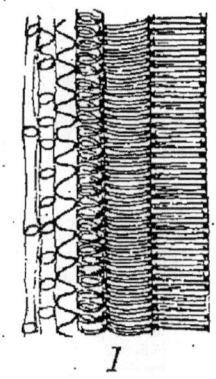

Fig. 203.
Vaisseaux de la tige.

Tissus. — Notre coupe nous permet de constater encore que toutes les cellules n'ont pas la même constitution. Il y en a de longues, pointues aux deux bouts, ce sont des *fibres*; d'autres se placent bout à bout et forment des *tubes* ou *vaisseaux* (fig. 203). D'autres encore ont des parois épaisses pourvues de reliefs ou diversement ponctuées. Les cellules, les fibres, les vaisseaux se groupent en tissus appelés à jouer un rôle déterminé dans la vie de la plante. Plus les tissus d'une plante sont variés, plus cette plante nous paraît élevée en organisation.

Organes et fonctions. — Les végétaux les plus perfectionnés ne possèdent cependant qu'un petit nombre d'organes. Ceux-ci assurent l'accomplissement régulier des deux séries de fonctions de la vie végétale : les *fonctions de nutrition* et les *fonctions de reproduction*.

ORGANES DES FONCTIONS DE NUTRITION

Constitution sommaire d'une plante. — Plaçons une graine de Haricot sur une éponge humide (fig. 204 et 205). Au bout de quelques heures nous voyons la graine augmenter de volume et la peau (*tégument*) se tendre et même se déchirer. Deux ou trois jours après, la graine se divise en deux parties à peu près égales et laisse voir un prolongement blanc délicat qui s'allonge rapidement de haut en bas, s'enfonçant de plus en plus dans l'éponge. Ce premier organe est la *radicule* ou future *racine principale*. Plus tard apparaissent de petites feuilles blanchâtres; elles s'étalent à la lumière et verdissent : ce sont les premières *feuilles*. Mais les deux parties charnues de la graine (*cotylédons*), soulevées à une certaine hauteur, se séparent complètement, mettant à nu la *tigelle*.

Désormais, la radicule va s'allonger dans le sens de la pesanteur et se ramifier, la tige va s'élever de bas en haut produisant des rameaux et de nouvelles feuilles. Cette plante est organisée pour se nourrir elle-même : la *racine*, la *tige*, la *feuille* sont les organes de nutrition de la plante.

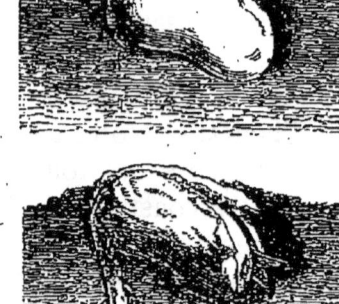
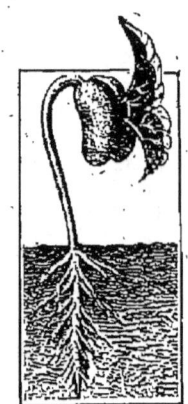

Fig. 204. — Graine de Haricot germant.

Fig. 205. Haricot.

LA RACINE

La racine principale occupe normalement l'extrémité inférieure de la tige. Elle apparaît la première dans la graine en germination. Elle se développe ordinairement dans la terre de haut en bas et fixe la plante au sol.

Aspect extérieur de la racine. — L'extrémité de la racine (fig. 206) est entourée d'un tissu jaunâtre, formant une espèce d'étui ; c'est la *coiffe*. Elle préserve le sommet de la racine contre le frottement à mesure qu'elle s'enfonce dans le sol. Au-dessus de la coiffe, il existe un espace lisse, la *région d'accroissement*, suivi d'une région large de plusieurs centimètres et recouverte de *poils absorbants*. Ceux-ci, très apparents sur les racines qui ont poussé dans la terre meuble ou sur la mousse humide, manquent souvent sur les racines se développant dans l'eau. Les poils absorbants puisent dans le sol, l'eau et les substances minérales qu'elle tient en dissolution.

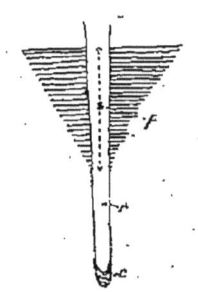

Fig. 206. Extrémité de la racine : *c*, coiffe ; *p*, région des poils absorbants.

A mesure que la racine s'accroît, de nouveaux poils se développent près de son extrémité et ceux du haut se flétrissent et tombent. Si bien que la *région pilifère* conserve toujours la même étendue. Tout le reste de la racine est nu, jusqu'à sa base ou *collet*.

La racine principale se subdivise en radicelles, se ramifiant elles-mêmes en filets extrêmement fins (fig. 207).

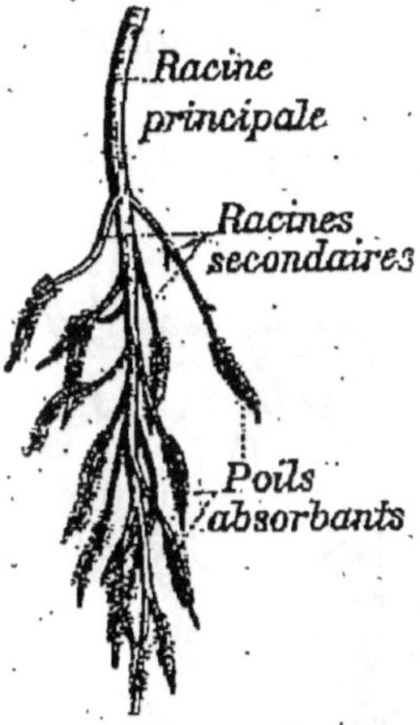

Diverses formes de racines. — La

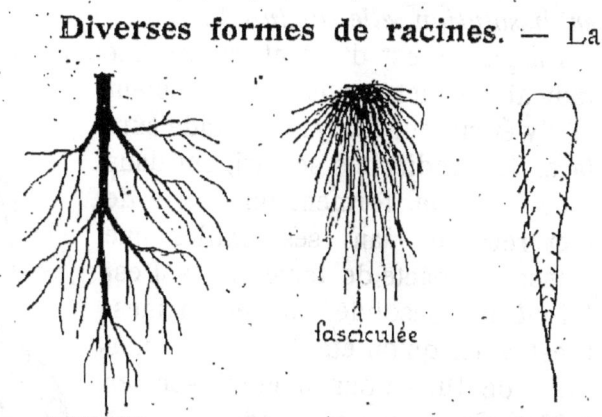

Fig. 207. — Racine principale et ses ramifications.

Fig. 208. — Diverses formes de racines.

racine principale ou *pivot* se ramifie ordinairement en racines moins grosses qui donnent naissance à des *radicelles* disposées en séries régulières. Lorsque le pivot est beaucoup plus gros que ses ramifications comme dans le *Salsifis*, la *Carotte*, la racine est dite *pivotante* (fig. 208).

Souvent le pivot reste court ou disparaît de bonne heure. Les racines secondaires partant du collet sont de grosseur à peu près égale et forment un faisceau plus ou moins touffu. La racine est dite *fasciculée*. Le *Blé*, le *Maïs* ont des racines fasciculées (fig. 208).

Certaines racines charnues sont de véritables réservoirs de nourriture, on les nomme *racines tuberculeuses* (fig. 209) (*Dahlia*); si le tubercule est peu volumineux, ou allongé à la manière de doigts crochus, on lui donne le nom de *griffe* (*Anémone*).

Fig. 209. — Racines tuberculeuses de Dahlia.

Les racines *adventives* se développent sur la partie aérienne de la tige en des points variables (*Fraisier, Lierre*) (fig. 210).

Fonctions des racines. — *La racine fixe la plante au sol, elle respire, elle absorbe les substances nutritives que l'eau tient en dissolution, elle conduit la sève.*

La plante est d'autant mieux fixée au sol que son système radical y pénètre plus profondément et s'y étend sur une plus grande surface. Les radicelles se dirigent dans tous les sens, forment une sorte de filet retenant dans ses mailles une masse compacte de terre. Le sol est lui-même consolidé par les racines. C'est ainsi qu'on établit des plantations de Pins pour immobiliser les sables mouvants des Landes.

La racine, comme tous les autres organes vivants, *respire*, c'est pour permettre sa respiration qu'on ameublit le sol par des labours et qu'on entoure les arbres plantés sur les boulevards des villes d'une claire-voie favorisant le renouvellement de l'air.

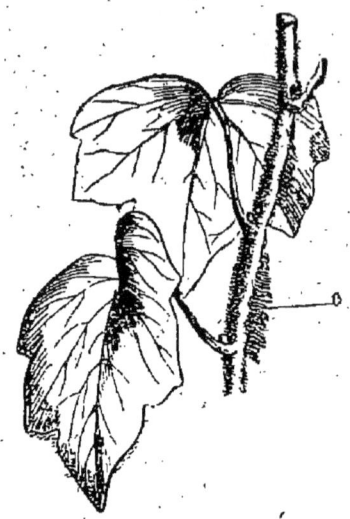

Fig. 210. — Racines adventives de Lierre.

La plus importante des fonctions de la racine est d'absorber dans le sol, l'eau et les sels divers (*azotates, phosphates, etc.*) dont elle est chargée et de transporter ce liquide constituant la *sève brute* jusqu'à la tige.

Non seulement les poils radicaux reçoivent passivement les liquides, mais ils dissolvent certaines substances et les rendent assimilables.

Les racines tuberculeuses accumulent des réserves que la plante utilisera plus tard.

Les racines deviennent des *crampons fixateurs* chez le Lierre, ou des *vrilles* chez la Vanille.

Le cultivateur n'ignore pas qu'une plante doit être abondamment pourvue de racines. Aussi provoque-t-il leur développement par certaines opérations culturales : il *roule* le blé jeune pour faciliter la pousse des racines adventives et *butte* les pieds de certaines plantes pour faire naître des racines latérales à la base de la tige. Bien que la racine soit d'une grande importance, elle manque chez quelques plantes aquatiques ; les Mousses, les Algues, les Champignons n'ont ni racines, ni vaisseaux.

Emploi des racines. — Un grand nombre de racines tuberculeuses sont alimentaires ; citons la Betterave, la Carotte, le Radis, le Panais, etc. D'autres sont utilisées dans l'industrie telles que la Betterave à sucre et la Garance.

RÉSUMÉ — LA RACINE

La racine occupe normalement l'extrémité inférieure de la tige, elle se développe ordinairement dans la terre de haut en bas.
Elle apparaît la première dans la graine en germination.

Aspect extérieur.
- Pivot et radicelles.
- Coiffe (sommet).
- Région dénudée : Région de croissance.
- Région pilifère : Région absorbante.
- Région protégée par une couche de liège.
- Collet.

Diverses formes de racines. — *Pivotante — fasciculée — tuberculeuse — griffes.* — Racines adventives.

Fonctions.
1° Fixe la plante au sol.
2° Absorbe les substances nutritives que l'eau tient en dissolution (*sève brute*).
3° Conduit la sève.
4° Respire.
5° Accumule des réserves nutritives.

Adaptations diverses.
- Crampons fixateurs. — *Lierre.*
- Vrilles. — *Vanille.*

Usages.
- Racines alimentaires. — *Carotte.*
- — industrielles. — *Betterave.*

Le cultivateur provoque le développement des racines adventives par le *roulage* et le *buttage*.

Plantes qui n'ont pas de racines.
- Mousses.
- Thallophytes.
- Plantes parasites.

Manipulation :

Étude des éléments anatomiques de la plante. — Faire macérer pendant plusieurs heures de petits fragments de bois dans une liqueur composée d'acide azotique et de chlorate de potasse. Les éléments de ce bois se séparent, se dissocient et forment une espèce de pâte.

Il suffit de prendre un peu de cette pâte, de l'étaler sur un porte-objet (*lame de verre*), de la délayer dans une goutte d'eau et de l'examiner au microscope. On aperçoit nettement les cellules ordinaires, les fibres, les vaisseaux du bois avec leurs ponctuations et les tubes du liber.

20ᵉ LEÇON

LA TIGE

Définition et caractères. — La tige fait suite à la racine. Elle se développe ordinairement dans l'atmosphère et s'allonge de bas en haut suivant une direction opposée à celle de la pesanteur. Elle porte les feuilles.

La limite entre la racine et la tige constitue le *collet*.

Aspect extérieur. — La tige porte à son extrémité un *bourgeon terminal* (fig. 211). Elle présente de loin en loin des renflements ou *nœuds* servant de base d'insertion aux feuilles. L'espace compris entre les nœuds ou *entre-nœuds* se réduit de plus en plus à mesure que l'on s'approche du sommet (fig. 211 et 212).

Les feuilles ont à leur aisselle des bourgeons *axillaires* ou *latéraux* produisant des branches (rameaux) se ramifiant à leur tour en branches plus petites. Certains bourgeons donnent naissance à des fleurs.

Les *bourgeons adventifs* peuvent se produire en des points indéterminés de la tige. Cette propriété est utilisée dans le *bouturage*.

Fig. 211. — Bourgeon terminal et bourgeons latéraux.

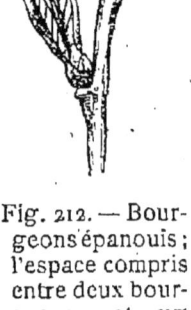

Fig. 212. — Bourgeons épanouis; l'espace compris entre deux bourgeons est un entre-nœud.

Les bourgeons des arbres de nos pays apparaissent en été et se développent au printemps suivant. Ils passent l'hiver au repos protégés contre le froid par des écailles résineuses et recouvertes à l'intérieur d'un duvet fin. Les bourgeons des arbres des pays chauds sont ordinairement nus et apparaissent à toute époque de l'année.

Diverses sortes de tiges. — Les tiges sont aériennes et parfois souterraines.

La tige de certains arbres peut atteindre plus de 100 mètres de hauteur. Les géants du règne végétal se rencontrent dans les régions chaudes; dans les pays froids, les végétaux sont ordinairement courts et même buissonnants.

La tige de nos arbres est *ligneuse*; elle porte le nom de tronc quand elle est ramifiée.

Les Palmiers ont une tige cylindrique terminée par un bouquet de feuilles, c'est un *stipe* (fig. 213).

Fig. 213. — Palmier nain.

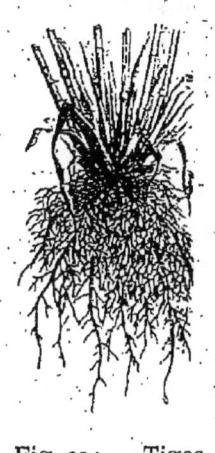

Fig. 214. — Tiges et racines fibreuses du Blé.

Les tiges vertes, plus ou moins flexibles, sont dites **herbacées**. Elles peuvent offrir assez de rigidité pour s'élever verticalement, c'est le cas pour les tiges de Blé (*chaume*) (fig. 214), mais le plus souvent elles

Fig. 215. — Tige grimpante (*Lierre*).

Fig. 216. — Tige volubile (Houblon).

sont incapables de se dresser sans un secours étranger. Elles se fixent aux murs, à d'autres plantes (*Lierre*), on les qualifie de *plantes grimpantes* (fig. 215), ou elles s'enroulent autour d'un support (*Houblon*), et on les appelle plantes *volubiles* (fig. 216).

Les *tiges rampantes* du Fraisier nous conduisent insensiblement aux tiges souterraines (fig. 217).

Les *tiges souterraines* peuvent être ramenées à trois types.

Fig. 217. — Tige rampante (Fraisier).

Les *rhizomes* (fig. 218) se distinguent des racines par leur croissance terminale se poursuivant indéfiniment dans une direction horizontale, par la présence de bourgeons et de feuilles (Iris).

Les *tubercules* sont courts et remplis de matières nutritives. La Pomme de terre est un tubercule bien connu; elle porte des *yeux* ou bourgeons (fig. 219).

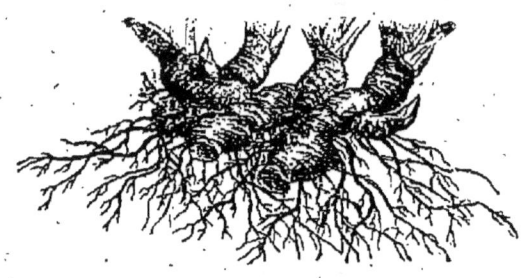

Fig. 218. — Rhizome d'Iris.

Le *bulbe* dont le type est l'Oignon est une tige courte

Fig. 219. — Tubercules (Pomme de terre).

Fig. 220. — Bulbe.

appelée *plateau* munie de racines et surmontée de feuilles charnues ou *écailles* (fig. 220).

Au point de vue de la durée, les tiges sont annuelles, bisannuelles ou vivaces. L'immense *Baobab*, le sombre *Cyprès* peuvent dépasser 3000 ans.

Épaississement des tiges ligneuses. — Les tiges ligneuses acquièrent souvent une épaisseur considérable. Les troncs des Chênes, des Châtaigniers, des Platanes, par exemple, peuvent mesurer, lorsqu'ils vivent longtemps, plusieurs mètres de circonférence. Une coupe en travers de la tige d'un Chêne présente de l'extérieur vers l'intérieur : l'*écorce*, une *zone de bois* et la *moelle* au centre (fig. 221).

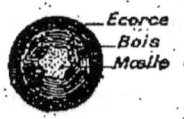

Fig. 221. Structure d'une tige jeune.

A la limite du bois, vers l'écorce, il existe une région appelée *assise génératrice* ou *Cambium* qui reste vivante pendant toute la vie de l'arbre et forme chaque année, du printemps à l'automne, une nouvelle couche de bois.

L'activité de cette assise génératrice, grande au printemps, se ralentit à l'approche de l'automne. Le bois de printemps est épais, mou et riche en eau. A ce moment l'écorce se sépare facilement des rameaux ; les enfants en profitent pour faire des sifflets, tandis que les horticulteurs choisissent de préférence

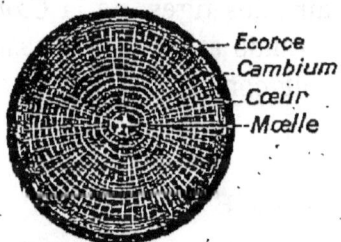

Fig. 222. — Structure d'une tige âgée ; cette tige ne renferme presque pas de moelle.

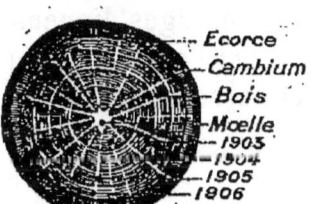

Fig. 223. — Couches successives de bois.

cette époque pour pratiquer l'opération de la greffe (page 169).

Le bois d'automne est peu développé, sec et compact. On peut facilement compter sur une section transversale de tige le nombre de couches annuelles et reconnaître approximativement l'âge d'un arbre (fig. 222 et 223).

Le bois le plus ancien, rejeté vers le centre, est de couleur foncée et très dur, il forme le *cœur* ; le bois le plus jeune, de couleur claire et moins compact, forme l'*aubier* (fig. 222).

La tige de certains arbres s'accroît encore en épaisseur par l'apparition dans l'écorce d'une couche de liège. Le liège se forme régulièrement tous les ans ; il constitue un revêtement protecteur.

Dans le Chêne-liège, il prend un tel développement qu'il fournit de larges plaques avec lesquelles on fait les bouchons et divers objets.

Les arbres comme les *Palmiers* (*Monocotylédones*), ne s'accroissent pas en épaisseur de la même manière.

Fonctions de la tige. — La tige, comme la racine, a des fonctions diverses. Elle soutient les rameaux et les feuilles : elle conduit la sève, elle se gorge parfois de matières nutritives et devient un organe précieux de réserves (*tubercules*). Elle respire et, quand elle est verte, elle peut assimiler le carbone de l'atmosphère.

La tige s'adapte à des rôles spéciaux : les jeunes rameaux d'Asperge remplacent les feuilles, ceux d'Aubépine se transforment en *épines*. Dans la Vigne, la Passiflore ils deviennent des *vrilles*.

Emploi des tiges. — L'Homme utilise pour son alimentation les tubercules de Pomme de terre et de Topinambour, et pour l'alimentation des animaux domestiques les tiges herbacées de beaucoup de plantes.

Les tiges de Chanvre, de Lin, d'Aloès, de Jute fournissent des fibres employées à la fabrication des tissus et des cordages. L'industrie retire le sucre ordinaire des tiges de la *Canne à sucre*. Les tiges ligneuses de nos grands arbres fournissent le bois dont l'emploi est si général, soit comme matériel de construction, soit comme chauffage.

RÉSUMÉ — LA TIGE

La tige se développe ordinairement dans l'atmosphère et s'allonge de bas en haut.
Elle porte les feuilles.

Aspect extérieur.
- BOURGEON TERMINAL. — Région d'accroissement.
- NŒUDS : insertion des feuilles et des bourgeons latéraux.
- ENTRE-NŒUDS.

CONSTITUTION ET ÉPAISSISSEMENT DES TIGES LIGNEUSES.
- Une tige coupée en travers présente de l'extérieur vers l'intérieur : l'*écorce*, le *bois*, la *moelle*.
- Entre le bois et l'écorce se trouve le *cambium*.
- Le cambium forme chaque année une nouvelle couche de bois. La tige s'accroît ainsi en épaisseur.

Diverses formes de tiges.
- AÉRIENNES.
  - Dressées.
    - Tronc. — *Chêne*.
    - Stipe. — *Palmier*.
    - Chaume. — *Blé*.
  - Grimpantes.
    - A crampons. — *Lierre*.
    - A vrilles. — *Pois*.
    - Volubiles. — *Houblon*.
  - Rampantes. — *Fraisier*.
- SOUTERRAINES.
  - Rhizomes — *Iris*.
  - Tubercules. — *Pomme de terre*.
  - Bulbes. — *Oignon*.

Durée des tiges.	Annuelles Bisannuelles. Vivaces.		
Fonctions.	Soutient les rameaux et les feuilles. Respire et transpire. Assimile le carbone de l'atmosphère si elle est verte. Conduit la sève. Renferme des réserves nutritives.		
Adaptations.	La tige se substitue aux feuilles. — *Asperge*. Se transforme en épine. — *Aubépine*. — vrille. — *Vigne, Passiflore*.		
Usages des tiges.	Tiges alimentaires. — *Pomme de terre*. — *Topinambour*.		
	Tiges industrielles.	Fibres. — *Chanvre, Lin*. Sucre. — *Canne à sucre*. Bois. — *Tous les grands arbres*.	

Manipulation :

Tige de Fenouil : *Dicotylédone*. — Faire une coupe transversale très mince dans une tige de Fenouil. Examiner successivement : l'*épiderme*, l'*écorce*, l'*endoderme*, les *faisceaux*, les *rayons médullaires*, la *moelle*.

Observer dans l'écorce les diverses formes de cellules.

Distinguer le liber et le bois et préciser la position du cambium.

Placer une coupe très mince dans l'eau de javel pendant quelques minutes et l'examiner après au microscope pour se rendre compte exactement de l'épaisseur des membranes et des particularités qu'elles présentent.

21ᵉ LEÇON

LA FEUILLE

Définition. — Les feuilles sont des organes verts, ordinairement aplatis, se développant sur la tige et sur les rameaux.

Aspect extérieur. — La racine et la tige ont leur diverses parties régulièrement disposées autour d'un axe ; *elles sont symétriques par rapport à un axe*. La feuille présente une face supérieure et une face inférieure ; *elle est symétrique par rapport à un plan*. Les feuilles en voie de formation sont emprisonnées dans un bourgeon terminal ou latéral. Elles s'y disposent diversement se plissant, s'enroulant, se recouvrant mutuellement pour occuper un moindre volume.

Les arbres des pays chauds et humides ont des bourgeons nus, ceux des plantes des pays tempérés et froids sont protégés par des écailles résineuses représentant des feuilles protectrices.

Ces écailles tombent au printemps, les jeunes feuilles s'allongent d'abord régulièrement, puis la face interne ou supérieure grandit plus rapidement que la face inférieure et la feuille s'étale horizontalement, offrant une grande surface à l'action de la lumière.

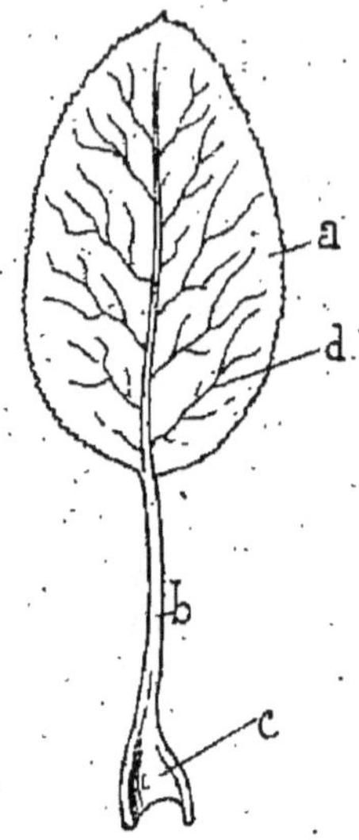

La feuille comprend une lame verte, aplatie, le *limbe*, réunie à la tige par une queue ou *pétiole*. Celui-ci s'ouvre parfois à la base pour former une *gaine* entourant la tige (fig. 224). Dans les feuilles de Platane et d'Angélique les trois parties : limbe, pétiole, gaine sont très développées.

La gaine est parfois remplacée par deux petites lames appelées *stipules* situées à la base du pétiole, l'une à droite, l'autre à gauche (*feuille de Mauve, de Rosier*) (fig. 225).

Fig. 224. — Feuille. *a*, limbe; *d*, nervures; *b*, pétiole; *c*, gaine.

Le limbe est la partie essentielle de la feuille ; il est parcouru par des *nervures*, prolongements du pétiole ramifié.

Les nervures sont disposées souvent en réseau dont les mailles sont occupées par le tissu vert.

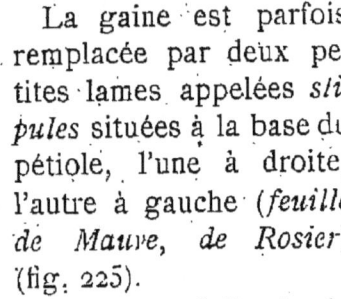

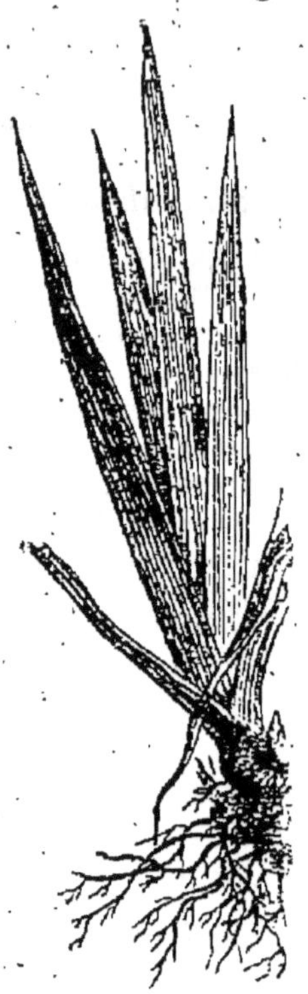

Fig. 225. — Feuille de Rosier avec les stipules, *st*.

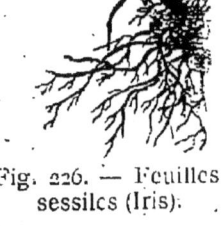

Fig. 226. — Feuilles sessiles (Iris).

Le pétiole peut manquer et la feuille est **sessile** (*Iris, Tabac, Fusain*) (fig. 226). Enfin, la gaine peut seule accompagner le limbe (*Blé*). Lorsque le limbe avorte, le pétiole le remplace ; il prend un aspect foliacé qui lui a valu le nom de *phyllode*.

Diverses formes de feuilles. — La forme des feuilles varie à l'infini. Quand le pétiole ne porte qu'un seul limbe la feuille est *simple* (*Platane, Orme*) (fig. 228). Quand il porte plusieurs limbes distincts, la feuille est *composée* (*Acacia*, *Marronnier*) (fig. 227).

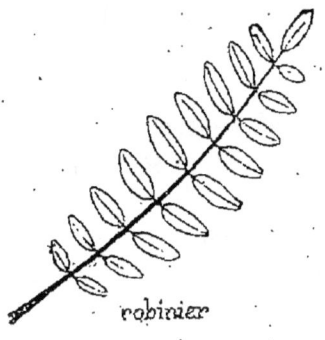

Fig. 227. — Feuille composée (*Robinier*).

Dans les feuilles simples et composées, le limbe présente des découpures plus ou moins profondes (fig. 228). Il peut être *denté* (*Orme*), *crénelé* (*Peuplier*), *lobé* (*Lierre*), etc.

Si les bords du limbe s'accroissent régulièrement la feuille reste *entière* (*Lilas*) (fig. 228).

Les aspects variés des feuilles sont dus encore à la disposition des nervures ou *nervation*.

Nervation. — La nervation est *pennée* quand le pétiole se

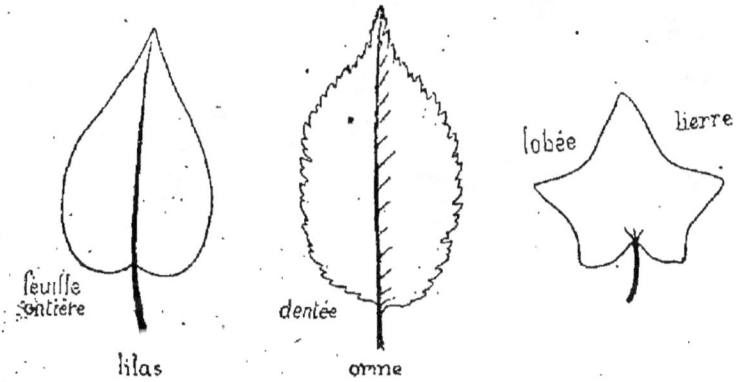

Fig. 228. — Feuilles simples; découpures du limbe.

prolonge par une nervure médiane ramifiée en plume d'oiseau (fig. 229, *Châtaignier*).

Elle est *palmée* si les nervures divergent toutes à partir du sommet du pétiole (*Mauve*, *Platane*, fig. 230).

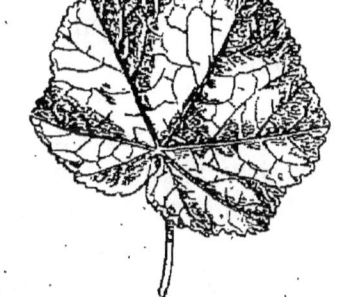

Fig. 229. — Feuille de Châtaignier.

Fig. 230. — Feuille de Mauve à nervures palmées.

Elle est *parallèle* si les nervures sont disposées parallèlement d'une extrémité de limbe à l'autre (Iris) (fig. 226).

Dans un certain nombre de plantes, *Pin, Sapin*, les feuilles très étroites n'ont qu'une seule nervure.

Disposition des feuilles sur la tige. — Les feuilles naissent sur la tige dans un ordre déterminé. Elles sont *isolées* ou *verticillées*. Dans le premier cas, chaque nœud ne porte qu'une feuille (*Tilleul, Bouleau*); dans le second plusieurs sont insérées à la même hauteur, c'est-à-dire, réunies par groupe au même nœud.

Quand le verticille ne comprend que deux feuilles placées aux

Fig. 231. — Feuilles opposées (Houblon).

Fig. 232. — Feuilles verticillées (Laurier-rose).

extrémités d'un même diamètre, elles sont *opposées* (fig. 231) (*Lilas, Lamier blanc, Houblon*). Mais le verticille peut être formé de trois feuilles (*Laurier-rose*) (fig. 232), de quatre feuilles (*Lysimaque*).

Modifications des feuilles. — La sécheresse, l'humidité, la lumière modifient la forme et la structure des feuilles. Dans les climats chauds et humides les plantes sont couvertes de feuilles larges, et très vertes. Dans les climats froids et secs les arbres ont des feuilles petites, coriaces, souvent réduites à des écailles ou transformées en épines.

Les cotylédons de la graine de toutes les plantes à fleurs sont des feuilles modifiées et les diverses parties d'une fleur sont des feuilles transformées en vue de la reproduction.

Durée des feuilles. — Les feuilles vivent moins longtemps que la tige qui les produit. La plupart des arbres de nos régions perdent leurs feuilles à l'approche de l'hiver et se couvrent de frondaisons nouvelles au printemps suivant.

Par exception, les *Pins*, les *Sapins*, les *Fusains*, le *Chêne vert* gardent les leurs toute l'année et méritent le nom d'*arbres toujours verts*.

Beaucoup de végétaux des pays chauds conservent, toute leur vie, une verte parure. Les feuilles ne tombent pas toutes à la fois ; à mesure que les anciennes se flétrissent de nouvelles apparaissent et le *végétal est toujours vert*.

Le Cerisier, par exemple, transporté dans un climat chaud reste toujours vert ; il en est de même de la *Vigne*. L'influence du froid sur la chute des feuilles est indiscutable.

Pendant les froids de l'hiver, les plantes sont incapables d'accomplir normalement toutes leurs fonctions ; elles s'engourdissent, hibernent, en quelque sorte comme la Marmotte, les Lézards : Elles respirent faiblement, transpirent peu, absorbent très peu de nourriture en se débarrassant des feuilles qui sont les organes actifs de la respiration, de la transpiration et de l'assimilation chlorophyllienne.

Fonctions des Feuilles. — Les feuilles, par leur grande surface totale et par la présence de la chlorophylle, sont les organes actifs de la *transpiration*, de la *respiration* et de *l'assimilation chlorophyllienne.*

Transpiration. — La transpiration est la fonction par laquelle les parties aériennes des plantes rejettent de la vapeur d'eau. Les feuilles transpirent ; on peut s'en rendre compte par des expériences simples.

Plaçons une plante verte en pot sous une cloche. Recouvrons le pot d'un verni imperméable et la terre d'une plaque de verre. Au bout de peu de temps on voit apparaître sur les parois de la cloche des gouttelettes d'eau provenant de la condensation de la vapeur d'eau exhalée par la plante.

Nous pouvons même apprécier avec assez d'exactitude le poids de la vapeur d'eau dégagée en un temps déterminé. Pour cela, reprenons notre pot, plaçons-le sur l'un des plateaux de la balance et établissons l'équilibre à l'aide de poids déposés sur l'autre plateau.

On remarque bientôt que l'équilibre est rompu en faveur du plateau qui porte les poids (fig. 233). Pour le rétablir, il faut ajouter une surcharge à côté du vase. Elle correspond au poids de la vapeur d'eau dégagée par la tige et surtout par les feuilles pendant la durée de l'expérience.

On a quelque peine à se représenter la quantité d'eau rejetée à l'état de vapeur par un grand arbre ou par un champ de Blé, par exemple. Les nombres suivants sont particulièrement édifiants.

Un Chêne portant **700000** feuilles perd en cinq mois *111225* kilogrammes d'eau. Un hectare planté en Blé perd pendant les trois mois de son développement 1250 mètres cubes d'eau.

On comprend facilement que les plantes dépérissent et meurent après une longue période de sécheresse.

Fig. 233. — Transpiration.
Balance sur laquelle on a placé un pied de *Bégonia*. On s'aperçoit que le plateau sur lequel il se trouve devient plus léger.

Aussi, les plantes des régions sèches n'ayant pas d'eau à leur disposition, celles des hautes montagnes ne pouvant absorber l'eau trop froide qui baigne leurs racines et celles des plages ne pouvant utiliser l'eau salée dont elles sont abondamment pourvues se modifient de la même manière pour transpirer le moins possible : elles ont des feuilles petites, coriaces, écailleuses ou épineuses et couvertes de poils ou de duvet.

La physionomie de la végétation d'un pays révèle dans une certaine mesure les conditions du climat.

La transpiration détermine constamment un appel d'eau de la racine vers les feuilles et contribue à la circulation de la sève brute.

Respiration. — Les plantes, comme les animaux, respirent nuit et jour. Elles absorbent de l'oxygène et rejettent de l'acide carbonique. La feuille est l'organe essentiel de la respiration. Si, dans l'obscurité, l'on met une plante sous une cloche à côté d'un vase rempli d'eau de chaux, celle-ci blanchit et se recouvre d'une légère couche de carbonate de chaux. La quantité des gaz absorbés et dégagés varie avec la température, l'âge de la plante, etc. Les échanges gazeux s'effectuent surtout par les *stomates* (fig. 234). Les stomates sont de petits orifices en forme de boutonnières. Ils existent surtout à la surface inférieure des feuilles : ces orifices, visibles seulement au microscope, sont très nombreux. Une feuille de Tilleul en porte un million environ.

Lorsqu'un végétal est privé d'air, il s'affaiblit et succombe après une résistance plus ou moins longue. Certains végétaux très petits et très simples (*Levure de bière*) paraissent se complaire dans un milieu privé d'air. Ils se procurent de l'oxygène en décomposant les substances qui en renferment.

Ces végétaux sont désignés sous le nom de *ferments*.

En respirant à leur manière ils produisent des *fermentations*. *La fermentation est un cas particulier de la respiration.*

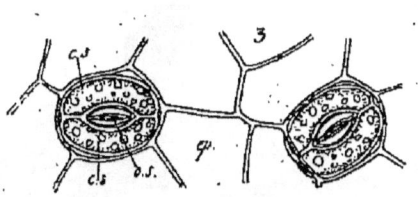

Fig. 234. — Stomates.
cs, cellules stomatiques; os, ostiole.

En 1850, un jeune savant démontra que les plantes respirent normalement à la lumière ainsi que dans l'obscurité, mais que la plante exposée au soleil est le siège d'un autre phénomène dû à la présence de la matière verte. Ce phénomène a reçu le nom de fonction chlorophyllienne.

Fonction chlorophyllienne ou Assimilation chlorophyllienne. — La chlorophylle est la matière verte qui donne à la plupart des végétaux leur coloration. Elle est localisée sur de petits corps appelés *corps chlorophylliens*. On les aperçoit très nettement lorsqu'on examine au microscope une feuille de Mousse.

Les Champignons et quelques plantes parasites n'en renferment pas.

Une plante verte exposée à la lumière solaire dégage de l'oxygène et absorbe une quantité à peu près égale d'acide carbonique. Pour rendre sensible au regard le dégagement d'oxygène il suffit de mettre dans une éprouvette pleine d'eau quelques rameaux garnis de feuilles vertes ou mieux encore des filaments d'Algues d'eau douce. On retourne l'éprouvette sur un cristallisoir contenant de l'eau et on l'expose au soleil. Il se dégage immédiatement des bulles de gaz qui se rassemblent au sommet du récipient. Le dégagement est plus abondant si l'on a soin d'ajouter au liquide de l'eau chargée d'acide carbonique (*eau de seltz*). Le gaz dégagé est de l'oxygène, et il ne reste plus d'acide carbonique dans l'eau (fig. 235).

Le dégagement d'oxygène est faible à l'ombre, il est nul à l'obscurité.

Les plantes vertes purifient l'air. Dans les villes on établit de grands jardins, on cultive des arbres sur les boulevards et sur les promenades pour débarrasser l'atmosphère de l'excès de l'acide carbonique provenant de la respiration et des combustions.

La plante, grâce à la *lumière solaire* et à la *chlorophylle* qui a la propriété d'absorber certaines radiations, décompose totalement ou partiellement l'acide carbonique en ses éléments : *carbone* et *oxygène*. L'oxygène se dégage et le carbone se combine dans les cellules avec les éléments de l'eau, l'Hydrogène et l'Oxygène, pour faire des corps ternaires, renfermant du *Carbone*, de *l'Hydrogène*, de *l'Oxygène* comme l'amidon, le sucre, les matières grasses. D'autre part, l'azote provenant des nitrates et des composés ammoniacaux puisés dans le sol par les racines se combine, dans la feuille, avec les substances ternaires pour former des matières quaternaires, renfermant du *carbone*, de *l'hydrogène*, de *l'oxygène* et de *l'azote*. D'autres corps, tels que le *fer*, le *soufre*, le *phosphore*, etc., s'ajoutent aux précédents et ainsi, se fait la *synthèse* de toutes les *substances organiques*.

Fig. 235. — Fonction chlorophyllienne. Éprouvette renfermant un rameau vert, exposée au soleil, pour montrer que les feuilles dégagent de l'oxygène et absorbent de l'acide carbonique.

Réserves. — Les produits de cette synthèse qui ne sont pas immédiatement utilisés par la plante sont mis en *réserve* et consommés la nuit ou à diverses époques de la végétation.

Les principales réserves sont : *l'amidon* (Céréales, Pomme de terre), le *sucre* (Canne à sucre, Betterave), *les huiles* (Lin, Colza, Noix).

Les réserves, au moment de leur utilisation, sont dissoutes et assimilées. Certaines d'entre elles sont localisées pour toujours ou rejetées au dehors, telles sont les *essences* et les *résines*.

Feuilles utiles. — Beaucoup de feuilles sont utilisées pour l'alimentation, telles que les feuilles de Chou, d'Épinard, de Chicorée, de Laitue, etc.

D'autres comme celles de Menthe, de Thé, de Bourrache, etc., sont employées en infusion.

RÉSUMÉ — LA FEUILLE

Définition. — Les feuilles sont des organes verts, ordinairement aplatis se développant sur la tige et sur les rameaux.

La feuille a une *symétrie bilatérale* { face supérieure. / face inférieure.

DÉVELOPPEMENT et ASPECT EXTÉRIEUR.
- Dans le bourgeon, où elles sont emprisonnées dès le début, elles se plissent, s'enroulent, se recouvrent mutuellement pour occuper un moindre volume.
- *Diverses parties.*
  - LIMBE. { Partie essentielle. / Tissu chlorophyllien. / Nervures.
  - PÉTIOLE. { Manque parfois, la feuille est dite sessile.
  - GAINE... STIPULES. } Manquent souvent.
  - Lorsque le limbe avorte, le pétiole le remplace il prend un aspect foliacé. — *Phyllode.*

DIVERSES FORMES DES FEUILLES.
- *Feuilles simples.*
  - *Entières* : *Lilas.*
  - *Découpées.* { Dentée. — *Orme.* / Crénelée. — *Peuplier.* / Lobée. — *Érable*, etc.
- *Feuilles composées.* — *Rosier, Trèfle.*

Nervation. — Simples ou composées, les feuilles ont une nervation { *pennée.* / *palmée.* / *parallèle*, etc.

DISPOSITION DES FEUILLES SUR LA TIGE.
- *Isolées.* — *Tilleul, Bouleau.*
- *Verticillées.* { Par 2 : opposées. *Lilas.* / Par 3 : *Laurier-rose.* / Par 4 : *Lysimaque.*

Adaptations.
- Écailles.
- Épines.
- Poils.
- Cotylédons : feuilles nourricières.
- Fleurs.

Durée des feuilles.
- Les feuilles vivent moins longtemps que la tige qui les porte.
- Dans les pays tempérés et froids, elles tombent habituellement à l'approche de l'hiver.
- Dans les pays chauds, elles ne tombent pas toutes à la fois. Les arbres sont toujours verts.

BOTANIQUE.

Fonctions. { La feuille transpire.
— respire.
— assimile le carbone de l'atmosphère : fonction chlorophyllienne.

Les Thallophytes : Algues et Champignons n'ont pas de feuilles.

Manipulation :

Étude morphologique de la feuille. — *Feuille simple* : (Peuplier). *Symétrie bilatérale* : face dorsale et ventrale. Pétiole et limbe. Nervures.

Feuille de graminée (Blé) : gaine et limbe, ligule.

Feuilles de Fraisier et de Gesse : stipules.

Examiner des feuilles dentées (*Orme*), lobées (*Érable*), partites (*Chanvre*).

Feuilles composées : feuille composée pennée (*Rosier*) et feuille composée palmée (*Trèfle*).

Suivre certaines modifications des feuilles : écailles du bulbe d'Oignon, cotylédons de la graine de Haricot, vrilles du Pois, écailles du bourgeon de Marronnier, etc.

22ᵉ LEÇON

DE LA NUTRITION DES VÉGÉTAUX

Il résulte de l'analyse chimique d'un grand nombre de végétaux qu'une douzaine de corps simples entrent dans leur composition. Certains de ces corps sont essentiels, d'autres sont utiles.

Corps essentiels :	*Corps utiles :*
Le Carbone,	Le Fer,
l'Hydrogène,	le Calcium,
l'Oxygène,	le Potassium,
l'Azote,	le Chlore,
le Soufre,	le Silicium,
le Phosphore.	le Manganèse.

Les racines puisent dans le sol des carbonates, des phosphates, des nitrates, des sels ammoniacaux dissous dans l'eau (*sève brute*).

Les tiges, les feuilles puisent dans l'atmosphère l'oxygène (*Respiration*) et le carbone (*assimilation chlorophyllienne*).

Dans la feuille, véritable laboratoire de la plante, le carbone de l'atmosphère, l'hydrogène et l'oxygène de l'eau, l'azote des nitrates, le soufre des sulfates, le phosphore des phosphates, etc., se combinent diversement constituant la *sève élaborée*. Seules, les plantes vertes ont le privilège d'assimiler le carbone de l'atmosphère.

Les plantes sans chlorophylle n'ayant pas le même pouvoir se nourrissent de matières organiques en putréfaction ou vivent en parasites dans le corps des plantes vertes et des animaux.

Ces derniers n'empruntent au règne minéral que l'eau et quelques sels. En effet, les animaux herbivores se nourrissent exclusivement de végétaux et les animaux carnivores dévorent les animaux herbivores. En fin de compte, les animaux, quel que soit leur régime alimentaire, vivent aux dépens des matières construites de toutes pièces par les végétaux.

Ils rejettent de l'acide carbonique, de la vapeur d'eau, de l'urée, etc., que les plantes utilisent pour faire la synthèse des matières organiques.

Toutes ces transformations s'accomplissent grâce à la *chlorophylle* et au *soleil*.

MULTIPLICATION DES PLANTES

La plante se nourrit et sa taille augmente; *la croissance est la conséquence immédiate de la nutrition*.

La taille ne peut dépasser une certaine limite, lorsqu'elle est atteinte, la plante dépérit et meurt.

Cependant, certains végétaux ont la faculté de séparer de leur corps des parties qui mises en terre se nourrissent et s'accroissent pour reproduire un végétal semblable à celui dont elles proviennent. On donne à ce phénomène le nom de multiplication végétative.

Ainsi, un pied de Fraisier développe des tiges rampantes donnant naissance à chaque nœud à des feuilles et à des racines adventives. Si on le laisse croître en liberté dans un jardin il ne tarde pas à occuper un grand espace.

Dans la tige souterraine de Pomme de terre on voit se former pendant l'été plusieurs renflements ou *tubercules*. Au printemps suivant ces tubercules, véritables fragments de tige, produiront de nouvelles plantes.

Le Fraisier nous offre un exemple de *marcottage naturel*, la Pomme de terre un exemple de *bouturage naturel*.

Les horticulteurs imitent la nature; ils multiplient et conservent indéfiniment certaines espèces par *marcottes* et *boutures*.

Le marcottage consiste à enterrer les rameaux qui doivent donner de nouvelles plantes, sans les séparer de la plante mère (fig. 236).

Les branches recouvertes de terre développent des racines adventives, ces branches sont coupées et plus tard on obtient autant de pieds distincts qu'on avait de rameaux enterrés. On marcotte la Vigne et beaucoup d'arbres fruitiers.

Quand on détache une partie de plante avant qu'elle ait acquis des racines adventives on a une bouture. On multiplie la *Pomme*

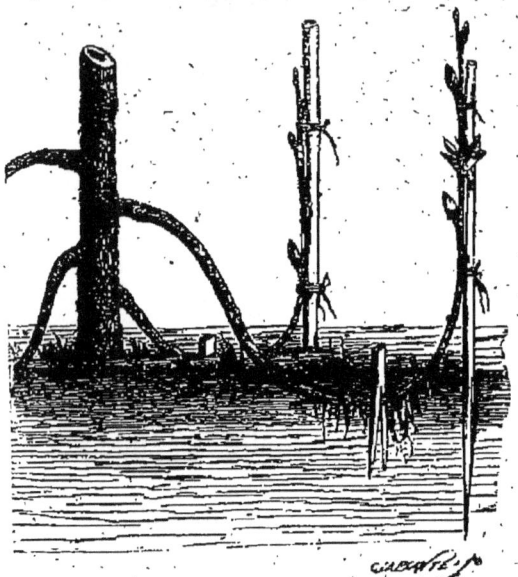

Fig. 236. — Marcottage.

Fig. 237. — Greffe en écusson. On aperçoit à gauche la tige sur laquelle on réalise la greffe; au milieu se trouve le bourgeon que l'on veut greffer; à droite la greffe est réalisée.

de terre, le *Topinambour*, le *Géranium*, le *Bégonia*, le *Saule* à l'aide de boutures. Les fragments de *gousse d'Ail*, les *bulbes d'Oignon* sont autant de boutures utilisées par les horticulteurs.

La *Greffe* est une opération qui consiste à transporter un fragment de plante, ou *greffon*, sur un autre végétal appelé sujet, aux dépens duquel il vivra. Cette opération se pratique habituellement au printemps ou à la fin de l'été, c'est-à-dire, quand la sève est très abondante. Pour qu'elle réussisse, il faut que le Greffon soit de même espèce que le sujet ou d'une espèce voisine. Le Poirier, par exemple, se greffe bien sur le Cognassier, l'Aubépine et le Cormier.

On peut greffer suivant plusieurs procédés : *Greffe en fente*, *greffe en écusson*, etc. Dans la greffe en écusson (fig. 237), le greffon est un simple bourgeon.

RÉSUMÉ. — L'analyse élémentaire d'un grand nombre de végétaux démontre qu'une douzaine de corps simples entrent dans leur composition. Ce sont : C, O, H, Az, S, P, Cl, K, Na, Ca, Fe, Mn, Si, etc.

Les plantes trouvent ces corps simples dans le sol, dans l'eau et dans l'air, mais ils ne peuvent être absorbés qu'à l'état *liquide* ou *gazeux*.

Les racines puisent dans le sol les carbonates, les phosphates, les sels ammoniacaux et les nitrates dissous dans l'eau. Ils constituent la sève brute.

Les tiges, les feuilles puisent dans l'atmosphère l'oxygène (respiration) et le carbone (assimilation chlorophyllienne).

Dans la feuille, véritable laboratoire de la plante, le carbone, l'oxygène et l'hydrogène de l'eau, l'azote des nitrates, le soufre des sulfates, le phosphore des phosphates se combinent diversement constituant la sève élaborée.

Les Plantes sans chlorophylle sont nécessairement *saprophytes* ou *parasites*.

Multiplication des végétaux. — La plante se nourrit et sa taille augmente sans jamais dépasser une certaine limite. Lorsque cette limite est atteinte la plante dépérit et meurt. Quelques végétaux ont la faculté de séparer de leur corps des parties qui mises en terre se nourrissent et s'accroissent pour reproduire un végétal semblable à celui dont elles proviennent. On a donné à ce phénomène le nom de multiplication végétative.

Les Horticulteurs par les opérations du bouturage et du marcottage, conservent indéfiniment certaines espèces. Ils en améliorent d'autres par la greffe.

ORGANES DE REPRODUCTION

23ᵉ LEÇON

LA FLEUR

Parmi les bourgeons qui apparaissent sur la tige les uns donnent des feuilles vertes, normales, d'autres produisent des fleurs. La *fleur*, malgré son apparence souvent trompeuse, représente un ensemble de feuilles modifiées en vue de la *reproduction*. Au lieu de nourrir la plante, comme les feuilles végétatives, les fleurs doivent la reproduire, c'est-à-dire conserver indéfiniment sa *race*, son *espèce*.

Une fleur (fig. 238) est habituellement portée par un petit

Fig. 238. — Rameau fleuri d'Œillet.

Fig. 239. — Fleurs solitaires (*Violette*).

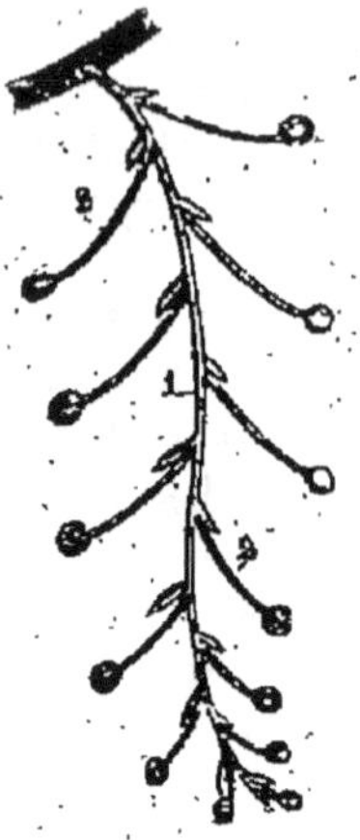

Fig. 240. — Grappe simple.

rameau ou **pédoncule** situé à l'aisselle d'une petite feuille nommée **bractée**. Quand le pédoncule manque la fleur repose directement sur le rameau, elle est dite *sessile*.

Le mode de groupement des fleurs sur la tige se nomme inflorescence.

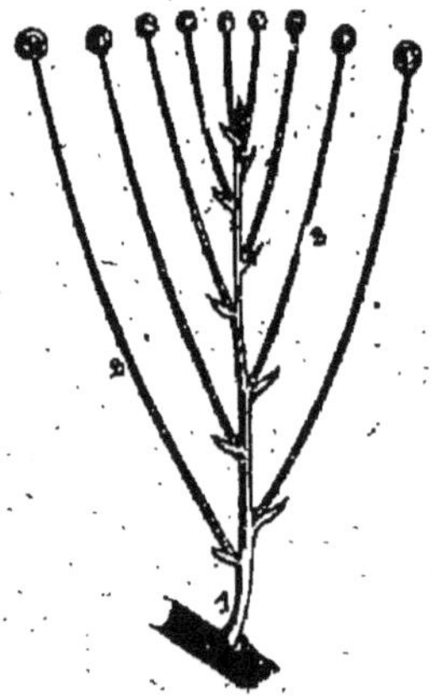

Inflorescences. — L'inflorescence est *solitaire* lorsque le pédoncule est terminé par une seule fleur (*Violette*) (fig. 239).

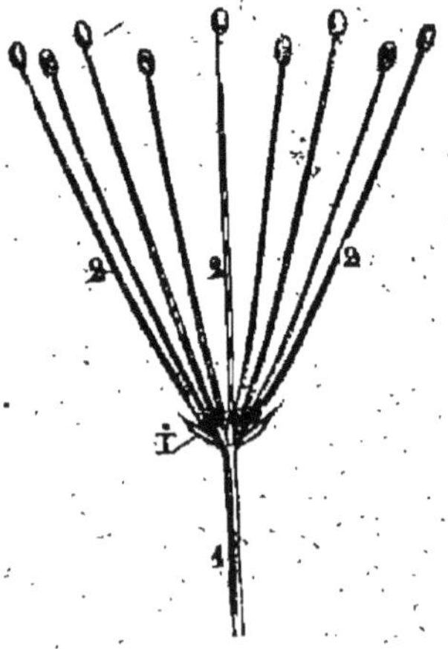

Fig. 241. — Corymbe.

Fig. 242. — Ombelle.

L'Inflorescence est *groupée* quand le pédoncule ramifié porte plusieurs fleurs. Elle reçoit alors le nom de *grappe* ou de *Cyme*.

Dans la grappe, le support de l'inflorescence n'étant pas terminé par une fleur, mais par un bourgeon ordinaire, peut s'accroître et produire des pédoncules secondaires terminés chacun par une fleur. Si ces nouveaux pédoncules diminuent progressivement de longueur de la base au sommet, on a une grappe proprement dite (*Groseillier, Vigne*) (fig. 240).

S'ils sont de même longueur et placés à différents niveaux, ils forment un *corymbe* (*Cerisier*) (fig. 241), mais s'ils prennent naissance à la même hauteur, c'est une *ombelle* (*Carotte*) (fig. 242).

Dans l'*épi*, les pédoncules floraux sont très

Fig. 244. — Capitule.

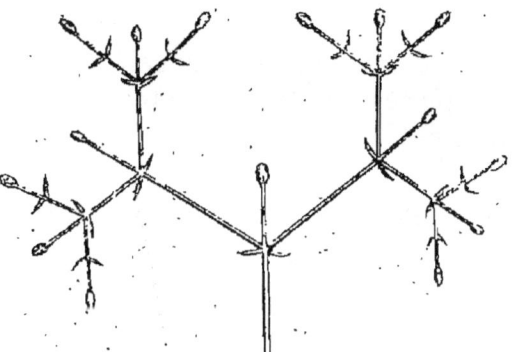

Fig. 243. — Epi.   Fig. 245. — Cyme.

courts (*Blé*) (fig. 243), ils sont nuls dans le *capitule* (*Marguerite*) (fig. 244).

La *cyme* est une inflorescence dont l'axe terminé par une fleur ne peut plus s'allonger (*Centaurée*) (fig. 245).

Diverses parties de la fleur. — Dans la *Giroflée*, par exemple, l'inflorescence est une grappe. Examinons une fleur. Nous apercevons à la base quatre lames vertes, les *sépales* formant une première enveloppe nommée *calice* (fig. 246). A l'intérieur, alternant avec les sépales, il existe quatre pièces colorées, bien développées, ce sont les *pétales*, dont l'ensemble constitue une seconde enveloppe, appelée *corolle* (fig. 247).

Plus près du centre, nous trouvons six bâtonnets terminés par une masse jaune, ce sont les *étamines* disposées en cercle. Elles représentent l'*androcée* (fig. 248).

Enfin, au centre, il existe une colonne verte se continuant par un petit étranglement surmonté d'une partie renflée, c'est le *pistil*. Coupons transversalement cette colonne, nous constatons qu'elle est creusée de deux cavités séparées par une cloison. Chacune d'elles correspond à un *carpelle* (fig. 249).

Les fleurs comprenant comme la Giroflée un calice, une corolle, un androcée et un pistil, c'est-à-dire quatre *verticilles* sont des

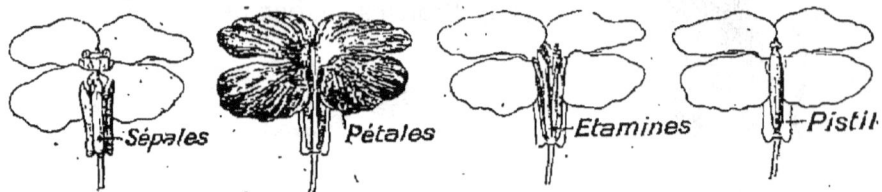

Fig. 246-247-248-249. — La fleur de Giroflée.
4 sépales ; 4 pétales ; 6 étamines ; 2 carpelles (*pistil*).

fleurs complètes. Le calice, la corolle, l'androcée et le pistil sont placés sur le réceptable ou extrémité élargie du pédicelle floral.

Diagramme floral et formule florale. — En regardant la fleur de Giroflée par en haut on aperçoit fort bien les pétales alternant avec les sépales ; les étamines alternant avec les pétales, etc. Cette disposition peut être représentée par un schéma (fig. 250) appelé diagramme floral.

On peut même ajouter au diagramme la formule florale toujours facile à établir. Nous avons compté 4 sépales, 4 pétales, 6 étamines, 2 carpelles.

Formule florale de la fleur de Giroflée $= 4S + 4P + 6E + 2C$.

Fig. 250. — Diagramme de Giroflée.

Symétrie florale. — La fleur de Giroflée est *régulière*, les sépales sont égaux entre eux ainsi que les pétales. Ils sont disposés autour d'un centre comme les rayons d'une roue autour du moyeu. On peut la diviser en deux parties égales par une infinité de plans. Les fleurs de Lis, d'Œillet, de Coquelicot, de Lin, de Fraisier, etc., sont régulières ; *elles ont plusieurs plans de symétrie*.

Pour diviser les fleurs de Haricot, de Muflier, d'Orchis (fig. 251) en deux parties égales on ne peut suivre qu'une direction. Ces fleurs sont *régulières avec un seul plan de symétrie*. Seules, sont *irrégulières*, les fleurs qui ne peuvent être partagées en deux moitiés, comme la fleur de *Valériane*, de *Bananier*.

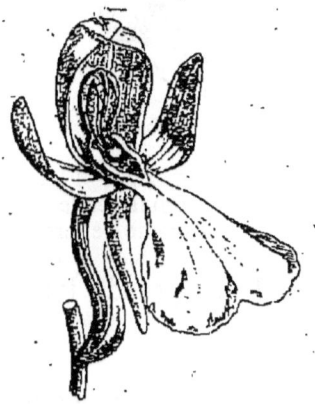

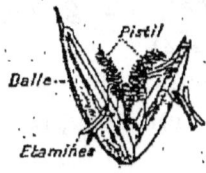

Fig. 251. — Fleur d'Orchis.   Fig. 252. Fleur nue (Blé).

Fleurs complètes et fleurs incomplètes. — Le calice et la corolle sont deux enveloppes protectrices. Elles peuvent manquer, dans ce cas, la fleur est nue (*Blé*) (fig. 252) quelquefois le calice existe seul (*Anémone*).

Les étamines et les carpelles sont les organes essentiels de la fleur. Ils sont ordinairement réunis dans la même fleur (*fleur hermaphrodite*), mais parfois ils se séparent et la fleur ne renfermant que des étamines ou des carpelles est *unisexuée*.

Les *plantes monoïques* (*Chêne, Châtaignier*) portent à la fois des fleurs à étamines (fleurs mâles) et des fleurs à pistil (fleurs femelles).

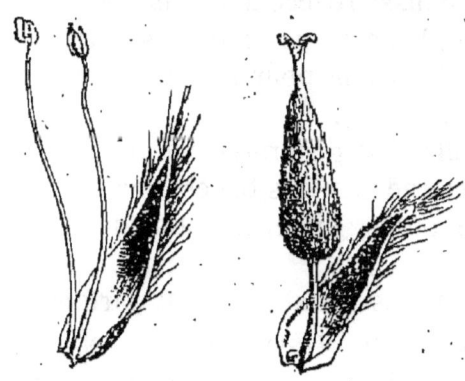

Fig. 253.
Fleur mâle et fleur femelle de Saule.
Le Saule est une plante dioïque.

Tandis que les *plantes dioïques* ne portent que des fleurs mâles ou des fleurs femelles. Le *Chanvre*, le *Saule*, le *Peuplier* sont dioïques (fig. 253).

Plantes sans fleurs. — Les Fougères, les Mousses, les Algues, les Champignons qui forment le grand groupe des *Cryptogames* sont des plantes sans fleurs.

Ces plantes se reproduisent à l'aide de petits corps appelés *spores* (page 186).

Calice et Corolle. — Le calice et la corolle souvent réunis sous la dénomination de *périanthe* peuvent être formés de pièces libres ou soudées.

Lorsque les sépales sont libres, le calice est *dialysépale* (*Giroflée*).

Lorsque les sépales sont soudés le calice est *Gamosépale* (*Consoude*).

Pour des raisons analogues la corolle est *dialypétale* (*Giroflée*) ou *gamopétale* (*Pomme de terre*) (fig. 254).

Fig. 254. — Fleur gamopétale : Pomme de terre.

La forme et la disposition des pétales ont une grande importance pour la détermination des plantes.

Androcée. — L'androcée d'une fleur est l'ensemble des étamines. L'étamine est l'organe mâle de la fleur ; elle est composée d'un *filet* terminé par l'*anthère* (fig. 255).

Celle-ci est creusée de quatre loges parfois réduites à deux, ce sont les *sacs polliniques*, renfermant le *pollen* ou poussière fécondante jaune. Lorsque l'anthère est mûre, les sacs polliniques s'ouvrent par une fente ou par des trous pour laisser échapper les grains de pollen (fig. 259).

Un grain de pollen est généralement enveloppé de 2 membranes, l'externe inextensible est munie d'épaississements et de pores, l'interne est mince et élastique.

Fig. 255. Étamine.

Le nombre des étamines est très variable. Il est parfois égal à celui des pétales (Lin, Carotte), il en est souvent un multiple (Lis, Fraisier).

Elles sont égales (*Lin*) ou inégales (*Giroflée*), libres (*Giroflée*) ou soudées (*Marguerite*), simples (*Rose*) ou ramifiées (*Millepertuis*) (fig. 256).

Pistil. — Le pistil ou gynécée est l'organe femelle de la fleur.

Il est formé d'une ou plusieurs feuilles modifiées appelées carpelles.

Fig. 256. — Fleur de Millepertuis montrant les étamines ramifiées.

Chaque carpelle comprend trois parties : l'*ovaire* à la base, sorte de petit sac contenant les *ovules* ou futures graines, le *style*, partie plus ou moins allongée, surmontant l'ovaire et le *stigmate* correspondant à l'extrémité du style aplatie et couverte de papilles visqueuses (fig. 257).

Les Carpelles peuvent être libres (*Ancolie*) mais le plus souvent ils sont accolés soit simplement par l'ovaire (*Hellébore*) soit par l'ovaire et le style de manière à ne constituer qu'une seule masse. L'ovaire d'un pistil formé de plusieurs carpelles soudés renferme ordinairement autant de loges que de feuilles carpellaires.

Les ovules sont portés par le bord des carpelles ou par une saillie de la face interne.

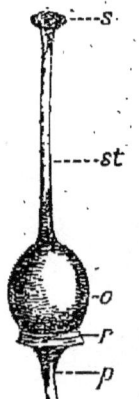

Fig. 257. Pistil.
s, stigmate ;
st, style ;
o, ovaire ;
r, réceptacle ;
p, pédoncule.

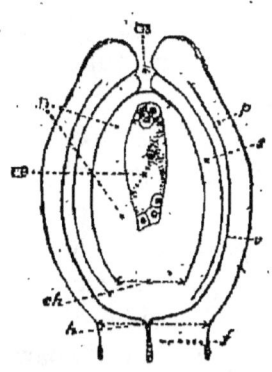

Fig. 258. — Ovule. — Le nucelle, n ; les téguments, p et s ; le hile, h ; le funicule, f.

Ovule. — Les ovules (fig. 258) se développent aux dépens de la face interne des carpelles, la région qui les porte et les nourrit est le *placenta*.

Ils sont réunis au placenta par un cordon appelé *funicule*. Un ovule est formé par une masse centrale, le *nucelle*, entourée souvent de deux membranes laissant entre elles un petit orifice, le *micropyle*.

Quand l'ovule est mûr, on trouve dans le nucelle une grande cellule appelée *sac embryonnaire* renfermant plusieurs noyaux. L'un d'eux, situé au sommet du nucelle, au voisinage du micropyle, devient le centre de la cellule femelle ou *oosphère*.

Fonction de la fleur. Fécondation. — La fonction essentielle de la fleur est la *fécondation* ou union du contenu du grain de pollen avec l'oosphère concourant à la formation de l'œuf (fig. 259).

L'accomplissement de ce phénomène fondamental comprend : la *pollinisation* et la *germination du grain de pollen*.

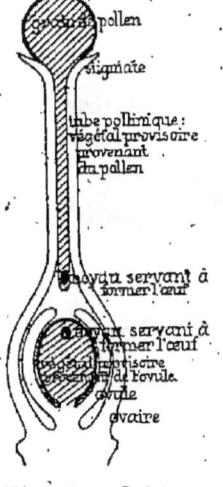

Fig. 259.—Schéma de la fécondation.

Pollinisation. — Lorsque l'anthère est arrivée à maturité, elle s'ouvre et les grains de pollen sont mis en liberté. Ils tombent directement sur le stigmate de la même fleur ou ils sont transportés par les Insectes et le vent sur d'autres fleurs.

Dans le premier cas la *pollinisation est directe*, dans le second elle est *indirecte*.

Germination du grain de pollen.

Les grains de pollen sont retenus par des papilles du stigmate et germent rapidement.

La membrane externe inextensible se rompt et la membrane interne fournit un long tube appelé *tube pollinique* (fig. 260).

Ce tube traverse le style grâce à la présence d'un tissu spécial, le tissu conducteur, et arrive dans l'ovaire au contact d'un ovule. L'extrémité du tube pollinique pénètre par le micropyle et s'applique contre la paroi du sac embryonnaire au voisinage de l'oosphère.

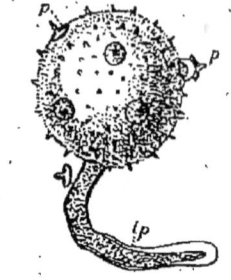

Fig. 260.
Germination du grain de pollen.

Bientôt, la membrane de séparation disparaît et l'un des noyaux du tube vient se fusionner avec l'oosphère, désormais celle-ci est un *œuf*.

Après la fécondation le calice, la corolle, les étamines se flétrissent. Les horticulteurs le savent si bien qu'ils la retardent ou l'empêchent pour conserver longtemps éclatantes les fleurs destinées à la décoration. Les fleurs d'Orchidées sont longtemps belles dans nos pays, parce que la pollinisation ne peut pas se produire.

Œuf; ses transformations.

Après la fécondation, l'œuf subit une série de transformations qui aboutissent à la constitution d'un *embryon*. Celui-ci est une plante en miniature formé par la *radicule*, la *tigelle*, la *gemmule* ou bourgeon terminal et par un ou deux *cotylédons* (fig. 261).

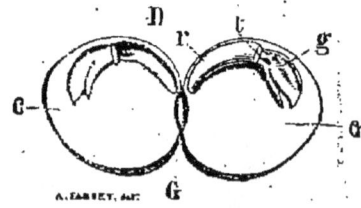

Fig. 261. — Graine de Pois. — r, radicule ; t, tigelle ; g, gemmule ; c, cotylédons.

La radicule est toujours orientée vers le micropyle. Pendant que l'œuf se transforme, le *sac embryonnaire* s'agrandit aux dépens du nucelle et se remplit d'un tissu nourricier, *l'albumen* qui entoure et protège l'embryon. De plus, le tégument externe de l'ovule persiste seul et se dédouble ordinairement pour entourer l'albumen-

L'ovule est devenu une *graine*.

En même temps l'ovaire tout entier se transforme en *fruit*.

Emploi des fleurs. — Les inflorescences de Chou-fleur, les bourgeons floraux du Giroflier, le réceptacle et les bractées de l'Artichaut sont utilisés comme aliments. La Rose, le Jasmin, l'Héliotrope, le Géranium, l'Oranger, le Mimosa, la Violette, etc., fournissent des essences utilisées en parfumerie. Les fleurs de Safran, de Carthame, renferment des matières colorantes.

RÉSUMÉ — LA FLEUR

DÉFINITION. — La fleur est un ensemble de feuilles modifiées en vue de la reproduction.

La fleur est portée par un *pédoncule* situé à l'aisselle d'une *bractée*. Quand le pédoncule manque la fleur est sessile.

Inflorescence.
- SOLITAIRE. — *Violette*.
- Groupée.
  - *Grappe*.
    - Grappe proprement dite. { Simple. / Composée. — *Vigne*.
    - Corymbe. — *Cerisier*.
    - Ombelle. — *Carotte*.
    - Épi. — *Blé*.
    - Capitule. — *Marguerite*.
  - Cyme. — *Centaurée*.

Diverses parties de la fleur.

Fleur complète.
- CALICE. — *Sépales*. { Calice dialysépale. / Calice gamosépale. } ⎫
- COROLLE. — *Pétales*. { Corolle dialypétale. / Corolle gamopétale. } ⎬ Périanthe.
- ANDROCÉE. — *Étamines*. { Filet. / Anthère. — Pollen. / Connectif. }
- GYNÉCÉE OU PISTIL. — *Carpelles*.
  - Ovaire. — Ovule. { Tégument. / Micropyle. / Nucelle. / Sac embryonnaire. / Oosphère. }
  - Style.
  - Stigmate.

Fleur incomplète.
- Fleur à une seule enveloppe protectrice. — *Anémone*.
- Fleur nue. — *Blé*.
- Fleur unisexuée. { Mâle. / Femelle.
- Plante. { *Dioïque*. — Saule. / *Monoïque*. — Chêne.

BOTANIQUE. 179

Symétrie florale. { Fleur régulière. — *Giroflée.*
{ Fleur irrégulière. — *Valériane.*

Diagramme floral. — Formule florale.

Fonction de la fleur : fécondation.
- Pollinisation.
  - Directe.
  - Indirecte. { Vent. Insectes, etc.
- Germination du grain de pollen.
  - Tube pollinique.
  - Noyaux du tube pollinique.
  - Fusion d'un noyau du tube pollinique avec l'oosphère : œuf.

Œuf. Embryon. Graine. Fruit.
- Après la fécondation l'œuf subit une série de transformations qui aboutissent à la constitution d'un embryon.
- Embryon. { Radicule. Tigelle. — Un ou deux cotylédons. Gemmule.
- Sac embryonnaire. — *Albumen.*
- L'ovule devient une graine.
- L'ovaire devient un fruit.

Manipulation :

Étude morphologique de la fleur. — Prendre un rameau fleuri de Giroflée.

1° En définir l'inflorescence.

2° Prendre une fleur et l'analyser ; enlever successivement les 4 sépales (calice), les 4 pétales en croix (corolle), les 6 étamines (androcée), examiner le pistil.

3° Prendre une seconde fleur pour étudier les étamines : filet, anthère et connectif. Regarder à la loupe ou au microscope les grains de pollen.

4° Faire une coupe transversale de l'ovaire après avoir remarqué le style et les stigmates. Distinguer les 2 carpelles et si possible les ovules ou futures graines.

5° Dessiner le diagramme et établir la formule florale.

24ᵉ LEÇON

FRUIT

Le fruit renferme une ou plusieurs graines.

Les parois de l'ovaire plus ou moins modifiées deviennent les parois du fruit ou *péricarpe*.

D'après la nature du péricarpe on divise les fruits en *fruits charnus* et *fruits secs*.

Les fruits charnus ont un péricarpe épais, succulent. S'il est entièrement charnu on lui donne le nom de *baie* (Raisin, Groseille, Datte). Mais le péricarpe ne reste pas toujours homogène et la région interne entourant immédiatement la graine se transforme souvent en un tissu dur, résistant formant le noyau. On le nomme *drupe* (Cerise, Pêche, Prune) (fig. 262 et 263).

Les *fruits secs* ont comme leur nom l'indique des parois minces ordinairement coriaces.

Certains ne renferment qu'une seule graine et ne s'ouvrent pas quand ils sont mûrs, ils sont *indéhiscents*; ce sont des *akènes* (fig. 264), comme

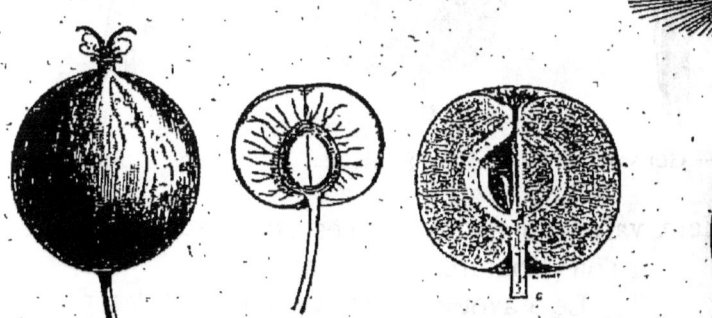

Fig. 262. — Baie.   Fig. 263. — Drupe.   Fig. 264. — Akène.

les fruits de *Renoncule*, d'*Anémone*, de *Chêne*, de *Marguerite*, etc.

Le Blé est un akène dont la graine est entièrement soudée au péricarpe, on l'appelle *caryopse* (fig. 265).

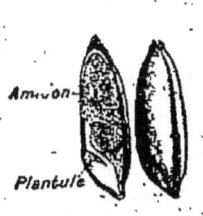

Fig. 265.
Grain de Blé
(Caryopse).

Fig. 266. — Pyxide.

L'Orme, le Bouleau, le Frêne, l'Ailante produisent des akènes ailés ou *samares*.

La plupart des fruits secs et à plusieurs graines sont déhiscents; ils s'ouvrent quand ils sont mûrs.

On les nomme **capsules**. Les capsules s'ouvrent suivant des modes très variés ; la *pyxide* (fig. 266), s'ouvre en travers (Mouron).

La *gousse* (fig. 267), présente deux fentes parallèles séparant deux valves latérales (Pois, Haricots), le *follicule* (fig. 268), s'ouvre par une seule fente (Pivoine), la *silique* (fig. 269), se

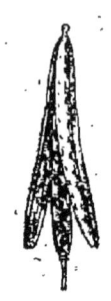

Fig. 267. — Gousse.   Fig. 268. — Follicule.   Fig. 269. — Silique.

sépare en deux valves, mais les graines sont fixées à une cloison (Moutarde, Cresson).

Le Pavot est une capsule dont les graines s'échappent par des trous.

A côté de ces fruits faciles à définir, il en existe d'autres de nature fort complexe.

La *Fraise* est une réunion d'akènes portés par un réceptacle charnu.

La *Figue* est formée par toute une inflorescence. La partie succulente est le sommet du rameau floral très développé entourant les fleurs (fig. 270).

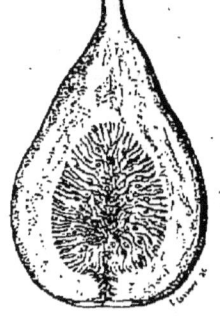

Fig. 270. — Fruit composé (Figue).

Fonctions des fruits. — Les fruits protègent la graine et contribuent à sa dissémination. Ils peuvent être transportés par le vent à de grandes distances s'ils sont ailés (Orme) ou munis d'un parachute ou d'une aigrette (Pissenlit, Laitue) (fig. 264).

Beaucoup de fruits ont un péricarpe hérissé de pointes, de crochets, ils s'attachent aux animaux et sont ainsi véhiculés loin de leur lieu d'origine.

La *déhiscence* favorise la dispersion des graines (fig. 271). La Balsamine éclate au moindre attouchement et le Concombre sauvage vomit

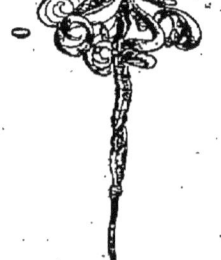

Fig. 271. — Déhiscence du fruit de la Balsamine.

ses graines à plusieurs mètres de distance. Ces divers moyens de dissémination permettent aux graines de conquérir l'espace.

Emploi des fruits. — Les fruits charnus entrent dans notre alimentation et servent à la fabrication de boissons fermentées (vin, cidre, bière).

Dans les fruits secs on utilise ordinairement les graines (Légumes).

GRAINE

La graine de Haricot que nous pouvons prendre comme type est entourée d'un tégument brillant, légèrement corné. Ce tégument présente une cicatrice, le *hile*, indiquant la place du funicule qui rattachait le haricot au placenta. A côté du hile on remarque un petit trou, le *micropyle*. Si on enlève le tégument on aperçoit l'*amande*. Elle se divise facilement en deux parties égales entre lesquelles est logé l'*embryon*. Celui-ci va se déve-

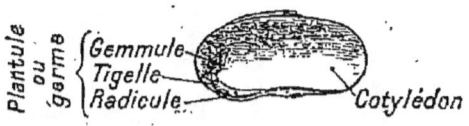

Fig. 272. — Graine de Haricot coupée en long. On voit la radicule, la tigelle et l'un des cotylédons.

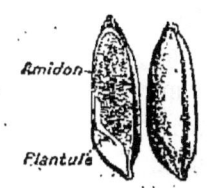

Fig. 273. — Graine de monocotylédone.

lopper aux dépens de l'amande qui représente dans le Haricot deux feuilles nourricières appelées *cotylédons*.

Les plantes dont la graine renferme deux cotylédons forment le groupe des *dicotylédones* (*Haricot*, fig. 272).

Le Blé, le Lis, le Palmier produisent des graines à un seul cotylédon, ce sont des *monocotylédones* (fig. 273).

Certaines graines, comme le Ricin, n'ont pas de cotylédons charnus, mais l'embryon est encore enfoui dans une amande épaisse constituant une réserve abondante ou *albumen*.

Le Haricot est une graine sans albumen.

Le Ricin est une graine albuminée.

L'albumen où les cotylédons peuvent être farineux (*Haricot*), oléagineux (*Ricin*), albuminoïdes, cornés (*Dattier*), etc.

L'albumen du *Corozo*, espèce de Palmier, est corné et sert à faire des boutons sous le nom d'ivoire végétal.

Dissémination. — Plusieurs causes tendent à favoriser la dissémination des graines; parmi ces causes, les unes sont inhérentes à la plante, les autres dépendent d'agents extérieurs tels que les vents, les eaux et les animaux de toute espèce.

GERMINATION

La *germination* est l'acte par lequel la graine, fécondée et mûre, mise dans des conditions favorables de milieu, se développe et reproduit une plante semblable à celle dont elle provient. Pour qu'une graine puisse germer, il lui faut de l'*eau*, de l'*air*, et un certain degré de *chaleur*.

Nous avons suivi dans notre première leçon de Botanique le développement de la graine de Haricot :

Au contact de l'eau, elle se gonfle, le tégument se déchire, les cotylédons s'ouvrent. L'embryon sécrète des principes actifs (diastases) pour dissoudre les réserves et s'en nourrir. La radicule s'allonge dans le sens de la pesanteur et sort par le micropyle, la tigelle grandit de bas en haut et le bourgeon terminal donne les premières feuilles (fig. 274 et 275).

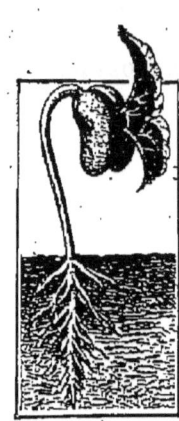

Fig. 274. — La tigelle a soulevé les cotylédons et l'on voit apparaître deux feuilles entre ceux-ci.

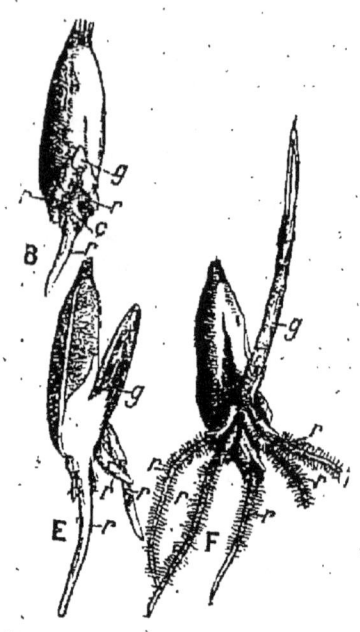

Fig. 275. — Germination d'un grain de Blé. *r*, racines fixées à la base et sur les parties latérales de la tige ; le sommet de celle-ci est terminé par la gemmule *g*.

Quand la racine s'est ramifiée et que les feuilles ont verdi, les cotylédons devenus inutiles tombent et la plante nouvelle puise dans le sol et dans l'air les aliments qui lui sont utiles.

Beaucoup de graines peuvent conserver très longtemps la faculté de germer.

ÉVOLUTION DE LA PLANTE

La graine contient l'*embryon* et des *réserves*.

Au moment de la germination, la racine, la tige, les feuilles se développent ; plus tard, apparaissent les fleurs, les fruits et de nouvelles graines.

Les plantes à tige herbacée, *les herbes*, s'épuisent ordinairement à mûrir leurs graines ; elles ne fleurissent qu'une seule fois dans leur vie.

Le Blé, le Haricot, la Tomate, fleurissent dans la saison même de la germination. Ce sont des *plantes annuelles*.

La Betterave, la Carotte fleurissent au cours de l'année qui succède à celle de la germination. Ce sont des *plantes bisannuelles*.

Les arbres, les arbustes, à tige ligneuse vivent longtemps. A partir d'un certain âge, ils fleurissent tous les ans et produisent tous les ans de nouvelles graines. Ce sont des *plantes vivaces*.

Quelques plantes dont nous avons parlé à propos de la multiplication végétative, la *Pomme de terre*, le *Topinambour*, séparent chaque année une partie de leur corps, laquelle se conserve et reproduit au printemps suivant une plante entière. Ces végétaux se dissociant régulièrement, ne meurent jamais entièrement; leur existence est illimitée.

RÉSUMÉ

Fruit.
- Le fruit renferme une ou plusieurs graines.
- Classification.
  - Fruits charnus.
    - Baie. — Raisin, Groseille.
    - Drupe. — Cerise, Prune.
  - Fruits secs.
    - Déhiscents.
      - Capsules.
        - Pyxide. — Mouron.
        - Gousse. — Pois.
        - Follicule. — Pivoine.
        - Silique. — Cresson.
    - Indéhiscents.
      - Akène. — Anémone.
      - Caryopse. — Blé.
      - Samare. — Orme, Frêne.
  - Fruits composés.
    - Fraise.
    - Figue.
- Fonction. | Protège la graine et en favorise la dissémination.
- Usages : alimentation, industrie.

Graine.
- Diverses parties.
  - Téguments.
  - Hile.
  - Micropyle.
  - Amande.
    - Embryon.
    - Cotylédons.
      - Dicotylédones.
      - Monocotylédones.
    - Albumen. — Ricin.
- Dissémination.
  - Déhiscence des fruits.
  - Vent.
  - Eau.
  - Animaux.

BOTANIQUE.

Germination.
- Définition. { Acte par lequel la graine fécondée et mûre, placée dans des conditions favorables de milieu, se développe en une plante semblable à celle dont elle provient.
- Conditions.
  - Externes. { Air. Chaleur. Eau.
  - Internes. { Embryon normalement développé. Réserves en bon état.

Évolution de la plante.
- *Plantes annuelles.* { Fleurissent dans la saison même de la germination. — *Haricot, Blé.*
- *Plantes bisannuelles.* { Fleurissent au cours de l'année qui succède à celle de la germination. — *Betterave, Carotte.*
- *Plantes vivaces.* | Fleurissent plusieurs fois.
- *Plantes dont l'existence est illimitée.* { Ce sont les plantes qui séparent chaque année une partie de leur corps, laquelle se conserve et reproduit au printemps suivant une plante entière. — *Pomme de terre.*

Manipulation :

Étude du fruit et de la graine. — Prendre une gousse de Pois ou de Haricot : *fruit sec et déhiscent.* Provoquer la déhiscence du fruit, reconnaître la manière dont les graines sont suspendues au placenta. Funicule.

Examiner attentivement une graine. On voit à la surface le hile et le micropyle.

Enlever le tégument de la graine pour mettre à nu les deux cotylédons (feuilles nourricières).

Séparer les deux cotylédons pour étudier la plantule : *radicule, tigelle, gemmule.*

Laisser tomber une goutte d'eau iodée sur les cotylédons. La région atteinte par le réactif se colore en bleu violacé, ce qui prouve que les cotylédons sont amylacés.

Exercices pratiques. — Plantes à étudier quand la saison le permettra[1] :

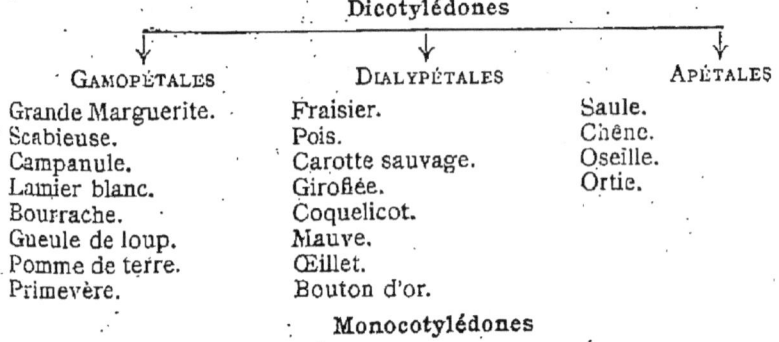

Dicotylédones

GAMOPÉTALES	DIALYPÉTALES	APÉTALES
Grande Marguerite.	Fraisier.	Saule.
Scabieuse.	Pois.	Chêne.
Campanule.	Carotte sauvage.	Oseille.
Lamier blanc.	Giroflée.	Ortie.
Bourrache.	Coquelicot.	
Gueule de loup.	Mauve.	
Pomme de terre.	Œillet.	
Primevère.	Bouton d'or.	

Monocotylédones

Lis blanc. — Blé. — Avoine.

Gymnospermes. — Pin.

[1]. On trouvera dans le cours de 3ᵉ année (t. II) une étude morphologique de la fleur de ces diverses plantes.

25ᵉ LEÇON

NOTIONS SUR L'ORGANISATION ET LE MODE DE VIE DES FOUGÈRES, DES MOUSSES, DES ALGUES, DES CHAMPIGNONS ET DES LICHENS

Les Fougères, les Mousses, les Algues, les Champignons sont des plantes dépourvues de fleurs. Ces plantes sont désignées sous le nom de *Cryptogames*.

Fougères. — Les Fougères sont des Cryptogames qui ont, comme les plantes à fleurs, racines, tige et feuilles.

Dans les contrées chaudes les Fougères sont arborescentes et

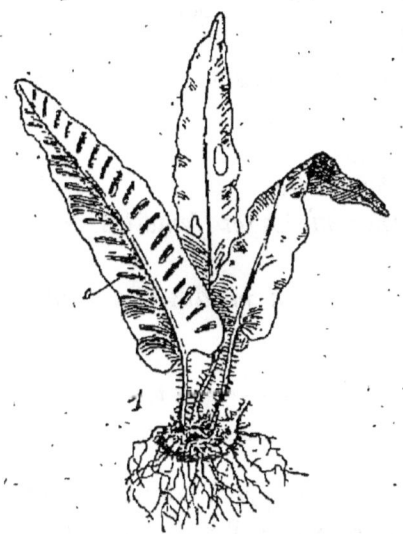

Fig. 276. — Fougère de nos bois (Scolopendre). *s*, groupe de sporanges.

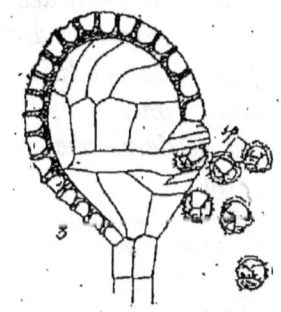

Fig. 277. — Sporange isolé de Scolopendre montrant les cellules de anneau de la déhiscence : *sp*, spores.

ont le port des Palmiers; dans nos pays tempérés elles sont de petite taille. Leur tige souterraine ou rhizome porte de nombreuses racines et produit des feuilles longues souvent très découpées. Ces feuilles sont enroulées en *crosse* et en dedans quand elles sont jeunes. Vers la fin de l'été, elles portent sur leur face inférieure de petites masses brunes arrondies ou linéaires. Examinées à la loupe ou au microscope, ces masses se montrent formées de petits sacs appelés *sporanges* (fig. 276), contenant de petits corpuscules nommés *spores*. Quand le sporange est mûr, il s'ouvre comme un sac pollinique laissant échapper les spores que le vent emporte (fig. 277). Or, une spore est une cellule complète renfermant des matières de réserve. Placée dans des conditions de température, d'humidité et d'aération convenables, elle germe. Elle produit une petite lame verte, le *prothalle* (fig. 278). Le prothalle fixé à la terre par des poils absorbants produit bientôt sur sa face inférieure de petites excroissances cellulaires. Les unes produisent des organes mâles, les autres contiennent les organes femelles ou *oosphères*.

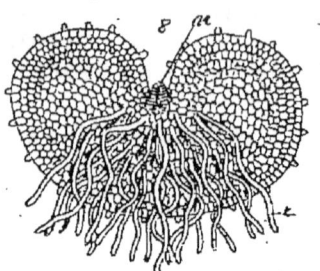

Fig. 278. — Prothalle.
c, poils absorbants.

L'oosphère devient un œuf lequel va donner immédiatement une nouvelle Fougère dont les feuilles se couvriront plus tard de spores.

Nous pouvons donc résumer en peu de mots le développement d'une Fougère.

La feuille produit des spores.

La spore germe et donne un prothalle.

Le prothalle produit des organes mâles et femelles et conséquemment l'œuf.

L'œuf se développe en une Fougère qui produira de nouvelles spores, ou :

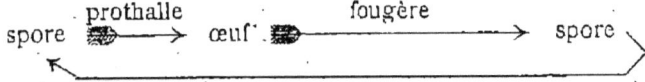

Le développement de la Fougère comprend deux phases ; la première de *courte durée*, de la spore à l'œuf, correspond au prothalle ; la seconde de *longue durée*, de l'œuf à la spore, correspond à la plante feuillée.

Ces deux phases doivent *alterner régulièrement* : si la spore ne germe pas, l'œuf ne se forme pas et si l'œuf manque, la nouvelle Fougère ne peut pas se développer.

La *Prêle des marais* ou *Queue de cheval*, le *Lycopode commun* ont un développement analogue à celui des Fougères.

MOUSSES

Les *Mousses* qu'on trouve dans les endroits humides, sur la terre, sur les arbres, dans les fentes des murs et des rochers sont des Cryptogames sans racines et *par conséquent sans vaisseaux*. Leur corps est généralement composé d'une tige grêle.

couverte de petites feuilles; il est fixé au sol par de simples filaments absorbants.

Les Mousses sont de petite taille; l'une des plus grandes est le *Polytric* (fig. 279) qu'on rencontre abondamment dans les terrains sablonneux.

Au printemps, un Polytric présente une tige feuillée suivie d'un filament grêle terminé par un *sporange* (fig. 280).

Quand ce sporange appelé *capsule* est mûr, il s'ouvre et laisse échapper des spores légères.

La spore ne tarde pas à germer et à reproduire une nouvelle Mousse pourvue d'une tige et de feuilles.

Au printemps apparaissent sur les tiges des rosettes de feuilles au milieu desquelles on peut voir à la loupe des excroissances de deux sortes. Les unes produisent des organes mâles; les autres renferment les organes femelles ou *oosphères*.

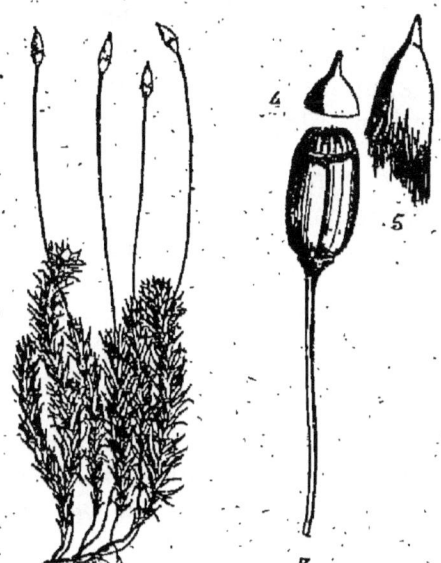

Fig. 279. Polytric commun (Mousse).

Fig. 280. — Sporogone : sporange et pédicelle (3, 4, 5).

L'oosphère devient un œuf qui se développe immédiatement en un sporange pédicellé.

Résumons le développement de la Mousse :

La spore germe et produit une tige feuillée (Mousse).

La Mousse produit des organes mâles et femelles et conséquemment l'œuf.

L'œuf donne un sporange et des spores, ou :

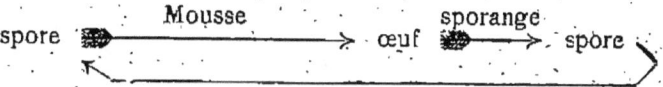

Le développement d'une Mousse comprend deux phases : la première de longue durée, de la spore à l'œuf, correspond à la plante; la seconde, de courte durée, correspond au sporange. Ces deux phases doivent alterner régulièrement pour que le cycle évolutif de la plante ne soit pas interrompu.

Importance des Mousses. — Les Mousses remplacent dans certaines régions la paille pour couvrir le toit des chaumières et pour emballer divers objets.

Les *Sphaignes* des pays marécageux donnent par leur lente décomposition la *tourbe*.

ALGUES ET CHAMPIGNONS

Les Algues et les Champignons forment le groupe des Thallophytes. Ce sont des plantes sans racines, sans tige, sans feuilles. Leur corps, purement cellulaire, appelé *thalle* est un simple filament, un cordon ou une lame plus ou moins ramifiée.

Algues. — Les Algues sont des plantes essentiellement aquatiques ordinairement pourvues de chlorophylle. La couleur verte de ces végétaux est souvent masquée par diverses matières colorantes.

On peut, en se basant sur leur couleur, les diviser en quatre groupes principaux : les *Algues bleues*, les *Algues vertes*, les *Algues brunes* et les *Algues rouges*.

La plupart des Algues vertes vivent dans les eaux douces.

Les Algues brunes et rouges se rencontrent surtout dans la mer.

Les Algues bleues sont les plus simples, elles sont parfois dépourvues de chlorophylle et doivent vivre en parasites dans les organes des êtres vivants. A ce groupe se rattachent les *Bactéries*, vulgairement appelées *Microbes* qui sont les agents de la plupart des maladies contagieuses (Fièvre typhoïde, Charbon, etc).

Le thalle assure la nutrition et la reproduction. Les Algues se reproduisent par des *spores* souvent mobiles et par des *œufs*. Mais dans un même individu les spores ne succèdent pas régulièrement aux œufs comme chez les Mousses et les Fougères.

Fig. 281. — Algue (*Fucus*).

Quelques Algues. — Le *Protococcus* qui donne la couleur verte aux troncs d'arbres exposés à l'humidité, les *Spirogyres* sont des Algues vertes.

Les *Fucus* ou *Varechs* (fig. 281), les *Sargasses*, les *Laminaires* comestibles sont des Algues brunes.

La *Coralline*, le *Porphyra* sont des Algues rouges.

Champignons. — Les Champignons sont des Thallophytes sans chlorophylle. Ne pouvant assimiler le carbone de l'atmosphère, ils doivent prendre leur nourriture toute faite dans les matières organiques en décomposition ou dans les organes des êtres vivants. Ils sont *saprophytes* ou *parasites*.

Fig. 282. Champignons de couche.

Les Champignons sont très nombreux, les plus connus sont les Champignons à chapeau.

Examinons le *Champignon de couche* (fig. 282)

Il vit sur les matières végétales en décomposition et notamment sur le fumier de Cheval. On le cultive en grand pour l'alimentation. Les cultures doivent être établies dans les endroits où la température varie de 10° à 25°. Aussi les caves conviennent-elles tout particulièrement. On utilise dans le département de la Seine les galeries des carrières de Vanves, d'Issy et de Clamart.

La partie souterraine du Champignon est formée de filaments enchevêtrés désignés sous le nom de *blanc de champignon*.

La partie aérienne se compose du pied surmonté du chapeau. La face inférieure du chapeau est couverte de lames rayonnantes autour du pied sur lesquelles naissent les spores.

Principaux Champignons : L'*Agaric*, les *Lépiotes*, les *Coprins*, les *Russules*, les *Chanterelles*, les *Lactaires* ont comme le Champignon de couche des lames couvertes de spores.

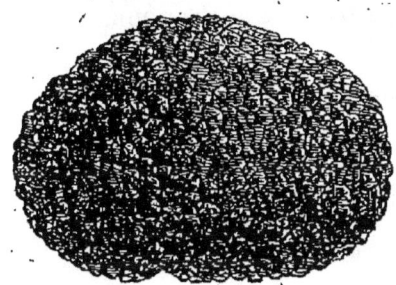

Fig. 283. — Truffe.

Les *Bolets*, les *Polypores*, les *Mérules*, les *Fistulines* ont des spores fixées sur des tubes de la face inférieure du chapeau.

La *Truffe* est un Champignon comestible que l'on recueille dans les bois de Chênes (fig. 283).

La *Morille* a la forme d'une massue, la *Pezize* la forme d'une coupe. Les *Levures* (Levure de bière) se développent dans les liquides sucrés et en déterminent la fermentation.

Les Moisissures sont des champignons filamenteux qui se développent sur toutes les matières organiques exposées à l'humidité.

Il existe des Champignons dont le thalle est formé de cellules dépourvues de membrane de cellulose et par suite capables de mouvement. Ce thalle vit aux dépens de débris végétaux à la surface desquels il rampe à la façon d'une Amibe. Il est parfois de petite taille et peu visible à l'œil nu.

Beaucoup de Champignons sont comestibles : Agarics, Bolets, Truffes, Morilles, etc. Certains sont vénéneux : Fausse Oronge.

La plus grande prudence doit être apportée à la récolte des Champignons.

Lichens. — Les *Lichens* (fig. 284) sont des plantes étranges résultant de l'union d'une Algue et d'un Champignon. Les deux plantes retirent de cette association un bénéfice réciproque : l'Algue nourrit le Champignon; le Champignon protège l'Algue et produit les spores.

Fig. 284. — Lichen d'Islande.

On trouve des Lichens sur les hautes montagnes, et jusque dans les régions polaires. Ils résistent aux plus grands froids et à la plus longue sécheresse.

Ce cas de *mutualisme* offert par la nature nous démontre une fois de plus que « *l'union fait la force* ». Le *Lichen des Rennes* constitue la principale nourriture des Rennes en Laponie.

RÉSUMÉ. — Les Cryptogames n'ont pas de fleurs.

Fougères. — Les Fougères ont, comme les plantes à fleurs, racines, tige et feuilles. Exemple : Fougères, Prêles, Lycopodes.

Mousses. — Les Mousses sont des Cryptogames sans racines, et par conséquent sans vaisseaux. Le *Polytric*, la *Funaire hygrométrique*, les *Sphaignes* sont des Mousses.

Thallophytes. — Les Thallophytes sont des Cryptogames sans racines, sans tige et sans feuilles. Leur corps purement cellulaire appelé *thalle* est un filament, un cordon ou une lame plus ou moins ramifiée. Cet embranchement comprend deux classes: les Algues et les Champignons.

Algues. — Plantes à chlorophylle : Fucus, Sargasses, Laminaires, Coralline, etc.

Champignons. — Plantes sans chlorophylle : Agaric, Coprin, Amanite, Chantérelle, Bolet, Polypode, Morille, Truffe, Moisissures.

Lichens. — Les Lichens sont des plantes étranges résultant de l'union d'une Algue et d'un Champignon.

Manipulation :

Fougères. — Se procurer des feuilles de Fougère, des feuilles de Polypode vulgaire, par exemple. — Examiner les groupes de sporanges ou *spores*. — Observer au microscope un sporange pour se rendre compte de la position de l'anneau de déhiscence. — Étudier une spore : couleur, forme, dimensions.

Mousses. — Prendre la funaire hygrométrique ; examiner successivement les rhizoïdes, la tige, les feuilles, le sporogone.

Dans le sporogone, distinguer le pédicelle et la capsule. — Enlever la coiffe, soulever l'opercule, faire sortir les spores.

Champignons. — Faire moisir du pain dans une assiette contenant un peu d'eau. Les moisissures apparaissent au bout de quelques jours. Les examiner au microscope pour étudier les filaments et les sporanges.

TROISIÈME PARTIE

GÉOLOGIE

26ᵉ LEÇON

LA TERRE — MATÉRIAUX DU GLOBE
ROCHES ÉRUPTIVES

La Géologie, son objet. — La Géologie a pour objet l'étude de la Terre. Elle nous fait connaître la forme et la constitution du globe, elle explique les causes qui ont déterminé les reliefs de sa surface, enfin, elle nous instruit sur les diverses phases par lesquelles il est passé depuis son origine jusqu'à nos jours.

De la Terre; forme, dimensions. — S'il nous était possible de nous transporter dans l'espace, à une grande distance de la Terre, notre planète nous apparaîtrait comme un globe isolé, sphérique, brillamment éclairé par le soleil. Des observations plus attentives nous feraient découvrir que son contour n'est pas exactement circulaire. La terre est, en effet, légèrement aplatie aux pôles et renflée à l'équateur. L'aplatissement est relativement faible; car le rayon terrestre est de 6366 kilomètres en moyenne et la différence entre le rayon de l'équateur et le rayon polaire est de 21 kilomètres. La longueur du méridien est 40000 kilomètres, tandis que le tour de la terre à l'équateur est de 40054 kilomètres. La terre est donc un *sphéroïde*, c'est-à-dire une sphère légèrement déformée. Or, c'est la forme que prendrait une sphère fluide ou une sphère métallique creuse soutenue par une enveloppe très mince que l'on ferait tourner très rapidement autour d'un axe.

La terre tourne sur elle-même en vingt-quatre heures. Ce mouvement, qui a pour conséquence la succession des jours et des nuits, s'effectue autour d'un axe dont les extrémités sont les pôles.

La vitesse de rotation, nulle aux pôles, est vertigineuse à

l'équateur, où elle atteint le chiffre élevé de 1669 kilomètres $\left(\frac{40054}{24}\right)$ à l'heure. Toutes les régions équatoriales, animées d'une telle vitesse, sont sollicitées par une force appelée *force centrifuge*[1]. à s'éloigner de l'axe; ainsi, les pôles ont dû se rapprocher et l'équateur se renfler.

Nous sommes amenés à penser que la forme actuelle de la terre est une conséquence de son mouvement. Cette hypothèse n'est cependant acceptable que si la terre a été une masse fluide ou recouverte d'une écorce assez mince pour obéir à la force centrifuge. C'est ce que démontrent des observations d'un autre genre.

Constitution de la terre : Écorce terrestre et noyau central.

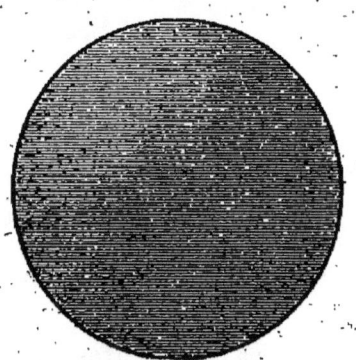

Fig. 285. — Écorce terrestre, noyau central.

— La terre nous apparaît actuellement comme un globe solide. Mais partout où l'on creuse un puits de mine on constate que *la température augmente à mesure qu'on s'éloigne de la surface*. On a même observé que cette augmentation est de *1° pour 30 mètres*.

Le sondage le plus profond qui ait été effectué est de 2040 mètres; à cette distance la température est de 70°. On a calculé qu'il suffirait de descendre à 60 kilomètres pour trouver une chaleur de 2000°. Rien ne résiste à une telle température. Les pierres et les métaux connus entrent bien avant en fusion. Dès lors, il paraît très raisonnable de supposer que la terre consiste en un *noyau central* en feu, entouré d'une *écorce solide* résistante (fig. 285). Cette écorce solide évaluée à 60 kilomètres est au noyau central ce que la coquille est à un œuf de poule. Nous ne devons pas être surpris de la voir trembler et s'entr'ouvrir sous l'action de forces que nous étudierons bientôt.

Écorce terrestre. — L'écorce terrestre sert de support aux océans et à l'atmosphère. Si l'on jette un coup d'œil sur un globe terrestre on aperçoit aussitôt que la surface occupée par les eaux l'emporte sur celle occupée par les continents.

[1]. La force centrifuge est la force en vertu de laquelle un corps en mouvement autour d'un axe tend à s'en éloigner.

La terre ferme est beaucoup plus étendue dans l'hémisphère boréal que dans l'hémisphère austral. En général les continents sont diamétralement opposés aux océans.

Les continents sont hérissés de saillies ou *montagnes*.

Les mers présentent des fosses ou *abîmes*.

Les sommets les plus élevés ne dépassent pas 8850 mètres et les abîmes les plus profonds ne vont pas au delà de 9430 mètres. Les saillies et les reliefs de l'écorce terrestre semblent obéir dans leur distribution à des lois précises.

D'abord, les massifs de haut relief sont plus voisins de la limite des continents que de leur centre et les fosses marines les plus profondes sont loin du centre des océans.

Ainsi le long de la Cordilière des Andes, l'océan Pacifique

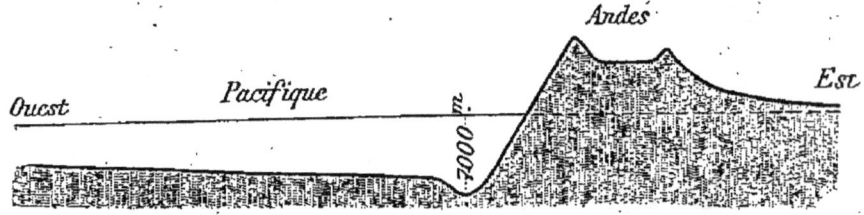

Fig. 286. — Couche de l'ouest à l'est à travers le Pacifique et les Andes.

offre, non loin de la côte, des abîmes de 6000 à 8000 mètres. Tandis que vers l'ouest le fond se relève lentement; vers l'est, il se dresse brusquement et se relie à la chaîne des Andes qui lance d'un seul jet ses cimes jusqu'à 6000 et 7000 mètres (fig. 286).

Ensuite, une chaîne de montagnes présente presque toujours deux versants inégalement inclinés. Dans les Pyrénées, par exemple, le versant septentrional est abrupt et le versant méridional descend en pente douce du côté de l'Espagne. En définitive les choses se passent comme si « l'écorce terrestre s'était comportée à la façon d'une étoffe mal soutenue qui cherche à réduire son ampleur par la formation d'un *rempli*. De là, d'un côté, le sillon rentrant occupé par la fosse marine, de l'autre le bourrelet saillant que dessine la chaîne de montagnes ».

Matériaux constitutifs du sol. — Les matériaux de l'écorce terrestre se nomment roches. Quand on examine une tranchée de chemin de fer ou une carrière on aperçoit à la surface une couche d'aspect assez uniforme sur laquelle croissent les végétaux. Elle est formée de débris de toutes sortes, c'est la terre végétale cultivée par l'homme en vue de son alimentation. Son épaisseur est très variable. Elle repose sur le sous-sol. Celui-ci est composé de couches superposées, à la manière des feuillets d'un livre (fig. 287). Ces couches, ou *strates* souvent horizontales, sont parfois redressées comme si elles avaient subi une forte pression venue du centre de la terre. Elles sont formées de matériaux identiques à ceux qui composent les *sédiments* déposés par les eaux des fleuves et des mers. Aussi les désigne-t-on sous le nom de *roches sédimentaires* ou de *terrains sédimentaires*. Ces terrains renferment ordinairement des débris d'êtres vivants.

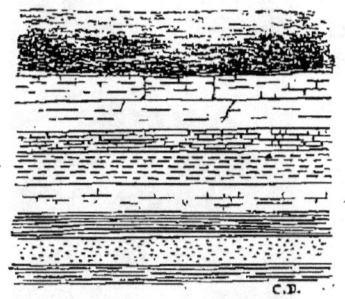

Fig. 287. — Sol et sous-sol.

Les dépôts sédimentaires reposent partout sur une base solide dans l'épaisseur de laquelle on ne distingue plus de couches superposées et dont les éléments brillants, cristallisés ne renferment jamais de fossiles. Ce sont les *roches cristallines* ou *roches éruptives*, noms rappelant leur structure ou leur origine. Elles sont dues à la solidification des matières fondues provenant du noyau central.

ÉTUDE SOMMAIRE DES PRINCIPALES ROCHES

ROCHES CRISTALLINES

Éléments des roches cristallines. — Examinons à la loupe un morceau de *granite*, nous y distinguons des cristaux ayant l'aspect de grains de sel de cuisine, c'est du *quartz*; de fines lamelles noires brillantes, c'est du *mica* et des cristaux de couleur rosée, c'est le *feldspath*.

Quartz, mica, feldspath sont les éléments essentiels des roches cristallines. L'*amphibole*, le *pyroxène*, le *péridot* sont des éléments moins importants.

Quartz. — Le Quartz (fig. 288) est l'une des espèces minérales les plus remarquables par son abondance dans la nature et par les usages variés auxquels se prêtent ses nombreuses variétés. Il est formé de silice pure. Il est très dur, il raye le verre et l'acier. Le quartz hyalin ou *cristal de roche*, *l'améthyste*, *l'agate* sont les principales variétés.

Mica. — Le mica (*de micare, briller*) se présente en feuillets minces ou en paillettes. Sa couleur est très variable, le *mica noir* et le *mica blanc* sont les plus répandus. De grandes plaques de mica sont employées comme vitres dans les navires, les automobiles et dans les poêles à feu visible et continu.

Fig. 288. — Quartz.

Feldspath. — Le feldspath est presque aussi dur que le quartz, mais il est plus fusible. Il s'altère sous l'influence de l'eau chargée d'acide carbonique donnant comme résidu une argile très pure, le *Kaolin* ou terre à porcelaine.

Le mica, le feldspath, l'amphibole, le pyroxène, le péridot sont des sels de silice ou *silicates*.

Principales roches cristallines. — On classe les roches cristallines ou éruptives en trois groupes, suivant la manière dont les minéraux constituants se présentent et s'associent : les *roches granitoïdes*, les *roches porphyroïdes* et les *roches vitreuses*.

Roches granitoïdes. — Le type des roches granitoïdes est le granite, c'est une roche de couleur claire, très dure, résistante, formée de cristaux facilement discernables à l'œil nu de *feldspath*, de *quartz* et de *mica noir*. Le granite à grains fins de *Vire* peut prendre un beau poli, dans le granite à gros grains de Cherbourg les cristaux de feldspath sont plus volumineux que les autres (fig. 289).

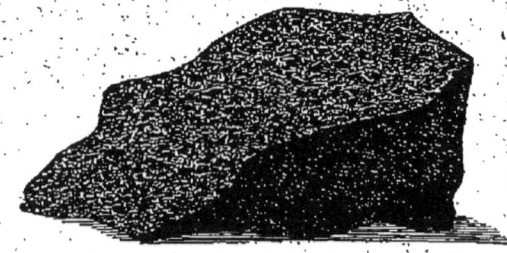

Fig. 289. — Granite.

Le granite est une excellente pierre de construction ; il sert au pavage des rues et au dallage des trottoirs. Les principales régions granitiques de France sont la Bretagne, les Vosges et le Plateau Central.

La *Granulite* abondante, au Mont Saint-Michel et dans le Morvan, est un granite à grains fins, renfermant du mica blanc et du mica noir.

La *Pegmatite* est une granulite à gros éléments. La *Diorite* est composée de deux minéraux essentiels : le feldspath, l'amphibole.

Roches porphyroïdes. — Le *Porphyre* est une roche lourde et compacte. Il contient les mêmes minéraux que le granite, mais on y reconnaît la présence de grands cristaux noyés dans une pâte entièrement cristallisée ou vitreuse.

Les porphyres se rencontrent sous la forme de nappes ou de coulées dans le Massif Central, les Vosges et le Massif de l'Esterel.

On les emploie pour l'empierrement des routes. Certaines variétés sont recherchées dans l'architecture et dans les Arts à cause de leur belle couleur. Le *porphyre rouge antique* des bords de la mer Rouge et le *porphyre vert antique* de la Grèce ont été employés de tout temps pour la décoration.

Les autres roches porphyroïdes sont dépourvues de grands cristaux de quartz, ce sont : les *trachytes*, les *basaltes*, les *laves*.

Le *Trachyte* est une roche de couleur claire, rude au toucher, renfermant des cristaux de feldspath englobés dans une pâte de petits cristaux (*microlithes*). La *domite* formant la masse dure du *Puy-de-Dôme* et la *phonolithe*, se débitant en dalles sonores, sont des trachytes.

Fig. 290. — Colonnes prismatiques de basalte.

Les *basaltes* sont des roches de couleur foncée riches en éléments ferrugineux. Les basaltes forment d'importantes coulées dans le Puy-de-Dôme, le Cantal. Ces coulées en se refroidissant rapidement se sont contractées et divisées en colonnes prismatiques à six pans ; telle est l'origine des *orgues* de Murat et de Saint-Flour (fig. 290).

La *lave* ressemble aux trachytes et aux basaltes, c'est la matière fondue rejetée par les volcans actuels.

Roches vitreuses. — On désigne sous le nom de roches vitreuses des roches éruptives dont le refroidissement a été si brusque qu'aucun élément n'a pu cristalliser. Elles ressemblent à du verre fondu ; telles sont l'*obsidienne* ou verre des volcans, les *ponces*, les *cendres* et les *scories* de toutes sortes rejetées par les volcans.

Roches cristallophylliennes : Gneiss, Micaschiste. — Certaines roches sont formées des mêmes éléments que les roches éruptives, mais ces éléments au lieu d'être distribués sans ordre sont disposés en couches ou strates. Ce sont les roches Cristallophylliennes. Ainsi le *Gneiss* a même composition que le granite ; il s'en distingue en ce que les lamelles de mica, très nombreuses, sont orientées en lits parallèles.

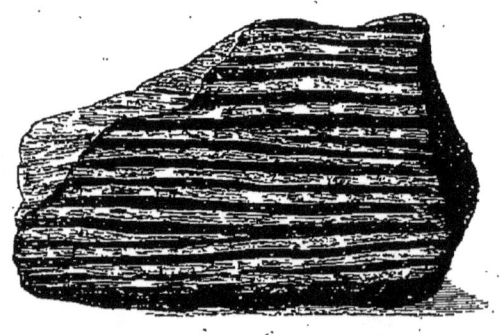

Fig. 291. — Le Gneiss.

Dans le *Micaschiste*, le mica est disposé en bandes alternant avec le quartz. Le micaschiste peut se débiter en lames ; il renferme peu ou point de feldspath (fig. 291).

Les gneiss et les micaschistes participent à la fois des caractères des roches éruptives et des roches sédimentaires que nous allons passer en revue. Quelques géologues prétendent que ce sont les matériaux du globe les plus anciens. D'autres croient que leur origine est plus récente et qu'ils proviennent de roches sédimentaires transformées, *métamorphisées* par des actions chimiques et mécaniques.

RÉSUMÉ. — Les matériaux de l'écorce terrestre se nomment roches.
On distingue les roches sédimentaires et les roches cristallisées.

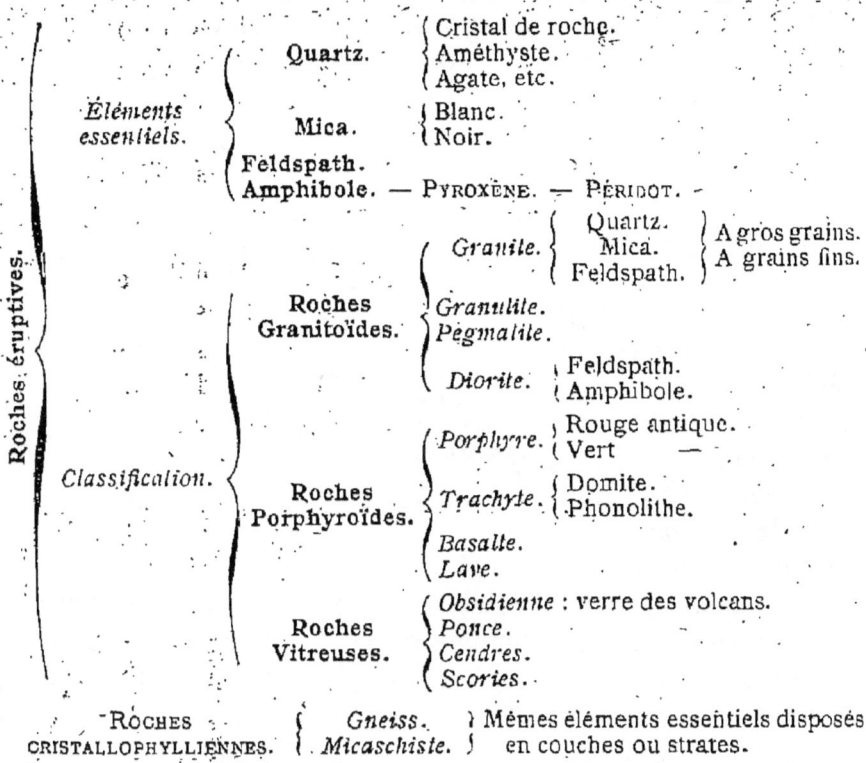

27ᵉ LEÇON

ROCHES SÉDIMENTAIRES

Origine et classification. — Les *roches sédimentaires* ont été déposées par les eaux; elles se présentent ordinairement en couches étendues et régulières dont la disposition primitive a pu être troublée par divers mouvements du sol. Elles résultent de l'usure et de la décomposition des roches éruptives ou des roches sédimentaires plus anciennes. Elles renferment souvent des débris organiques ou *fossiles* provenant des plantes et des animaux vivant à l'époque de leur formation.

L'étude de ces roches est très simple, car elles sont composées d'un petit nombre de minéraux, parfois d'un seul. Nous les grouperons d'après leur nature ou leur origine en roches *calcaires* (craie), en roches *siliceuses* (grès, silex), en roches *argileuses* (argile), en roches *salines* (sel, gypse) et en roches *combustibles* (houille).

Roches calcaires : Caractères généraux. — Une roche calcaire bien connue est la craie, dont on se sert pour écrire au tableau noir. Si l'on verse un acide, du vinaigre, par exemple, sur un fragment de craie, il se produit une *effervescence*, c'est-à-dire un dégagement de bulles gazeuses. Le gaz qui s'échappe est de l'acide carbonique (fig. 292).

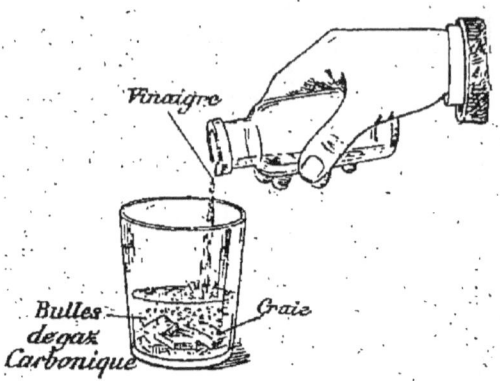

Fig. 292. — La craie est décomposable par les acides.

Ce même fragment de craie peut être facilement rayé par la lame d'un canif et même par l'ongle.

Si on place sur le feu, après l'avoir pesé, un morceau de craie, on constate qu'il diminue de poids et le résidu est une matière de couleur blanche, la *chaux vive*. La chaux vive ne fait plus effervescence avec les acides et se combine avec l'eau en dégageant beaucoup de chaleur pour donner de la *chaux éteinte* avec laquelle on fabrique le *mortier*. Toutes les roches calcaires se reconnaissent aux trois caractères suivants :

1° Elles font effervescence avec les acides ;
2° elles sont rayées par l'acier ou par l'ongle ;
3° elles se décomposent par la chaleur en acide carbonique et chaux vive.

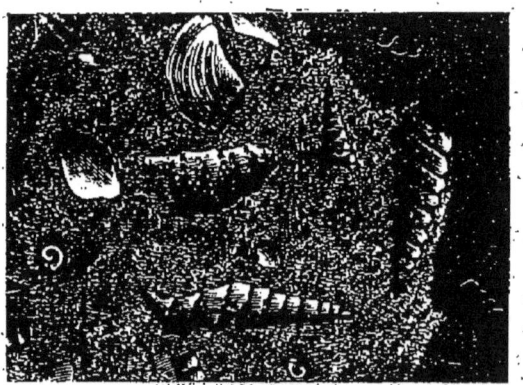

Fig. 293. — Calcaire grossier, renfermant de nombreuses empreintes de coquilles.

Principales roches calcaires. — La *craie*, d'un blanc grisâtre, poreuse et friable, forme une grande partie du sol de la Champagne. Elle est composée de débris de Polypiers, de tests de Foraminifères, de coquilles de Mollusques.

Le *calcaire grossier* (fig. 293), plus dur et plus rugueux que la craie, renferme des empreintes de coquilles ; il est très abondant aux environs de Paris où il est exploité comme pierre à bâtir. Le calcaire se rencontre souvent en masses compactes assez résistantes pour qu'on puisse en extraire des blocs que l'on taille (*pierre de taille*).

Parfois, la pierre à bâtir est constituée par de nombreux

Fig. 294. — Calcaire oolithique.

petits grains ressemblant à des œufs de poisson, c'est le *calcaire oolithique* avec lequel sont bâties beaucoup de villes de Bourgogne (fig. 294).

Le *calcaire lithographique* compact et d'un grain extrêmement fin peut prendre un beau poli, ce qui permet de l'utiliser pour la gravure. Le plus renommé vient de Souabe.

Fig. 295. — Le spath d'Islande (rhomboèdre).

Les *marbres* sont des calcaires plus ou moins purs dont la cassure a l'aspect du sucre, d'où le nom de *calcaires saccharoïdes* sous lequel on les désigne. Ils sont parfois colorés par des matières ferrugineuses et bitumineuses qui donnent naissance à des *veines*. Le marbre de Sainte Anne (Belgique) est rouge et noir, le marbre *griotte* de l'Aude est parsemé de taches rouges. Les marbres blancs sont les plus purs, ils sont recherchés par les statuaires à cause de la finesse de leur grain et de leur transparence. Les plus connus sont ceux de *Carrare* (Italie). On rencontre dans la nature des calcaires cristallins et transparents, nommés *spath d'islande* quand ils affectent la forme de rhomboèdres (fig. 295), et *aragonite* s'ils se présentent en longues aiguilles.

L'eau chargée de gaz carbonique a la propriété de dissoudre le calcaire; mais ce gaz se dégageant le calcaire se dépose. Ainsi prennent naissance les *travertins*, les *stalactites*, etc.

Roches siliceuses. — Les roches siliceuses sont des roches sédimentaires dont le principal élément est le quartz. *Elles sont très dures, elles ne se laissent pas rayer par une pointe en acier, font feu au briquet et ne font pas effervescence avec les acides.*

Principales roches siliceuses. — Les principales roches siliceuses sont le *quartz*, le *silex*, les *sables*, les *grés*, les *conglomérats*, les *meulières*, le *tripoli*.

Le *quartz* est de la silice pure et cristallisée. Le quartz forme des prismes à six faces souvent terminés par une pyramide. Il peut rayer l'acier et le verre. Il est attaqué par l'acide fluorhydrique seulement.

Le *silex* (fig. 296) est de la silice impure et non cristallisée; on le trouve fréquemment à l'état de rognons dans les massifs crayeux. Le silex pyromaque ou *pierre à fusil* sert à l'empierrement des routes.

Fig. 296. — Silex.

Le *sable siliceux*, particulièrement abondant sur les plages, dans les lits des rivières est formé de petits grains de quartz; soudés par un ciment, ces grains forment une roche importante que l'on appelle grès. D'après la nature du ciment les grès sont dits *siliceux, calcaires, ferrugineux, bitumineux*, etc. Les grès siliceux, beaucoup plus durs, sont propres à la fabrication des pavés.

Si les grains sont volumineux la roche prend le nom de *con-*

gloméral. Les *poudingues* (fig. 297) sont des conglomérats dont les éléments sont arrondis, et les *brèches* des conglomérats dont les éléments sont anguleux.

Les *meulières* sont des roches compactes ou caverneuses. Elles sont fort répandues dans la Brie et la Beauce. Parmi les plus recherchées il faut citer celles de la Ferté-sous-Jouarre dont on fait des meules de moulin. On rencontre à Ceyssat à Murat en Auvergne une roche que l'on appelle dans ces pays, à cause de la finesse de son grain, *farine fossile*. Elle est constituée par une accumulation de carapaces d'Algues microscopiques appelées *Diatomées*. C'est le *tripoli* employé pour le nettoyage des métaux.

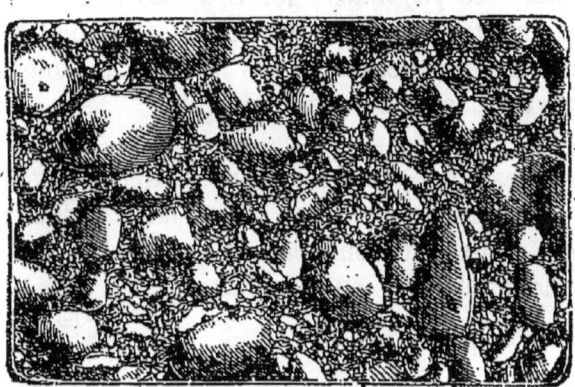

Fig. 297. — Poudingue.

Roches argileuses. — Le type de ces roches est l'*argile* encore appelée *terre glaise*. L'argile est un silicate d'aluminium hydraté provenant de la décomposition des roches feldspathiques (p. 219) sous l'action des agents atmosphériques.

Les argiles ont un aspect terreux; elles sont grasses et onctueuses au toucher, se laissent facilement entamer par l'ongle, forment avec l'eau une pâte liante et grasse; sèches, elles happent à la langue et dégagent une odeur particulière quand on vient à souffler dessus; elles ne font pas effervescence avec les acides.

Les roches argileuses sont imperméables; elles constituent un des éléments essentiels de la terre végétale en y retenant l'eau nécessaire à la végétation.

Principales roches argileuses. — L'argile pure ou *Kaolin* est blanche; on la trouve dans les environs de Limoges, en Saxe, au Japon, en Chine. Elle est utilisée pour la fabrication de la *porcelaine*.

Les *argiles plastiques* peuvent être blanches, jaunes, rouges, noirâtres ou marbrées; elles servent à fabriquer les briques, les poteries, les faïences.

L'*argile smectique* ou *terre à foulon* est recherchée par l'industrie à cause de la propriété qu'elle a, lorsqu'elle est délayée dans l'eau, d'absorber les corps gras.

Les *schistes feuilletés*, les *phyllades*, les *ardoises* exploitées aux environs d'Angers sont des roches argileuses très vieilles.

A côté des argiles viennent se placer les *marnes*, mélanges d'argile et de calcaire, dont la couleur est variable.

Roches salines. — Les roches salines se présentent souvent sous un aspect vitreux. Elles sont tendres et se laissent facilement rayer par l'ongle; elles ne font pas effervescence avec les acides et sont solubles dans l'eau.

Principales roches salines. — Les principales roches salines sont le *gypse*, le *sel gemme* et le *phosphate de chaux*.

Le *gypse ou pierre à plâtre* est un sulfate de calcium hydraté; on ne peut le confondre avec le calcaire, car il n'est pas attaqué par les acides. Quand on le chauffe dans des fours spéciaux, fours à plâtre, il perd son eau et donne une poudre blanche, le *plâtre*. Ce dernier, mélangé avec de l'eau (*gâché*), forme une pâte qui durcit en augmentant de volume.

Fig. 298. Gypse.

Le gypse se présente sous divers aspects : le *gypse saccharoïde* a une cassure comparable à celle du marbre; le *gypse en fer de lance* se divise en lamelles minces et transparentes (fig. 298).

L'*albâtre* est une variété compacte susceptible d'un beau poli.

Le gypse se rencontre dans presque tous les terrains. Il est très abondant aux environs de Paris (Montmartre, Montmorency, Argenteuil), dans les Vosges, en Lorraine et dans la Souabe.

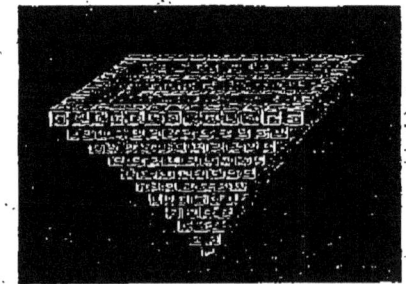

Fig. 299. — Les cristaux du sel.

Le *sel gemme* ou *gros sel de cuisine* forme des amas plus ou moins importants entre les couches d'argile et de marne. Le sel pur est incolore, transparent ; il cristallise en cubes qui peuvent s'associer en *trémies* (fig. 299). Les plus riches gisements sont à Wieliczka en Pologne.

Les *phosphates de chaux*, utilisés comme engrais en agriculture, existent dans divers terrains. Ils sont abondants à Gafsa (Tunisie), Tebessa (Algérie), dans les Ardennes, la Côte-d'Or, l'Ardèche, et le Gard.

Roches combustibles. — Les roches combustibles forment trois groupes : les *roches charbonneuses*, les *roches bitumineuses* et les *roches résineuses*.

Les plus importantes sont les *charbons* dont l'origine, comme nous le verrons plus loin, est végétale. Ils sont d'autant plus purs qu'ils sont plus anciens.

La *tourbe* se forme de nos jours. Le *lignite* est plus compact que la tourbe. La *houille* chauffée en vase clos laisse dégager le *gaz d'éclairage* et laisse comme résidu le *coke*. Les principales variétés de houilles sont la *houille grasse*, la *houille maigre*, la *houille maréchale*, la *houille à gaz*.

L'*anthracite* est du charbon presque pur : il dégage en brûlant beaucoup de chaleur, d'où son emploi pour le chauffage des locomotives.

Le *graphite* ou *plombagine* est un charbon pur ; c'est une roche tendre laissant sur le papier une trace grise.

Le *diamant* est un charbon très pur, très dur et d'une grande limpidité. Il produit, lorsqu'il est taillé en cristaux, des jeux de lumière fort appréciés en bijouterie.

Roches bitumineuses. — Les roches bitumineuses sont le *pétrole* et le *bitume*. Le pétrole naturel est un liquide inflammable, sirupeux, brun ou noir. Il en existe de nombreux gisements en Europe, en Asie et en Amérique.

Les sources de Bakou (Caucase) sont les plus célèbres.

Roches résineuses. — Elles proviennent de la résine sécrétée par des Pins à des époques géologiques très reculées : tel est l'*ambre* qui s'électrise facilement.

GÉOLOGIE.

RÉSUMÉ — ROCHES SÉDIMENTAIRES

Ont été déposées par les eaux. Elles se présentent ordinairement en couches étendues et régulières. Elles résultent de l'usure et de la décomposition des roches éruptives. Elles renferment souvent des *fossiles*.

CLASSIFICATION.
- Roches *Calcaires* : Craie.
- — *Siliceuses* : Silex, Grès.
- — *Argileuses* : Argile.
- — *Salines* : Gypse.
- — *Combustibles* : Houille.

ROCHES CALCAIRES.
- Caractères.
  - Font effervescence avec les acides.
  - Sont rayées par l'ongle ou par l'acier.
  - Sont décomposées par la chaleur en { Acide carbonique. Chaux vive.
- Principales roches calcaires.
  - Craie, Calcaire grossier, Calcaire oolithique, Calcaire lithographique, Marbres, Spath d'Islande, Aragonite.

ROCHES SILICEUSES.
- Caractères.
  - Très dures.
  - Font feu au briquet.
  - Ne font pas effervescence avec les acides.
- Principales roches siliceuses.
  - Quartz, Silex, Sable siliceux, Grès, Conglomérats, Meulières, Tripoli.

ROCHES ARGILEUSES.
- Caractères.
  - Aspect terreux. Grasses au toucher.
  - Se laissent facilement entamer par l'ongle. Forment avec l'eau une pâte liante et grasse.
  - Happent à la langue et ne font pas effervescence avec les acides.
- Principales roches argileuses.
  - Kaolin, Argile plastique, Argile smectique, Schistes, Ardoises.

ROCHES SALINES. — Gypse. — Sel gemme. — Phosphate de chaux.

ROCHES COMBUSTIBLES.
- Roches *Charbonneuses* : Tourbe, Lignite, Houille, Anthracite, Graphite, Diamant.
- Roches *Bitumineuses* : Pétrole, Bitume.
- — *Résineuses* : Ambre.

Manipulation :

Analyse élémentaire de la terre arable. — Prendre un peu de terre et la chauffer légèrement.

1. Placer cette terre sur un tamis fin disposé au-dessus d'un cristallisoir plein d'eau et la laver; sécher et peser les parties restées sur le tamis afin d'avoir le poids du petit *gravier*.

2. Laisser déposer la terre fine dans la terrine et décanter quand le liquide semble vouloir s'éclaircir. Le dépôt séché et pesé représente le poids du sable.

3. Lorsque le liquide décanté est limpide, recueillir le dépôt, le sécher et le peser. Le mettre sur une plaque de métal et le chauffer, peser le résidu. La différence entre les deux dernières pesées représente le poids du *terreau*.

4. Après la calcination, verser de l'acide azotique, puis de l'eau, laisser reposer, le dépôt représente l'*argile*.

5. La différence entre le poids précédent et le poids de la partie calcinée représente le poids du calcaire.

PHÉNOMÈNES ACTUELS

28ᵉ LEÇON

MODIFICATIONS CONTINUES DE LA SURFACE DU GLOBE
PHÉNOMÈNES ACTUELS — L'ATMOSPHÈRE

Modifications continues de la surface terrestre. — La Terre, dont nous venons d'étudier la forme et la constitution, subit de perpétuels changements. Pour s'en rendre compte, il suffit d'observer ce qui se passe autour de nous.

Quand on se promène dans la campagne à la suite d'une averse, on voit circuler de toutes parts des filets d'une eau boueuse. Lorsque ces minuscules cours d'eau ont cessé de couler, on remarque que le chemin est sillonné de rigoles plus ou moins profondes et que dans les endroits plats s'est effectué un dépôt de gravier et de sable. La prochaine averse creusera plus profondément les sillons et augmentera l'épaisseur des dépôts.

Si nous nous transportons sur le bord d'une rivière nous constatons qu'après chaque pluie son lit s'élargit et que lors des grandes crues des parcelles assez étendues de terrain ont été entraînées et déposées assez loin en *aval*.

Pendant que les eaux s'attaquent à la surface des continents, la mer, constamment agitée, ne cesse de lancer des vagues à l'assaut des rivages. Elle le fait parfois avec une telle violence que des quartiers de falaise s'effondrent subitement.

Dans les régions montagneuses, les roches des cimes ébranlées par les neiges et sollicitées par la pesanteur roulent avec fracas dans la vallée.

Enfin, naguère, l'île de la Martinique fut en partie bouleversée par une éruption volcanique. Il y a quelques mois à peine une convulsion du sol a brutalement détruit la ville de Messine en Sicile.

Tous ces phénomènes considérés pendant quelques années, pendant un siècle, paraissent négligeables, mais à la longue ils produisent des changements sensibles. Comme notre planète est très vieille et que les causes qui produisent ces changements ont sévi de tout temps, on comprend qu'elle a dû subir de nombreuses transformations pour arriver à l'état actuel, et que cet état actuel n'est lui-même que passager. C'est donc l'étude des phénomènes présents qui nous permettra de rétablir les diverses phases de la vie de la terre et de reconstituer son histoire.

Phénomènes actuels.

De l'ensemble des faits sur lesquels nous venons de jeter un rapide coup d'œil, il résulte que l'écorce terrestre est soumise :
1° *A l'action des agents externes (air, eau, pesanteur)* ;
2° *A l'action des agents internes (volcans, tremblements de terre)* ;
3° *A l'action des êtres vivants.*

Action des forces externes. — Atmosphère. — L'atmosphère est la couche d'air qui enveloppe la terre. Sa hauteur n'est pas inférieure à 100 kilomètres. L'air est un mélange principalement composé d'oxygène et d'azote ; il s'y trouve, en outre, de l'acide carbonique et de la vapeur d'eau.

L'atmosphère agit sur l'écorce terrestre par les phénomènes électriques dont elle est le siège, par ses variations de température, par la vapeur d'eau qu'elle renferme et surtout par ses déplacements (vents). Passons en revue ces diverses actions.

Électricité. — La foudre frappe de préférence les sommets les plus élevés des massifs montagneux ; elle fend les roches et en détermine la fusion superficielle. Lorsqu'elle atteint les sables, elle produit des galeries plus ou moins ramifiées connues sous le nom de *fulgurites*.

Température. — Les variations brusques de température provoquent l'éclatement des roches, émiettent les couches superficielles du sol. Ces effets sont faciles à constater dans les hautes montagnes et dans les déserts où le refroidissement nocturne succède brusquement à la chaleur du jour.

Les roches composées de plusieurs minéraux se dilatent inégalement, se fendent et se fragmentent.

Quand il fait froid la vapeur d'eau atmosphérique se condense et pénètre dans les fissures des roches. Si le froid devient plus vif, cette eau se solidifie en augmentant de volume et les roches se réduisent en miettes.

Les alternatives de froid et de chaleur, de sécheresse et d'humidité, en désagrégeant les matériaux superficiels de l'écorce terrestre, contribuent à la formation de la terre arable.

Vents. — Le vent est de l'air en mouvement. Ce mouvement est dû à l'inégal échauffement de l'air dans les diverses régions de l'atmosphère.

L'air chaud étant plus léger que l'air froid s'élève; il est remplacé par de l'air venant des régions voisines. Ainsi naissent les courants atmosphériques.

Certains vents soufflent régulièrement des pôles vers l'équateur et de l'équateur vers les pôles. Ce sont les vents *alizés*.

Sur les côtes le vent souffle tantôt de la mer vers la terre, tantôt de la terre vers la mer.

On conçoit que bien des circonstances accidentelles, bien des causes locales modifient la direction et l'intensité des vents réguliers qui tendent à s'établir dans chaque pays. L'une des causes principales de ces perturbations est la formation des nuages.

Quand certaines conditions atmosphériques se trouvent réalisées, les vents peuvent acquérir une très grande vitesse : tels sont les *cyclones*, en Amérique et en Europe, les *typhons* dans l'Inde, les *ouragans* aux Antilles.

Érosion produite par les vents. — Le vent use, ronge, pour ainsi dire, les roches. Ce phénomène prend le nom d'*érosion*.

Dans les régions dénudées où la sécheresse est extrême, le sol s'effrite et devient le jouet des vents. Le sable entraîné frotte contre les roches, il les polit si leur dureté est suffisante, il les sculpte, les creuse de sillons profonds si leur compacité est faible.

Dans les grandes plaines, dans les déserts, il balaie les surfaces horizontales; il fouille tous les creux et met en relief les parties les plus dures (*Forêt de Fontainebleau* : *érosion des sables, amoncellement de grès*).

Édification par le vent. — Sur les plaines sablonneuses, sur certaines plages marines, les vents soulèvent les sables et les accumulent sous forme de bancs appelés *dunes* (fig. 300).

Les dunes sont des collines de sable dont le caractère principal est de se déplacer dans le sens du vent dominant de la contrée.

Les grains de sable poussés par le vent cheminent jusqu'à ce qu'ils rencontrent un obstacle. Ils s'accumulent alors formant un talus à pente très faible du côté du vent, tandis que

Fig. 300. — Dunes et Étang.

le talus opposé ou *talus d'éboulement* est beaucoup plus incliné.

L'action continue du vent détermine la formation d'une série de monticules, de plus en plus élevés, en arrière du premier et peu à peu les dunes progressent vers l'intérieur des terres.

Dans les Landes, elles avançaient en moyenne de 20 à 25 mètres par an. A la fin du siècle dernier, l'ingénieur *Brémontier* eut l'idée de les fixer. Il établit des forêts de Pins qui sont devenues une des richesses de la contrée.

Les *dunes maritimes* sont fréquentes sur les côtes de la Hollande, de la Flandre, de la Bretagne et de la Gascogne.

Les *dunes continentales* du Sahara s'élèvent jusqu'à 200 mètres de hauteur.

En un mot, les conditions nécessaires à la formation des dunes sont :

1° *La présence d'un sable fin et meuble*;
2° *L'existence de vents de direction constante*;
3° *Un sol dépourvu de végétation.*

Rôle géologique. — Les sables comblent avec le temps le lit des petits cours d'eau à leur embouchure; les eaux n'ayant plus un accès suffisant vers la mer forment des marais ou des étangs.

RÉSUMÉ

MODIFICATIONS DE LA SURFACE DU GLOBE.	La terre subit de perpétuels changements. Elle est soumise à des	AGENTS EXTERNES.	Pesanteur. Air. Eau.
		AGENTS INTERNES.	Volcans. Mouvements du

L'atmosphère est la couche d'air qui enveloppe la terre.

L'atmosphère agit sur l'écorce terrestre.
- Par les phénomènes électriques dont elle est le siège.
- Par ses variations de température.
- Par ses déplacements (vents).

VENT.

Le vent est de l'air en mouvement.

- *Direction des vents.*
  - Vents réguliers.
    - Alizés.
    - Contre-Alizés.
    - Moussons et Brises.
  - Vents violents.
    - Cyclones.
    - Typhons.
    - Ouragans.
  - Vents irréguliers et locaux.

- *Action des vents.*
  - Érosion.
    - Le vent ronge les roches.
    - Le vent soulève les débris du sol.
  - Dunes.
    - Dunes maritimes.
    - Dunes continentales.
  - Édification. Conditions nécessaires à la formation des dunes.
    - Sable fin et meuble.
    - Vents de direction constante.
    - Sol dépourvu de végétation.

29ᵉ LEÇON

L'action de l'Eau.

NEIGE — GLACIERS

Mouvement de l'eau à la surface du globe. — Sous l'influence de la chaleur solaire l'eau des océans, des lacs et des rivières s'évapore.

La vapeur d'eau s'élève dans l'atmosphère et s'y condense en fines gouttelettes dont la réunion forme les nuages. Ceux-ci poussés par les vents vers les continents atteignent des régions plus ou moins froides et se résolvent en pluie ou en neige.

L'eau de pluie tombant sur le sol se divise en trois parties : l'une s'évapore et retourne presque immédiatement dans l'atmosphère ; c'est l'*eau d'évaporation*. Une autre partie s'écoule sur les terrains inclinés ; elle constitue les *eaux de ruissellement*. Une troisième partie traverse les couches perméables du sol, forme des nappes souterraines et s'écoule enfin en sources pour

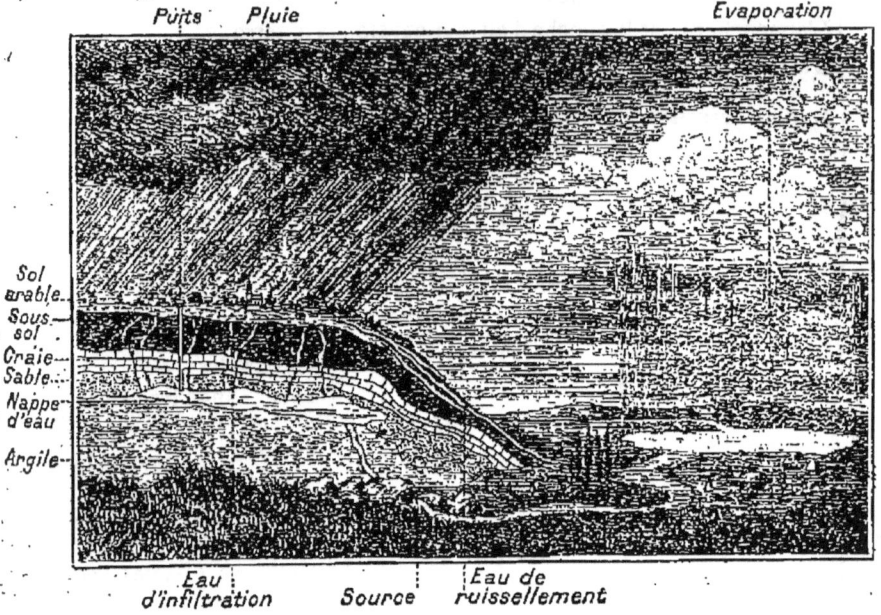

Fig. 301. — Circulation de l'eau.

regagner la mer avec l'eau de ruissellement : c'est l'*eau d'infiltration*.

L'eau part de l'océan et y revient par des voies parfois détournées. Il s'établit ainsi entre l'océan et l'atmosphère, par l'intermédiaire des continents, une véritable circulation d'eau (fig. 301).

Comme nous allons le voir, le rôle géologique de l'eau est capital. *L'eau détruit et édifie ; c'est le grand niveleur des continents.*

Neige. — Sur les hautes montagnes les chutes de neige sont plus fréquentes que dans les plaines, parce qu'il y fait plus froid. De plus, au-dessus d'une certaine altitude, variable suivant les régions, la neige ne fond jamais complètement. Cette altitude est ce qu'on appelle la limite des neiges persistantes ou des neiges perpétuelles. Elle varie de 2 700 à 3 000 mètres dans les Alpes. Elle est au-dessus de 5 000 mètres dans l'équateur et descend au niveau de la mer aux îles Shetland du Sud.

La neige amoncelée sur les cimes fond en partie sous l'action du soleil, l'eau de fusion pénètre dans les fissures des rochers et pendant la nuit cette eau se congèle, augmente de volume, elle soulève le roc et le fend.

Ces alternatives journalières de gel et de dégel ébranlent les grosses pierres du sommet qui sont entraînées périodiquement en avalanches. Le tout s'engouffre dans les profonds ravins ou s'étale au pied de la montagne en un *cône d'éboulis*.

Glaciers. — Lorsque les neiges persistantes s'accumulent dans des cirques assez étendus elles s'y transforment en glace de la manière suivante.

La neige tombée en flocons légers, composés d'élégants cristaux à six branches, se réunit dans les dépressions, tassée par son propre poids, elle constitue le *névé*. Sous l'action du soleil, les couches superficielles fondent; les gouttelettes d'eau provenant de la fusion pénètrent entre les cristaux de neige et en se gelant de nouveau les soudent entre eux.

Il se forme ainsi une masse grenue renfermant de nombreuses bulles d'air, c'est la *glace bulbeuse*.

Puis les bulles d'air s'échappent, la glace devient plus homogène, plus transparente, c'est la *glace des glaciers*.

Le glacier est alimenté par les chutes de neige et par les petits glaciers qui se joignent à lui.

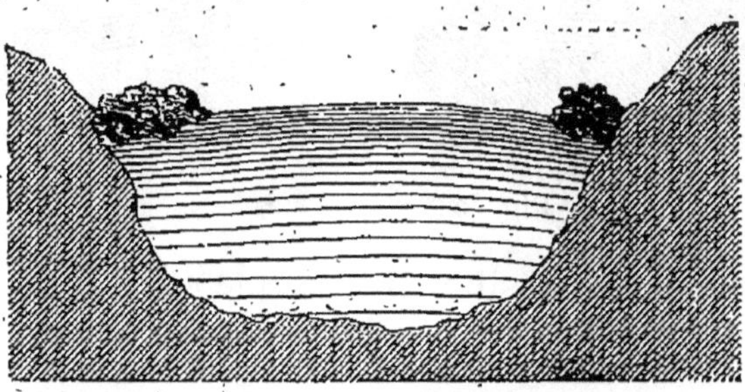

Fig. 302. — Coupe transversale d'un glacier; blocs éboulés formant les moraines latérales.

Marche des glaciers. — Le glacier (fig. 302) est une sorte de torrent gelé, cheminant avec une extrême lenteur dans le sens de la pente. Cette conclusion résulte de quelques observations directes.

Une échelle abandonnée par les guides de de Saussure en 1788 au Puy de l'Aiguille noire fut retrouvée en 1832 à 4 050 mètres en aval, ce qui indiquait une progression moyenne de 91 mètres par an.

Au commencement du siècle dernier de Saussure rendit manifeste, par une expérience simple, souvent répétée depuis, le déplacement des glaciers.

Elle consiste à fixer un piquet sur chacun des bords opposés du glacier, puis à planter des jalons formant une ligne droite avec les deux premiers.

Quelques jours après, on constate que les jalons, entraînés dans le même sens, dessinent une courbe assez irrégulière dont la convexité est dirigée vers l'aval (fig. 303).

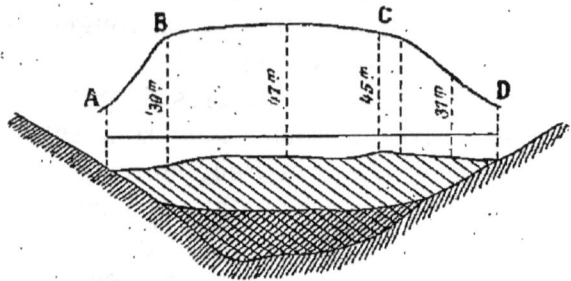

Fig. 303. — Coupe d'un glacier.
La courbe A. B. C. D. représente les vitesses de la surface du glacier.

On observe encore que le courant est ralenti sur les bords et accéléré au milieu.

La vitesse de déplacement est variable suivant les glaciers, la largeur du lit, les saisons, etc.

La marche inégale des diverses parties du glacier détermine de grandes crevasses (fig. 304).

Le glacier est donc une masse de glace qui coule sur une surface inclinée comme un liquide visqueux.

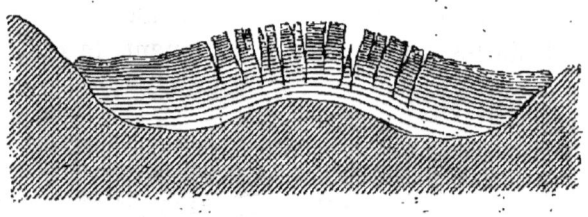

Fig. 304. — Crevasses.

Son mouvement est rendu possible par la plasticité de la glace et la fonte partielle des couches profondes sous l'influence de la pression.

Effets géologiques des glaciers : *Érosion*. — Le glacier pressé de son propre poids avec une grande force sur le fond de la vallée qu'il parcourt. En glissant, il creuse son lit, en rabote les bords. Rien ne résiste à son action. La roche la plus dure, fut-elle du granit, est entièrement mise à nue, polie, striée et burinée. Ainsi se forment les roches *moutonnées* et les *cailloux striés* caractérisant les formations glaciaires.

Les galets du fond sont triturés et réduits à l'état de *boue glaciaire*.

Transport, édification. — Le glacier est un agent de transport d'une grande puissance. Il porte sans peine « sur son dos » des rochers, parfois plus gros qu'une maison, tombés des cimes voisines. Il les entraîne dans sa marche et les dépose en les alignant le long de ses deux rives. Ces traînées de blocs constituent les *moraines latérales*. Lorsque deux glaciers se réunissent, deux moraines latérales adjacentes se confondent en une *moraine médiane* (fig. 305).

Les matériaux charriés par le fleuve glacé s'accumulent à son extrémité, en une digue qui marque le point où la glace, par suite de la température élevée, ne peut plus progresser. Cette digue appelée *moraine frontale* (fig. 306) barre la vallée. Elle est incessamment remaniée par les torrents provenant de la fonte du glacier.

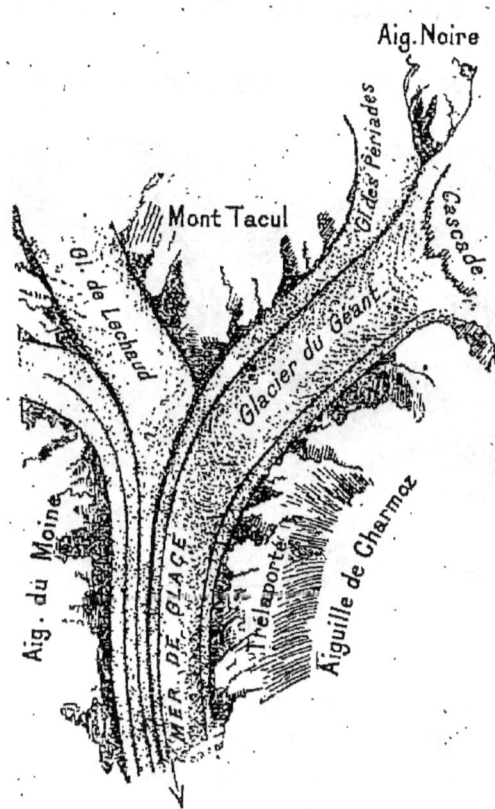

Fig. 305. — Plan d'un glacier, montrant la formation des moraines latérales et médianes.

Ainsi le glacier ramène à la vallée et finalement à la mer, l'excédent des neiges tombées sur les hauts sommets.

A la suite d'une série d'hivers neigeux, le glacier s'étend, son *front* se prolonge, renversant impitoyablement tous les obstacles, creusant comme la charrue d'un géant les terres qui se dressent devant lui.

Au contraire, si plusieurs années sèches se succèdent, le glacier recule, son extrémité remonte, laissant partout sous la forme de blocs dressés, plus ou moins striés, ou *blocs erratiques*, la trace de son séjour.

Grâce à ces dépôts on a pu établir avec une précision remarquable la place occupée par les anciens glaciers.

C'est ainsi qu'on a évalué à près de 150 900 kilomètres carrés la surface des glaciers alpins au moment de leur plus grande extension. Les limites atteignaient Munich, Vienne, Vérone, Turin, Lyon et Besançon.

Aussi a-t-on pu dire avec raison que les *blocs erratiques, les*

Fig. 306. — Moraine frontale d'un glacier.

cailloux striés sont les cartes de visite laissées par les glaciers.

Les glaciers sont inégalement répandus à la surface de la Terre. La Suisse est un des pays où l'on en trouve le plus. On en connaît dans l'Himalaya de très étendus.

Il en existe un grand nombre dans les monts Scandinaves et dans les montagnes élevées et humides de la Nouvelle-Zélande.

Dans les climats froids les glaciers sont peu élevés.

Dans les régions polaires, par exemple, les glaciers se fusionnent et forment de vastes *inlandsis* qui arrivent jusque dans la mer et donnent en se fractionnant des glaces flottantes ou *icebergs* très dangereux pour les navires explorant ces régions.

RÉSUMÉ. — Il s'établit entre l'océan et l'atmosphère, par l'intermédiaire des continents, une véritable circulation d'eau. Sous l'influence du soleil l'eau des océans s'évapore. La vapeur d'eau s'élève dans l'atmosphère et s'y condense en fines gouttelettes dont la réunion forme les nuages. Ceux-ci, poussés par les vents, atteignent des régions froides et se résolvent en pluie ou en neige. Les chutes de neige sont fréquentes sur les hautes montagnes. De plus, au-dessus d'une certaine altitude, la neige ne fond jamais complètement. C'est la limite des neiges *perpétuelles* ou *persistantes*. Lorsqu'elles s'accumulent dans des cirques assez étendus elles s'y transforment en glace.

Le glacier est une sorte de torrent gelé; il se déplace très lentement dans le sens de la pente. En glissant, le glacier creuse son lit, en rabote les bords. Rien ne résiste à son action. La roche la plus dure est mise à nue, polie, striée, burinée. Les galets du fond sont triturés et réduits en *boue glaciaire*.

Le glacier dépose le long de ses rives (*moraines latérales*), et à son extrémité (*moraine frontale*), les divers matériaux qu'il charrie.

Ainsi le glacier ramène à la vallée et finalement à la mer l'excédent des neiges tombées sur les sommets. Les glaciers sont inégalement répandus à la surface de la Terre. La Suisse est un des pays où l'on en trouve le plus. On en connaît de très étendus dans l'Himalaya, dans les Monts Scandinaves et dans la Nouvelle Zélande.

Dans les régions polaires les glaciers se fusionnent et forment de vastes *inlandsis* qui arrivent dans la mer, se fragmentent, produisant des glaces flottantes ou *icebergs*.

30ᵉ LEÇON

PLUIE — EAU D'INFILTRATION — EAU DE RUISSELLEMENT

Lorsque les nuages, dont nous connaissons l'origine, arrivent dans des régions assez froides, ils se résolvent en gouttes d'eau que leur propre poids précipite sur le sol : c'est la *pluie*. Examinons-en les effets.

En frappant la terre, les gouttelettes d'eau en soulèvent de fines particules et les entraînent dans les endroits plus bas. Si les parties meubles du sol sont protégées par des pierres, ces dernières se trouvent placées après l'averse à l'extrémité d'un petit piédestal. Cet effet s'observe journellement sur toutes les pentes sablonneuses. Une nouvelle averse creuse encore autour de ces pierres et ainsi se forment, avec le temps, les curieuses pyramides appelées *cheminées de fée*, communes en Savoie et au Colorado (fig. 307).

Les roches solubles dans l'eau comme le sel gemme et le gypse sont rapidement dissoutes lorsqu'elles affleurent à la surface. Une colline gypseuse de Romainville, près de Paris, a été en partie détruite par les pluies.

L'eau de pluie chargée d'acide carbonique a la propriété de dissoudre le calcaire, c'est l'une des causes de la dégradation de la plupart des constructions.

Le granite, une des roches les plus dures, est également désagrégée par la pluie. Le granite est composé de quartz, de mica et de feldspath. Ce dernier minéral est un silicate d'alumine et de potasse, il se décompose en carbonate de potasse, acide silicique et silicate d'alumine ou *argile*. C'est pour cela que les vieux édifices ont un aspect si lamentable.

La pluie est donc un agent géologique important : elle attaque toutes les roches, les désagrège, les dissout et en emporte les débris s'ils sont assez légers.

L'eau qui tombe sur le sol se divise en trois parties :
1° *L'eau d'évaporation;*
2° *L'eau d'infiltration;*
3° *L'eau de ruissellement.*

L'eau d'évaporation retourne immédiatement dans l'atmosphère.

Eau d'infiltration. — Les eaux de pluie qui tombent sur les terrains perméables, comme les sables, les graviers, ou fissurés comme les calcaires, s'infiltrent dans le sol jusqu'au moment où

Fig. 307. — Pyramide de terre surmontée d'un bloc de pierre qui la protège contre l'action de la pluie.

elles rencontrent une couche imperméable, une couche d'argile, par exemple. Là elles s'accumulent formant une *nappe d'infiltration*.

Cette nappe aquifère suit rigoureusement toutes les variations de pente de la couche imperméable. A l'endroit où celle-ci affleure à la surface du sol, l'eau s'écoule formant une source.

L'Homme cherche à utiliser l'eau enfouie dans les profondeurs du sol ; il creuse des *puits* jusqu'au niveau de la nappe d'infiltration et élève cette eau par divers moyens (fig. 308).

Il peut se faire qu'une assise de sable plus ou moins épaisse soit placée entre deux couches d'argile disposées en forme de cuvette (fig. 309). L'eau pénétrant dans le sable à l'endroit où il affleure se rassemble entre les deux couches d'argile et en suit toutes les vicissitudes. Si l'on vient à creuser un puits au fond de cette cuvette, l'eau jaillira, car en vertu du principe des vases communicants, elle doit monter jusqu'au niveau le plus élevé. C'est un *puits artésien* ainsi appelé parce que l'usage en est répandu depuis longtemps en Artois (fig. 309).

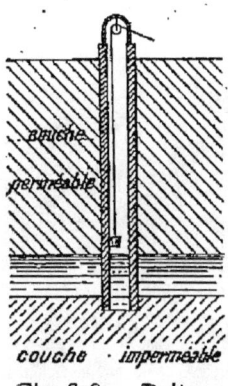

Fig. 308. — Puits.

Le puits de *Grenelle* et celui de *Passy* à Paris sont des puits artésiens. Ils sont alimentés par une nappe aquifère située à **550 mètres** de profondeur et dont les points d'affleurement sont en Champagne et en Normandie à une altitude de 200 mètres.

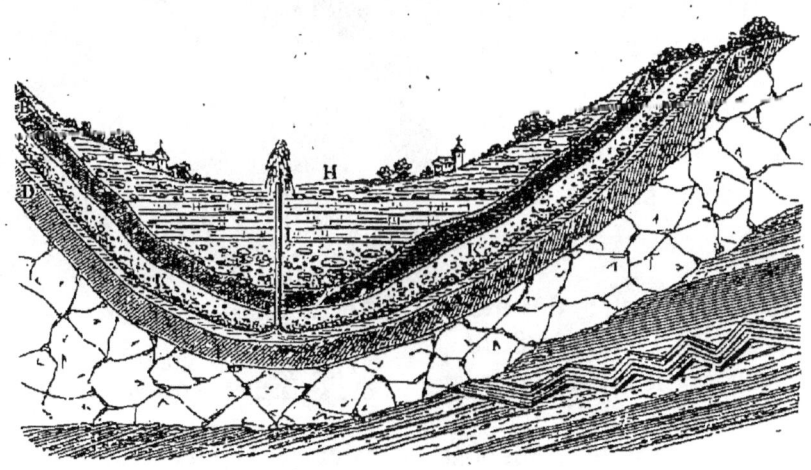

Fig. 309. — Coupe d'un puits artésien.
BA, couche d'argile ; IK, couche de sable, nappe d'eau ; DC, couche d'argile ; H, niveau du sol.

Effets de l'eau d'infiltration. — La vitesse d'écoulement de l'eau d'infiltration dépend de la fréquence des pluies et de l'inclinaison de la nappe souterraine.

Dans les régions où cette vitesse est considérable, il se produit des galeries souterraines que l'action mécanique et chimique des eaux élargit constamment.

L'eau dissout avec une grande facilité le sel gemme et le gypse. L'eau chargée d'acide carbonique dissout les carbonates et décompose les silicates (page 219). Les vides déterminés par la dissolution et la désagrégation des roches sont comblés par un tassement consécutif accompagné de dislocation et d'effondrement de terrains superficiels. C'est ainsi que se forment les gouffres et les galeries souterraines dont l'étude fait l'objet d'une science spéciale la *spéléologie* ou *science des cavernes*.

Le grand plateau calcaire des *Causses* en France offre de nombreux exemples de grottes et galeries profondes parcourues par des rivières souterraines. Ces grottes communiquent d'une manière plus ou moins directe avec des gouffres ou abîmes d'une profondeur parfois insondable.

Édification : dépôts divers. — L'eau qui filtre à travers les parois des grottes subit une évaporation considérable et dépose le calcaire qu'elle renferme. Les dépôts successifs constituent avec le temps des *pendentifs* cylindriques auxquels on donne le nom de *stalactites*. Lorsque les gouttes d'eau tombent avant d'avoir déposé tout leur calcaire elles rencontrent le plancher de la grotte et y déposent également du carbonate de chaux, formant des colonnes dressées auxquelles on donne le nom de *stalagmites* (fig. 310).

Si les eaux suintent par les fissures du plafond elles produisent des dépôts en draperies du plus bel effet, comme ceux de la curieuse grotte de la Forêt vierge de l'Aven Armand dans la Lozère.

Fig. 310. — Grotte renfermant des stalactites et des stalagmites.

Les substances dissoutes par les eaux souterraines se déposent souvent en cristaux dans les fentes des rochers constituant un véritable *ciment*. Si les eaux arrivent au contact de l'air, les substances dissoutes se déposent en petits cristaux : ainsi s'expliquent les *sources incrustantes* de Saint-Allyre et de Saint-Nectaire, près de Clermont-Ferrand, qui recouvrent d'une couche de carbonate de chaux tous les objets qu'on y plonge.

Eau de ruissellement. — L'eau de pluie qui tombe sur un terrain imperméable ou sur un sol incliné *ruisselle*, contribuant avec les sources à créer les torrents et les cours d'eau permanents (*rivières, fleuves*) dont le rôle géologique est des plus importants.

Torrent. — Le torrent est un cours d'eau temporaire; il comprend trois parties essentielles : le *bassin de réception* ou *cirque*, le *canal d'écoulement* et le *cône de déjection* (fig. 311).

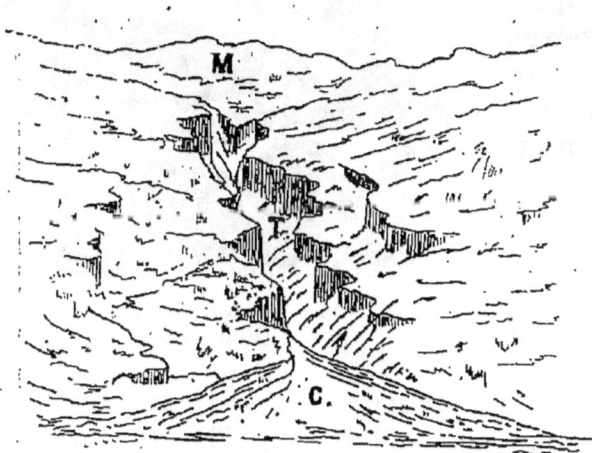

Fig. 311. — Torrent.
C, cône de déjection ; T, canal ; M, cirque.

Dans les régions montagneuses, l'eau provenant de la fonte des neiges et des pluies s'accumule habituellement dans une dépression ou *cirque*, puis, suivant la pente du terrain, elle se creuse un canal d'écoulement jusque dans la vallée où elle étale tous les matériaux entraînés en un *cône de déjection*. Le lit de la plupart des torrents est à sec en dehors de l'hiver et des grandes pluies d'orage. Ce lit est couvert de blocs arrondis, polis ou rayés par le frottement des matériaux charriés avec une extrême vitesse. L'arrivée toujours soudaine des eaux torrentielles cause parfois des inondations terribles. Pour lutter efficacement contre leur action désastreuse, il suffit de couvrir de forêts les flancs des montagnes et les pentes des vallées (fig. 312).

Le montagnard imprévoyant, pour satisfaire son intérêt immédiat, a détruit les forêts pour en utiliser le bois, mais il a apporté ainsi la désolation dans les plaines avoisinantes. C'est surtout vers la fin du siècle dernier que cette destruction inintelligente a été consommée.

Puisque le *déboisement* est la cause du mal, c'est dans le *reboisement* qu'est le remède.

Dans les pays où le sol est couvert d'une riche végétation, le terrain est rendu perméable par l'accumulation des débris de toutes sortes, la violence des pluies est atténuée par les feuilles et les rameaux des arbres, et l'eau s'infiltre ou coule lentement.

Cours d'eau proprement dits : rivières et fleuves. — Les rivières et les fleuves ont un cours permanent. Alimentés par les sources et les torrents, leur destinée est de rendre à la mer tout l'excédent des pluies tombées sur leur bassin.

Fig. 312. — Le torrent du Huelgoat (Finistère).

L'idéal serait que chaque cours d'eau pût accomplir cette fonction dans un mouvement uniforme, car l'humanité a besoin d'eaux paisibles au cours invariable.

Lit du cours d'eau. Creusement des vallées. — Il appartient au fleuve lui-même de régulariser son cours. Il y parvient ordinairement après un temps plus ou moins long. Vers sa source, il s'écoule sur une pente très rapide, il creuse comme le torrent une vallée étroite et profonde. Il entraîne la terre meuble et roule les rocailles vers la plaine. Ici, le sol est moins incliné, la vitesse du cours d'eau diminuerait sensiblement si son volume n'était accru en route par l'arrivée de nouveaux affluents. Le fleuve enflé s'étend, la vallée s'élargit (fig. 313). A chaque crue nouvelle il se précipite contre ses berges, en mine le pied, les fait écrouler par portions pour en entraîner les débris un peu plus loin, en aval.

Ainsi, peu à peu, le fleuve en *rongeant* la région qu'il traverse creuse une vallée appelée *vallée d'érosion*. Quand la vallée est assez large pour conduire toute l'eau que le fleuve peut recevoir, elle ne se modifie plus guère, le lit ayant atteint son *profil d'équilibre*. En un mot, le cours d'eau creuse son lit, en fixe les

Fig. 313. — Dans la partie basse des cours d'eau les vallées s'élargissent.

contours et puis y roule ses eaux sans y apporter des modifications sensibles. Un géologue américain *Davis* a comparé les divers stades de la vie du cours d'eau aux âges de la vie de l'homme : *jeunesse, âge mûr, vieillesse*.

Pendant la période de jeunesse le creusement prédomine. La *Durance* est un exemple de rivière jeune.

Au stade de maturité le profil d'équilibre est à peu près établi (*la Loire*). Au stade de vieillesse, le fleuve, n'ayant plus la force d'affouiller son lit, allonge son cours en décrivant des méandres (*la Seine*).

Érosion. — Les cours d'eau à régime torrentiel creusent des vallées profondes et charrient beaucoup de matériaux.

Ce travail d'érosion varie avec la nature des roches, leur consistance et leur disposition.

Si le cours d'eau coule sur deux roches inégalement dures, l'une tendre en amont, l'autre résistante en aval, il creusera rapidement la roche tendre. Il en résultera un lac qu'il devra combler avant de passer par-dessus. Si la roche dure est en amont, elle reste inattaquée tandis que la roche tendre sera usée, creusée. Il se produira en ce point une *chute* (fig. 314), *cascade* ou *cataracte*. La cataracte du Niagara en Amérique es l'une des chutes les plus célèbres du monde.

Le fleuve Saint-Laurent coule entre les lacs Érié et Ontario sur une assise calcaire superposée à une couche de marne.

Dans sa chute, l'eau désagrège rapidement la roche marneuse et le calcaire surplombe ; il finit par s'effondrer et lentement la cataracte se déplace vers le lac Érié.

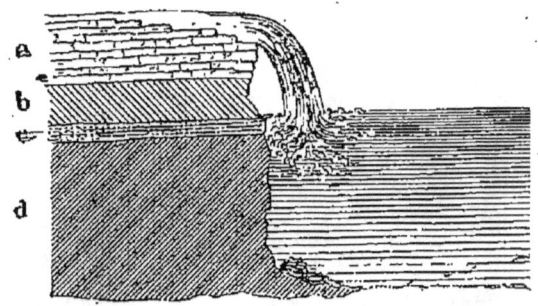

Fig. 314. — Coupe de la chute du Niagara.
a, roche très-dure ; *b*, roche moins dure ;
c, d, roches tendres.

Édification : dépôts. — Les éléments charriés par un cours d'eau sont appelés *alluvions*. D'après leur calibre ces alluvions sont réparties en *cailloutis, graviers, sables* et *limons*.

Les cailloux restent ordinairement à une faible distance de leur lieu d'origine et au milieu du lit. Les sables fins et le limon sont transportés jusqu'à l'embouchure ou sont déposés sur les rives en cas d'inondation.

L'embouchure d'un fleuve par suite de l'action combinée de ses eaux et des vagues marines est un *estuaire* parfois très large (*Seine, Gironde*). Si la mer est périodiquement agitée par des marées, les alluvions sont dispersées, mais comme l'eau salée se montre toujours récalcitrante à l'invasion des troubles, il se forme une *barre* sous-marine sans cesse déplacée par le jeu des marées. Tels sont les sables déposés dans l'estuaire de la Seine constituant un obstacle sérieux à la navigation. Cependant, ces bourrelets ne peuvent dépasser une certaine hauteur, car ils sont dispersés par les courants marins.

Lorsque la mer qui reçoit le fleuve n'est pas sujette aux marées, les alluvions comblent peu à peu l'embouchure. Le cours d'eau se divise en plusieurs branches pour parvenir jusqu'à la mer. Ainsi prennent naissance les dépôts riangulaires appelés deltas, à cause de leur ressemblance avec la lettre grecque Δ (delta) (fig. 315). Néanmoins, on rencontre parfois côte à côte un estuaire (Gabon) et un delta (Niger), et dans les mers intérieures certains fleuves débouchent par des estuaires. L'absence des marées et des courants marins favorise l'établissement des deltas, simplement, car les estuaires et les deltas sont dus principalement aux oscillations de la région littorale.

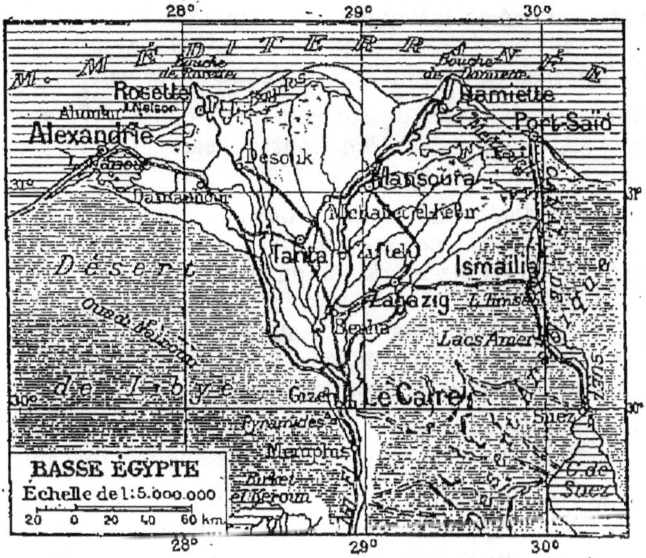

Le delta du Rhône est constitué par la plaine de la Camargue. On peut encore citer les deltas du Nil et du Mississipi. Le Mississipi déverse annuellement 28 millions de mètres cubes d'alluvions dans le golfe du Mexique. Ces alluvions forment un delta qui s'étend en patte d'oie dans la mer et dont la longueur totale est de 320 kilomètres.

Fig. 315. — Delta du Nil.

En résumé, les pluies, les neiges, les glaciers et surtout les cours d'eau peuvent être considérés « comme une légion de fossoyeurs impitoyables menant le deuil des continents, qu'ils dissèquent sans relâche pour en conduire les débris dans le grand cimetière de la mer » (de Lapparent).

RÉSUMÉ. — **Pluie.** — La pluie est un agent géologique important, elle attaque toutes les roches, les désagrège, les dissout et en entraîne les débris s'ils sont assez légers.

L'eau qui tombe sur le sol se divise en trois parties :
L'eau d'évaporation;
L'eau d'infiltration;
L'eau de ruissellement.

Eau d'infiltration. — Les eaux de pluie pénètrent dans un sol perméable (*sable, gravier*) ou fissuré (*calcaire*) et se rassemblent sur une assise d'argile, par exemple, pour former une *nappe d'infiltration*.

Celle-ci affleurant à la surface du sol, il existera un certain nombre de *sources* suivant la ligne d'affleurement. On peut encore utiliser l'eau souterraine à l'aide de *puits ordinaires* et de *puits artésiens*.

L'eau d'infiltration dissout facilement le sel gemme et le gypse l'eau chargée d'acide carbonique dissout certains carbonates et décompose les silicates. Ces phénomènes de dissolution et de décomposition des roches déterminent des vides souvent comblés par un tassement consécutif accompagné de dislocations et d'effondrements des terrains superficiels (*galeries, cavernes, grottes, gouffres*).

Les eaux d'infiltration abandonnent, lorsqu'elles filtrent à travers les parois d'une grotte ou même lorsqu'elles s'épanchent en sources à la surface du sol, le calcaire qu'elles renferment. Ainsi s'expliquent les *stalactites*, les *stalagmites* et les dépôts des *fontaines incrustantes*.

Eau de ruissellement. — L'eau de ruissellement contribue avec les sources à créer les torrents et les cours d'eau permanents (rivières et fleuves).

Torrent. — Un torrent comprend trois parties : le *bassin de réception*, le *canal d'écoulement* et le *cône de déjection*.

Le lit de la plupart des torrents est à sec en dehors de l'hiver et des grandes pluies d'orage. Ce lit est couvert de blocs arrondis, polis ou rayés par le frottement des matériaux charriés avec une extrême vitesse. Les matériaux arrachés aux flancs des montagnes sont étalés dans la vallée en un *cône de déjection*.

Cours d'eau permanents. — La destinée des rivières et des fleuves est de rendre à la mer l'excédent des pluies tombées sur leur bassin.

Érosion. — Le cours d'eau creuse son lit, en fixe les contours et puis y roule ses eaux sans y apporter des modifications sensibles.

Les cours d'eau à régime torrentiel creusent des vallées profondes et charrient beaucoup de matériaux. Ce travail d'*érosion* varie avec la nature des roches, leur consistance et leur disposition (*lacs, chutes cascades*).

Transport. — Édification. — Les éléments entraînés par u cours d'eau sont appelés *alluvions*. D'après leur calibre, ces alluvions sont réparties en *cailloutis, graviers, sables* et *limons*. L'embouchure d'un fleuve, par suite de l'action combinée de ses eaux, des vagues de la mer et surtout des *oscillations* du rivage, est un estuaire (*Seine, Gironde*) ou un delta (*Nil, Rhône*).

31ᵉ LEÇON

LA MER — SÉDIMENTS

Action de la mer. — La mer paraît être le plus grand ennemi des continents ; car elle lance constamment ses vagues à l'assaut du rivage. En réalité « son travail tapageur » ne représente pas le dixième de celui des eaux courantes.

La mer est agitée par les *marées* et les *vents*. Les marées sont dues à l'influence des astres et particulièrement à celle de la lune. Elles se produisent deux fois en 24 h. 50.

La mer monte pendant six heures environ, c'est le *flux* ou *marée montante*. Elle recouvre la plage et, après un court repos, elle se retire ; c'est le *reflux*, *jusant* ou *marée descendante*. L'intervalle de deux hautes mers est d'un peu plus de douze heures.

Le vent donne naissance aux vagues, mouvements ondulatoires doués souvent d'une grande vitesse, et aux *courants marins*. Ceux-ci ne sont pas dus seulement, comme on l'avait cru, à la différence de température des eaux. Le courant marin le plus important qui intéresse directement l'Europe est le *Gulf-Stream*.

Érosion. — L'action des vagues et des marées est particulièrement sensible sur les côtes bordées de hautes falaises calcaires. Le choc incessant des lames mine les roches par la base et provoque la chute de pars entiers de ces roches (fig. 316). Sur les côtes de la Manche, au cap de la Hève, les éboulements se produisent quelquefois sur une longueur de plusieurs centaines de mètres, si bien que la falaise subit annuellement un recul moyen de 30 centimètres.

Fig. 316. — Les roches dures résistent plus longtemps à l'action des vagues que les roches tendres.

Les falaises granitiques de Bretagne, plus dures, sont découpées, profondément entaillées, ce qui donne à cette côte un aspect des plus pittoresques.

Sur les côtes plates l'érosion est lente et régulière. Tous les matériaux arrachés à la terre ferme sont incessamment remaniés par les vagues et réduits en cailloux puis en galets transformés à leur tour en gravier et sable fin. La destruction des roches calcaires et siliceuses donne du sable, le *beau sable des plages*. Les roches argileuses donnent du limon.

Quand certaines conditions se trouvent réalisées, la mer aligne au pied des falaises, à l'entrée des baies et autres échancrures du rivage, des *levées* de galets et de sables appelées *cordons littoraux*. Entre les cordons littoraux et le rivage se trouvent les *lagunes*.

Sédimentation, dépôts. — Deux sédiments d'origines différentes se forment d'une manière continue au fond des mers. Ce sont les *dépôts terrigènes* et les *dépôts organiques*.

Les dépôts terrigènes sont constitués par tous les matériaux empruntés à la terre ferme. Au voisinage des côtes se déposent les éléments les plus volumineux; plus au large, se précipitent les sables fins, les particules d'argile et de calcaire que l'eau tient plus ou moins longtemps en suspension. Tous ces dépôts engendrent autour des continents une frange sous-marine très large. Les dépôts organiques, composés de débris d'origine animale et végétale, s'accumulent dans les grandes profondeurs et forment des assises de grande épaisseur.

Lorsque les mouvements du sol imposent aux océans de nouvelles limites, les dépôts émergent et constituent les *roches sédimentaires*.

RÉSUMÉ. — La mer est agitée par les vagues et les marées.
Les marées sont dues à l'influence des astres et particulièrement à celle de la lune sur la Terre. Elles se produisent deux fois en $24^h,50^m$. La mer monte pendant 6 heures, c'est le *flux* ou *marée montante*. Elle recouvre la plage et après un court repos elle se retire; c'est le *reflux*, *jusant* ou *marée descendante*.
Le vent donne naissance aux *vagues* et aux *courants marins*.
L'action des vagues et des marées est réellement sensible sur les côtes bordées de hautes falaises calcaires. Le choc incessant des vagues mine les roches par la base et en provoque la chute. Les débris entraînés se déposent plus ou moins loin au fond de la mer.
Les falaises granitiques sont profondément entaillées.
La destruction des roches calcaires et siliceuses produit le *beau sable des plages*; les débris des roches argileuses donnent le *limon*.
Quand certaines conditions se trouvent réalisées, la mer aligne au pied des falaises, à l'entrée des baies et autres échancrures du rivage des levées de galets et de sables appelées *cordons littoraux*.
Entre les cordons littoraux et le rivage se trouvent les *lagunes*.
Deux sédiments d'origines différentes se forment d'une manière continue au fond des mers. Ce sont les *dépôts terrigènes* et les *dépôts organiques*. Les premiers, constitués par tous les matériaux empruntés à la terre ferme, engendrent autour des continents une *frange sous-marine* très large.
Les dépôts organiques composés de débris d'origine animale et

végétale (*coquilles*, *tests*, *carapaces*) s'accumulent dans les grandes profondeurs. Lorsque les mouvements du sol imposent aux océans de nouvelles limites, ces dépôts émergent et constituent les *roches sédimentaires* ou *terrains sédimentaires*.

32ᵉ LEÇON
Action des êtres vivants.

Un grand nombre d'êtres vivants ont contribué et contribuent encore à rendre au domaine de l'humanité quelque chose de ce que l'érosion lui avait fait perdre. Tels sont les Lichens, les Algues, les Mousses, les Coraux, les Foraminifères, etc.

Action des végétaux. — Les Lichens se développent sur toutes les roches et leurs débris mélangés à ceux de la roche forment la première partie de la couche végétale.

Un grand nombre de végétaux : Mousses, Algues, Graminées se transforment chaque jour en une matière charbonneuse, la tourbe. Des forêts entières ont été jadis enfoncées sur place ou charriées par les eaux; elles sont devenues les combustibles minéraux que nous utilisons aujourd'hui.

Combustibles minéraux. — Les combustibles minéraux : *tourbe*, *lignite*, *houille*, *anthracite* ont, en effet, une origine végétale. Ils résultent de la transformation de la *cellulose* qui forme la masse principale des organes de la plante en une matière charbonneuse. Cette transformation est une véritable fermentation déterminée par l'activité d'Algues microscopiques du groupe des Bactéries.

Tourbe. — La tourbe provient de la décomposition, sur place et à l'abri de l'air, de certains végétaux formant des prairies humides connues sous le nom de *tourbières*.

Les plantes des tourbières varient avec le climat et la nature du sol. Dans les régions froides ce sont des *Sphaignes* (p. 189) dans les terrains où domine le calcaire les Sphaignes sont remplacées par d'autres Mousses; dans le fond des vallées ce sont quelques Graminées et des Cypéracées (*Tourbières de la Somme, de la Picardie*).

Les Sphaignes que l'on trouve fréquemment sur les plateaux et les pentes des vallées se développent dans une eau limpide. Elles s'accroissent par la partie supérieure et meurent par la base. Cette base s'épaissit lentement et se carbonise.

La tourbe est employée comme combustible et pour amender les sols insuffisamment pourvus d'humus. Les plus grandes tourbières sont dans le nord de l'Europe. En France, celles de la vallée de la Somme sont très importantes.

Lignite. — Le lignite est plus dense et plus riche en carbone que la tourbe. Le lignite se forme de nos jours dans certains marécages des pays chauds.

Houille. — La houille est plus riche en carbone que le lignite. Elle se présente à l'intérieur du sol en lits superposés ayant parfois plusieurs mètres d'épaisseur. Grâce au microscope on a pu se rendre compte de l'origine végétale de la houille et déterminer même les espèces de plantes qui lui ont donné naissance.

La décomposition des plantes a dû se faire dans l'eau, à l'abri de l'air et dans des conditions certainement comparables à celles qui donnent naissance à la tourbe et au lignite.

On a beaucoup discuté sur le mode de formation de la houille. Pour plusieurs géologues, elle se serait produite sur place, là même où vivaient les plantes. Les troncs d'arbres entiers et dressés que l'on trouve dans certains bassins houillers de Belgique plaident en faveur de cette hypothèse. Beaucoup de géologues pensent que la houille provient de débris végétaux charriés par l'eau et déposés dans les dépressions lors des périodes torrentielles. Dans le bassin houiller de Commentry notamment, on trouve beaucoup plus d'arbres couchés que dressés ; de plus, des lits de houille se rencontrent dans des dépôts sédimentaires semblables à ceux qui forment les deltas actuels.

En France, il existe deux régions houillères : le bassin franco-belge de Béthune vers Aix-la-Chapelle et le bassin du Plateau Central.

Action des animaux. — *Formations coralliennes* (fig. 317). Dans les régions tropicales, il existe parfois, non loin des côtes, des récifs importants construits par des organismes ayant la propriété de fixer le calcaire dissous dans l'eau.

Comme les *coralliaires* y jouent le principal rôle, ces constructions sont généralement désignées sous le nom de *récifs coralliens* ou de *formations coralliennes*.

Les *Coraux* constructeurs sont de tous petits animaux du groupe des *Polypes*. Ils vivent associés en grand nombre sur un support commun ayant la forme d'un champignon ou d'un arbuste. Ils se développent exclusivement à une profondeur ne dépassant pas 37 mètres dans les *eaux limpides, agitées, suffi-*

Fig. 317. — Ile de l'océan Pacifique, entourée d'un anneau de polypiers.

mment aérées et dont la *température n'est jamais inférieure à 20 degrés*. Aussi les formations coralliennes ne se rencontrent guère qu'aux bords des îles des mers tropicales et surtout du Pacifique.

Elles peuvent être rangées en trois catégories :
1° Les *récifs frangeants* ;
2° Les *récifs barrières* ;
3° Les *îles* ou *atolls*.

Les récifs frangeants bordent les côtes ou les îles.

Les récifs barrières sont séparés du rivage par un canal plus ou moins large.

Les atolls sont des récifs circulaires ; ils constituent une île en forme d'anneau irrégulier entourant un lac appelé *lagon*. Ces îles sont très nombreuses dans l'océan Pacifique ; elles sont visitées par les oiseaux qui y apportent des graines. Avec le temps, elles se sont couvertes d'une riche végétation et l'Homme en a pris possession.

Les Polypes constructeurs de récifs ont besoin d'une eau marine très pure et chargée d'oxygène. La moindre trace d'eau douce ou de sédiment vaseux les tue. Aussi les récifs sont-ils interrompus en face de l'embouchure des fleuves. Pour cette même raison la colonie s'accroît plus rapidement à l'extérieur qu'à l'intérieur et par suite tend à s'éloigner du rivage. Deux naturalistes, *Darwin* d'abord et *Murray* ensuite, ont essayé d'expliquer la formation de divers récifs.

Pour Darwin, le récif serait établi autour d'une île qui s'affaisse constamment. Le récif d'abord frangeant, devient récif barrière, puis, le sommet de l'île étant submergé, le récif se transforme en atoll.

D'après Murray, les Polypes s'installeraient sur des cimes volcaniques qui hérissent le fond de certains océans. Les vagues auraient fait disparaître les sommets des cônes ce qui permettrait de comprendre la forme annulaire des atolls.

Foraminifères. — Nous verrons plus tard que les *Foraminifères* (Nummulites, Fusulines) sont très nombreux dans certaines formations géologiques. L'accumulation de leurs coquilles forme parfois une couche d'une épaisseur considérable.

RÉSUMÉ. — Un grand nombre d'êtres vivants ont contribué et contribuent à rendre au domaine de l'humanité quelque chose de ce que l'érosion lui avait fait perdre. Tels sont les *Lichens*, les *Algues*, les *Mousses*, les *Coraux*, les *Foraminifères*, etc.

Action des végétaux. — Les Lichens se développent sur toutes les roches, et leurs débris mélangés à ceux de la roche forment la première partie de la couche végétale.

Beaucoup de Mousses, d'Algues, de Graminées se transforment chaque jour en une matière charbonneuse, la *tourbe*.

Les combustibles minéraux : *tourbe, lignite, houille, anthracite* ont une origine végétale. Ils résultent de la transformation de la *cellulose* qui forme la masse principale des organes de la plante.

La houille se présente à l'intérieur du sol en lits superposés ayant parfois plusieurs mètres d'épaisseur. On connaît les espèces végétales qui l'ont produite.

En France, il existe deux régions houillères : le bassin francobelge et le bassin du Plateau Central.

Action des animaux. — Dans les régions tropicales, il existe souvent non loin des côtes des récifs construits par des organismes ayant la propriété de fixer le calcaire dissous dans l'eau. Comme les *Coralliaires* jouent le principal rôle, ces constructions sont généralement appelées *formations coralliennes* ou *récifs coralliens*.

Les *Coraux constructeurs* appartiennent au groupe des Polypes.

Ils se développent à une profondeur qui ne dépasse pas 37 mètres dans les eaux limpides, agitées, suffisamment aérées et dont la *température n'est jamais inférieure à 20 degrés*.

Les formations coralliennes peuvent être rangées en 3 catégories :
1° Les *récifs frangeants*;
2° Les *récifs barrières*;
3° Les *îles ou atolls*.

Les Foraminifères (*Nummulites, Fusulines*) sont très nombreux dans certains dépôts géologiques; l'accumulation de leurs coquilles forme parfois une couche d'une épaisseur considérable.

33ᵉ LEÇON

Phénomènes dus à des causes internes.

Les forces externes dont nous venons d'examiner les effets ont surtout pour mission de niveler les continents. Les cimes élevées, impérieusement sollicitées par la pesanteur, ébranlées par l'eau et les vents, sont précipitées dans les vallées. « Avec le temps, les reliefs s'atténuent et les dépressions se comblent. » Les traits extérieurs de notre globe seraient fatalement anéantis si ce travail de destruction n'avait une contre-partie.

Elle est représentée par les organismes constructeurs et surtout par les forces internes, forces brutales qui interviennent d'une façon continue ou intermittente pour ressusciter ces reliefs contre lesquels s'acharnent les agents externes.

Les agents internes sont les volcans et les mouvements du sol.

Volcans. — Un volcan (fig. 318) est un appareil naturel qui fait communiquer le feu souterrain avec la surface du sol. Il consiste habituellement en un *canal* ou *cheminée* qui traverse l'écorce terrestre et s'ouvre au dehors par un orifice, évasé en forme d'entonnoir, nommé *cratère*.

Le cratère est à l'extrémité d'un *cône* provenant de l'accumulation des matières rejetées par le volcan.

Fig. 318. — Volcan en activité.

Parfois le volcan présente sur ses flancs des *cônes adventifs*, plus petits que le cône principal, terminés chacun par un *cratère adventif*. On compte plus de 760 cratères adventifs sur l'Etna.

Volcans en activité et volcans éteints. — Un volcan est dit en activité lorsqu'il rejette, d'une manière permanente ou temporaire, des gaz et des matières à haute température provenant de l'intérieur de la terre.

Quand la sortie de ces matières est violente, abondante, le volcan est en *éruption*.

On connaît des volcans, comme ceux d'Auvergne, qui depuis l'époque historique n'ont pas eu de réveils terribles. Leur cratère s'est en partie comblé et refroidi. Ce sont des *volcans éteints*.

Éruption volcanique. — « *Le volcan est bon enfant, il annonce sa crise.* » En effet, avant l'éruption on perçoit des mouvements du sol et des bruits souterrains; des gaz s'échappent du cratère avec plus de force, l'aiguille aimantée subit des variations fréquentes, les sources tarissent, les animaux manifestent une profonde terreur. Après ces signes précurseurs, des jets de vapeur s'échappent du cratère et forment au-dessus du volcan un épais nuage. La matière incandescente, poussée de bas en haut, crève le fond du cratère et des débris de toutes sortes sont projetés avec bruit à une grande hauteur. C'est l'éruption qui commence.

Une colonne de fumée noire s'élève avec rapidité dans les airs jusqu'à 10 et 11 kilomètres, puis s'étale à son sommet à la façon d'un immense *Pin parasol*.

Des cendres extrêmement ténues tombent en si grande abondance que le sol en est parfois recouvert d'une couche d'un mètre d'épaisseur. Ces cendres très légères sont enlevées par le vent et transportées à de très grandes distances. Les cendres du Vésuve sont souvent arrivées jusqu'à Constantinople.

Des vapeurs d'acide sulfhydrique, d'acide sulfureux, d'acide chlorhydrique se mêlent aux cendres et à la fumée.

Des blocs provenant des parois de la cheminée, des fragments de lave en feu sont projetés avec violence et tombent sur les flancs du volcan formant les *scories*, les *lapilli* et les *bombes*.

La lave monte, emplit le cratère et s'épanche au dehors soit par le pourtour supérieur du cratère, soit par des crevasses latérales. Les *coulées* de lave recouvrent parfois de très grandes surfaces.

Produits rejetés par les volcans. — Les matières rejetées par le volcan sont de trois sortes :

1° Les *matières gazeuses* ;
2° Les *matières liquides* ;
3° Les *matières solides.*

Les matières gazeuses émises sont constituées par des vapeurs d'acide chlorhydrique, des vapeurs ammoniacales, de l'acide sulfureux, du gaz carbonique et surtout par une grande quantité de vapeur d'eau.

Fig. 319.
Cratère d'un volcan; l'activité volcanique ne se manifeste plus que par des fumerolles.

Les produits liquides sont principalement représentés par les laves dont nous avons étudié la nature.

Elles forment des fleuves de feu dont la vitesse de progression dépend de leur fluidité et de la pente du terrain.

La lave se solidifie rapidement à la surface donnant des scories craquelées, fissurées, connues en Auvergne sous le nom de *cheires* et de *sciaire* dans les environs de l'Etna. Quand la lave se refroidit lentement elle subit un retrait qui la divise en colonnes prismatiques dressées appelées *tuyaux d'orgues.*

Les cendres, les blocs arrachés à la cheminée, les lapilli, les bombes sont les principaux produits solides issus du cratère.

Les cendres résultant de la pulvérisation de la lave sont composées de grains d'une ténuité extrême. Elles forment, avec les pluies abondantes qui tombent souvent lors d'une éruption, des torrents boueux. Ceux-ci sont rapides et s'étendent sur une grande surface. Herculanum et Pompéi furent ensevelis, il y a près de 2000 ans, par des torrents de boue. Cette boue durcit, se tasse et donne lieu à un dépôt qu'on appelle *tuf*.

Les lapilli sont des grains dont l'accumulation produit une espèce de sable.

Les bombes représentent des fragments de lave qui se sont solidifiés dans l'atmosphère. Animées d'un mouvement de rotation rapide, elles sont fusiformes et portent à la surface des sillons en spirale.

Produits rejetés par un volcan dont l'activité diminue. — Lorsque l'activité du volcan s'affaiblit, la cheminée, en partie comblée, est souvent remplacée par plusieurs ouvertures émettant des jets de vapeur : ce sont les *fumerolles* (fig. 320).

Ces produits gazeux se décomposent à l'air et forment des dépôts divers sur les parois du cratère. C'est tantôt du *soufre*, tantôt de l'*alun* ou de l'*acide borique*. Si le dépôt de soufre est assez abondant pour être exploité, le volcan est devenu une *solfatare*, comme à Pouzzoles (Italie).

Produits rejetés par les volcans éteints : *Mofettes et salses*. — Quand le volcan est éteint, il exhale encore de l'acide carbonique. Ces dégagements portent le nom de *mofettes*. Il en existe en plusieurs endroits du Plateau Central (Auvergne). Dans les environs de Naples, l'acide carbonique sort d'une fente de rocher appelée dans le pays *Grotte du chien*.

Les *salses* sont de petits cônes argileux émettant une boue généralement salée. Cette boue est amenée à la surface par des gaz souterrains. On étend encore le nom de salses à toute émanation de gaz hydrocarbonés. Il en existe dans le Caucase et en Amérique.

Distribution géographique des volcans. — Plus de 300 volcans sont en activité à la surface du sol. On les rencontre en général sur les bords des océans, ou dans les îles. Il en existe cependant dans l'intérieur des terres. La plupart des grands volcans de l'Amérique du Sud sont à une distance de

150 à 200 kilomètres de la côte. On connaît des volcans éteints dans le Sahara et au centre de l'Asie.

Les volcans jalonnent le bord des dépressions marines et correspondent à des cassures verticales qui affectent les couches supérieures de l'écorce terrestre. Grâce à ces fractures, les matières fluides du noyau central ont pu arriver à la surface.

Les principaux volcans bordent les dépressions occupées par la Méditerranée, l'océan Atlantique, l'océan Pacifique et l'océan Indien.

Dans la dépression méditerranéenne on trouve : l'*Etna*, le *Vésuve*, le *Stromboli*.

Dans l'Atlantique on rencontre les volcans de l'*Islande*, des îles *Açores* et des îles *Canaries*.

Le Pacifique est entouré « d'un cercle de feu » : citons la remarquable série volcanique des îles de la Sonde, des Philippines, des Moluques, de Java, les volcans de la Terre de Feu, de la chaîne des Andes, du Mexique, des Montagnes Rocheuses, du Japon, etc.

Dans l'océan Indien on connaît les volcans de la Réunion, des îles Maurice et Saint-Paul.

Causes du volcanisme. — L'explication du volcanisme a soulevé bien des controverses. Nous devons admettre que, par suite de la contraction lente et progressive du noyau central, l'écorce terrestre est amenée à se plisser et à se fracturer. Une fracture venant à se produire, c'est une cheminée par laquelle pourront se dégager les matières à haute température : gaz, laves, etc.

Ces matières sont pressées par le plissement et par la vapeur d'eau dissoute en grande quantité dans la masse minérale en fusion.

RÉSUMÉ — LES VOLCANS

Les forces externes ressuscitent les reliefs des continents.

AGENTS INTERNES.
- Volcans.
- Mouvements du sol.

DÉFINITION ET DIVERSES PARTIES.
- Appareil naturel qui fait communiquer le feu souterrain avec la surface du sol.
- Il comprend :
  - Une *cheminée*.
  - Un ou plusieurs *cratères*.

GÉOLOGIE.

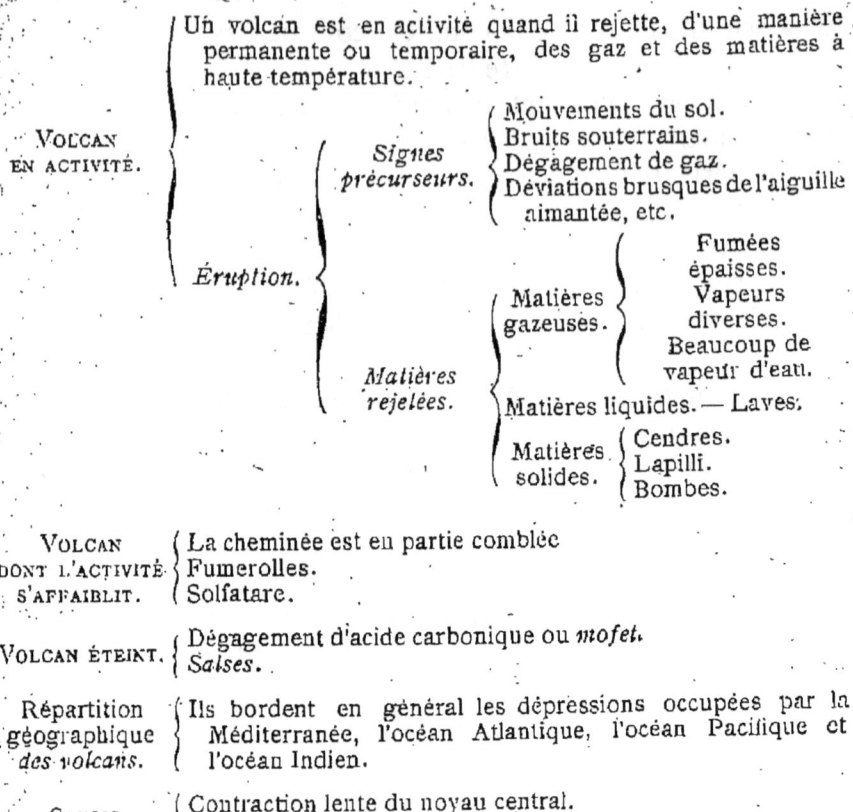

VOLCAN EN ACTIVITÉ.	\{ Un volcan est en activité quand il rejette, d'une manière permanente ou temporaire, des gaz et des matières à haute température.		
	Signes précurseurs.	\{ Mouvements du sol. Bruits souterrains. Dégagement de gaz. Déviations brusques de l'aiguille aimantée, etc.	
	Éruption.	Matières rejetées.	\{ Matières gazeuses. \{ Fumées épaisses. Vapeurs diverses. Beaucoup de vapeur d'eau. Matières liquides. — Laves. Matières solides. \{ Cendres. Lapilli. Bombes.

VOLCAN DONT L'ACTIVITÉ S'AFFAIBLIT. { La cheminée est en partie comblée Fumerolles. Solfatare.

VOLCAN ÉTEINT. { Dégagement d'acide carbonique ou *mofet.* Salses.

Répartition géographique des volcans. { Ils bordent en général les dépressions occupées par la Méditerranée, l'océan Atlantique, l'océan Pacifique et l'océan Indien.

Causes du volcanisme. { Contraction lente du noyau central. Fracture de l'écorce terrestre. Action de la vapeur d'eau.

34ᵉ LEÇON

ÉMANATIONS — MOUVEMENTS DU SOL

Geysers. — Les geysers sont des sources essentiellement jaillissantes et intermittentes (fig. 321).

Un geyser se compose ordinairement d'un bassin très profond en forme de coupe et d'un canal.

Ce dernier amène l'eau des profondeurs du sol dans le bassin; à des intervalles variant avec les geysers, l'eau est lancée jusqu'à une hauteur de 60 à 100 mètres.

Les eaux geysériennes déposent sur les bords du bassin une silice hydratée appelée *geysérite.* C'est une sorte d'*opale* qui se présente en masses fibreuses ou réniformes.

Les geysers sont toujours situés dans des régions volcaniques.

Les plus connus sont ceux d'Islande. Il en existe de très curieux aux États-Unis et dans la Nouvelle-Zélande.

Soufflards. — Les *soufflards* ont une grande analogie avec les geysers. Ce sont des dégagements de vapeur d'eau dont la température est supérieure à 100 degrés.

Les soufflards de Toscane sont appelés *suffioni*.

Fig. 320. — Geyser.

Sources thermales. — Dans les pays volcaniques ou dans les terrains fissurés et disloqués on trouve des sources chaudes ou *thermales*. Grâce à leur température élevée, elles acquièrent la propriété de dissoudre certains corps. Elles deviennent *minérales*. La plupart de ces sources ont des propriétés physiologiques qui les font rechercher pour combattre certaines maladies.

On rencontre des *eaux sulfureuses* à *Cauterets*, *Amélie-les-Bains*, *Enghien* ;

Des *eaux ferrugineuses* à *Spa*, à *Forges* ; des *eaux gazeuses* en Auvergne ; des *eaux alcalines* à *Vichy*, à *Vals*, à *Royat* ; des eaux salines à *Salies-de-Béarn*, à *Carlsbad*, etc.

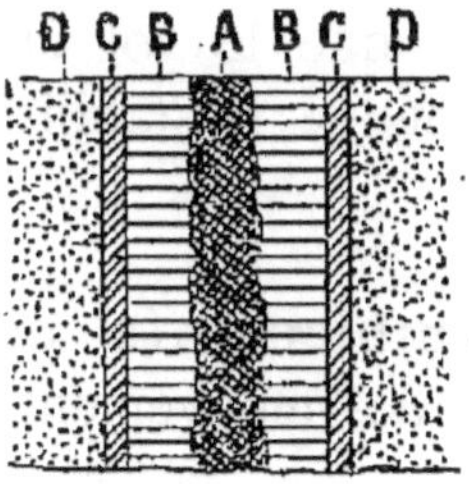

Il existe également des eaux minérales froides.

Fig. 321. — Filon métallifère.
A, minerai ; B, gangue ; C, salbande ; D, épontes.

Filons. — Les eaux minérales laissent souvent déposer dans les fentes du sol une partie des substances métalliques qu'elles tiennent en dissolution, donnant naissance à des *filons métallifères*.

Les filons qui ont une telle origine sont appelés *filons concrétionnés* ou *filons d'incrustation*.

Les parois de la fente qui renferme le filon se nomment *épontes* (fig. 321). Entre ces parois et le filon se trouve une couche plus ou moins épaisse de matières argileuses ou détritiques, appelée *salbande*.

Le filon est constitué par du *minerai* mélangé à des substances pierreuses ou terreuses formant la *gangue*.

Les principaux minerais sont : les pyrites (*sulfure de fer et de cuivre*), la galène (*sulfure de plomb*), la blende (*sulfure de zinc*), les oxydes et carbonates de fer, etc.

La *métallurgie* est l'art d'extraire les métaux renfermés dans les minerais.

Mouvements lents du sol. — Les contractions du noyau central donnent lieu encore à des affaissements et à des soulèvements très lents que l'on a depuis longtemps observés sur les rivages de divers pays.

On a constaté que le nord de la Suède, au fond du golfe de Bothnie, s'élève en moyenne de 1 m. 30 par siècle, la Scanie s'abaisse dans le même temps de 1 m. 50.

Cet abaissement a formé des *vallées affaissées* remplies par la mer et que l'on appelle *fjords*.

Marées terrestres : respiration de la terre. — Depuis quelques années on s'est rendu compte que le frémissement du sol, loin d'être un accident, est un fait constant et universel. A l'instar des eaux de la mer balancées par le flux et le reflux journaliers, l'écorce terrestre, elle-même, chaque jour se soulève et s'abaisse comme le fait la poitrine d'une personne. Cette découverte des *marées terrestres* montre bien que le sol qui nous porte, la *terre ferme*, n'est pas l'emblème de la stabilité parfaite.

Mouvements brusques du sol : tremblements de terre. — L'action du feu central provoque des mouvements brusques du sol appelés tremblements de terre.

L'intensité des tremblements de terre est très variable suivant les contrées; ils se traduisent par de simples vibrations à peine perceptibles ou par des bouleversements effroyables.

On distingue trois sortes de mouvements :

Les secousses verticales;
Les secousses horizontales;
Les secousses ondulatoires ou rotatoires.

Le centre d'ébranlement ou *épicentre* peut être déterminé avec exactitude. Les appareils destinés à enregistrer les secousses sont les *sismographes* ou *sismomètres*.

Le tremblement de terre est ordinairement annoncé par des bruits souterrains. Ses effets dépendent de l'importance de la secousse. Dans les régions affectées, les édifices sont lézardés, les objets sont projetés à une certaine hauteur. Parfois la terre s'entr'ouvre, laissant béantes de nombreuses et profondes fissures. Lors du tremblement de terre de Calabre en 1783, le sol

Fig. 322. — Fissures produites en Calabre par le tremblement de terre de 1783.

fut sillonné de crevasses de plusieurs kilomètres de long et de plusieurs mètres de large (fig. 322).

Conclusion. — Nous pouvons à présent résumer en quelques lignes ce que nous savons de l'histoire de la Terre.

La Terre était, au début, une masse composée de matières en fusion, entourée d'une atmosphère gazeuse où dominait la vapeur d'eau. Cette masse s'est refroidie lentement et sa surface s'est solidifiée formant la première couche résistante de l'écorce terrestre.

La vapeur d'eau s'est progressivement condensée et l'eau s'est accumulée dans les bas-fonds.

Dès lors, il y eut, à la surface du globe, des continents et des mers, la vie put s'y manifester.

Depuis cette époque fort lointaine, les phénomènes que nous venons d'étudier n'ont pas cessé de se manifester.

La mer a constamment usé les rivages, les fleuves lui ont apporté des matériaux arrachés aux continents. Tous ces débris de l'écorce terrestre se sont déposés au fond des eaux en couches parallèles.

Pendant que cette *sédimentation marine* s'effectuait, les cours d'eau ont creusé leur lit, les glaciers ont raboté les vallées et des dépôts divers ont peu à peu comblé les dépressions, donnant lieu à une *sédimentation continentale* plus ou moins active.

Des forces intenses vinrent troubler la disposition primitive des terrains ainsi formés. Des poussées latérales ou horizontales plissèrent l'écorce terrestre, des rides apparurent, produisant les montagnes et les fosses marines.

Aussitôt qu'une montagne est dressée, les forces externes s'acharnent à la détruire : les pics s'émoussent et les pentes deviennent moins rapides. Les agents de sédimentation réapparaissent pour anéantir les reliefs des continents.

Ces phénomènes forment un *cycle fermé*. Ce cycle comprend trois phases successives :

1° *Une phase de sédimentation,* de formation de roches et de terrains ;

2° *Une phase de plissements*, de modifications du sol ;

3° *Une phase de destruction,* d'érosion.

« L'histoire géologique de notre planète n'est pas autre chose que l'histoire de ces cycles, chaque grand cycle correspondant à une période, à une ère. » (Haug.)

RÉSUMÉ. — Les *geysers*, toujours situés dans les régions volcaniques, sont des sources essentiellement jaillissantes et intermittentes.

Un geyser se compose d'un bassin très profond et d'un canal. L'eau amenée par le canal est lancée jusqu'à une hauteur de 60 à 100 mètres. Les eaux geysériennes déposent une silice hydratée appelée geysérite.

Les geysers les plus connus sont ceux d'Islande, des États-Unis et de la Nouvelle-Zélande.

Soufflards. — Les soufflards ont une grande analogie avec les geysers, ils rejettent de la vapeur d'eau dont la température est supérieure à 100 degrés. Les soufflards de Toscane sont appelés *Suffioni*.

Sources thermales. — Les sources thermales se rencontrent dans les régions volcaniques et dans les terrains fissurés. Grâce à leur température élevée, elles acquièrent la propriété de dissoudre certaines substances et elles deviennent minérales. Les eaux sulfu-

reuses, ferrugineuses, gazeuses, alcalines, etc. sont très recherchées.
Il existe des eaux minérales froides.

Mouvements du sol. — On a constaté depuis longtemps les déplacements de certains rivages, le sol se soulève en certains points et s'affaisse en d'autres lieux. Or, depuis quelques années, on s'est rendu compte que le frémissement du sol est un fait constant. A l'instar des eaux de la mer, l'écorce terrestre, chaque jour, se soulève et s'abaisse. On a donné à ce phénomène le nom de *marées terrestres*.

L'action du feu central provoque des mouvements brusques du sol ou *tremblements de terre*. On distingue trois sortes de mouvements :

1° Les *secousses verticales* ;
2° Les *secousses horizontales* ;
3° Les *secousses ondulatoires* ou *rotatoires*.

Les appareils destinés à enregistrer les secousses sont les *sismographes* ou les *sismomètres*.

TABLE DES MATIÈRES

1re LEÇON. — **Notions préliminaires.** — **L'Homme.**

Etres vivants et corps bruts. 1
Etres vivants : animaux et plantes. 1
Cellules, tissus, organes, appareils, fonctions 3

PREMIÈRE PARTIE
ZOOLOGIE — L'Homme.

L'Homme et les animaux. 5
Résumé et manipulation. 6

2° LEÇON. — **Fonctions de nutrition** : LA DIGESTION.

Les aliments, ration alimentaire. 7
Tube digestif 9
Glandes annexes. 12
Phénomènes mécaniques et chimiques de la digestion . . . 14
Absorption. 15
Hygiène de la digestion. 16
Résumé et manipulation. 17

3° LEÇON. — **La Respiration.**

Appareil respiratoire. 18
Les poumons 19
Mécanisme de la respiration. 20
Phénomènes chimiques de la respiration. 21
Hygiène de la respiration 22
Résumé et manipulation. 23

4° LEÇON. — **La Circulation.**

But de la circulation. 24
Le sang 24
Appareil circulatoire : Cœur et vaisseaux 25
Mécanisme de la circulation. 27
Pouls 28
Phénomènes chimiques de la circulation. 29
Circulation lymphatique. 29

ÉLÉMENTS D'HISTOIRE NATURELLE.

Hygiène de la circulation 30
Résumé et manipulation. 31

5ᵉ LEÇON. — Appareil sécréteur.

Glandes 33
Foie 33
Reins 35
Chaleur animale 36
Assimilation et désassimilation 37
Résumé. Dissection du Lapin 38

6ᵉ LEÇON. — Fonctions de Relation. — LOCOMOTION.

Os, squelette 40
Hygiène du squelette 44
MUSCLES 44
Travail musculaire 45
Résumé 46

7ᵉ LEÇON. — Système nerveux.

Centres nerveux : Moelle épinière. — Encéphale 49
Fonctions des centres nerveux 51
Nerfs 51
Résumé. Manipulation : Encéphale du Mouton 53

8ᵉ LEÇON. — Les Sens.

Le toucher 55
Le goût 56
L'odorat 56
L'ouïe 57
La vue 58
Hygiène des organes des sens 61
La voix 61
Résumé et manipulation 62

9ᵉ LEÇON. — Les Animaux. — Mammifères.

Classification 64
Division des Animaux en embranchements 64
Division des Vertébrés en classes 65
Classe des Mammifères : Caractères généraux 66
PRIMATES (*Homme, Singes*) 67
CHAUVES-SOURIS (*Chauve-souris*) 69
INSECTIVORES (*Taupe, Hérisson, Musaraigne*) 70
RONGEURS (*Rat, Souris, Ecureuil, Loir, Lapin, Lièvre*) . 71
Résumé 73

10ᵉ LEÇON. — Mammifères (*suite*).

CARNIVORES (*Chat, Belette, Martre, Fouine, Loutre, Ours, Blaireau, Chien, Loup, Renard*) 74
PINNIPÈDES (*Morse, Phoque, Otarie*) 77
BALEINES (*Baleine, Dugong*) 77
ONGULÉS. — Porcins (*Porc, Sanglier*) 78

TABLE DES MATIÈRES.

Ruminants (*Bœuf, Mouton, Chèvre, Cerf, Chameau*).	80
Équidés (*Cheval, Ane*)	82
Éléphants (*Éléphant*)	83
Résumé	84

11ᵉ LEÇON. — Oiseaux.

Caractères généraux.	85
Rapaces (*Aigle, Hibou*)	89
Passereaux (*Hirondelle, Fauvette, Moineau, Corbeau, Roitelet*).	90
Grimpeurs (*Pic, Coucou, Perroquet*)	90
Gallinacés. — Oiseaux de basse-cour (*Coq, Dindon, Paon, Perdrix*).	92
Échassiers (*Héron, Cigogne*).	93
Palmipèdes (*Canard, Cygne, Albatros, Pingouin*).	93
Coureurs (*Autruche, Casoar*).	94
Intelligence et mœurs des oiseaux.	95
Résumé	96

12ᵉ LEÇON. — Reptiles et Batraciens.

Caractères généraux des Reptiles	97
Crocodiles (*Crocodile, Caïman, Gavial*).	99
Lézards (*Lézard gris, Lézard vert, Caméléon*)	100
Serpents (*Couleuvre, Boa, Vipère, Cobra*)	100
Tortues (*Tortue grecque, Caret*).	102
Caractères généraux des Batraciens	103
Grenouille, métamorphoses	104
Résumé	105

13ᵉ LEÇON. — Classe des Poissons.

Caractères généraux.	106
Classification.	109
Poissons osseux	109
Poissons cartilagineux	111
Résumé.	112

14ᵉ LEÇON. — Animaux sans os. — Mollusques.

Animaux sans os.	113
Mollusques. — Caractères généraux.	114
Classe de l'Escargot. — Gastéropodes	115
Classe de l'Huître. — Lamellibranches	116
Classe de la Seiche. — Céphalopodes.	117
Résumé.	118

15ᵉ LEÇON. — Embranchement des Articulés. — Insectes.

Classe des Insectes.	119
Caractères généraux.	119
Insectes broyeurs. — Le *Hanneton*	122
Insectes lécheurs. — L'*Abeille*	125
Insectes suceurs. — *Bombyx du Mûrier* (Ver à soie). . .	128
Insectes suceurs et piqueurs. — *Mouche, Punaise*, etc. . .	130
Résumé	131

16ᵉ LEÇON. — **Myriapodes.** — **Arachnides.** — **Crustacés.**

Myriapodes 132
Arachnides. — Le Scorpion 132
L'Araignée. 133
Crustacés 135
L'Écrevisse 135
Principaux Crustacés 136
Résumé 136

17ᵉ LEÇON. — **Embranchement des Vers.**

Caractères généraux 136
Vers annelés 137
Vers annelés terrestres : *Ver de terre* 137
Vers plats 138
Douve du foie 138
Ténia 139
Vers ronds : *Ascaride, Trichine* 140
Résumé 140

18ᵉ LEÇON. — **Zoophytes.**

Échinodermes, Polypes, Éponges : forme générale 140
Échinodermes 141
Étoiles de mer. — Oursins, Holothuries 141
Polypes 142
Hydres, Méduses, Coraux 142
Éponges 144
Protozoaires 144
Infusoires. — Paramœcie 145
Rhizopodes. — Foraminifères 145
Amibes. — Amibe 145

DEUXIÈME PARTIE
BOTANIQUE

19ᵉ LEÇON. — **Caractères des Végétaux.** — **Racine.**

Le Végétal être vivant 147
Cellules et tissus 147
Organes des fonctions de nutrition 148
Racine 149
Définition et aspect extérieur 149
Diverses formes de racines 150
Fonctions de la racine 151
Résumé et manipulation 152

20ᵉ LEÇON. — **La Tige.**

Définition et caractères 153
Aspect extérieur 153
Diverses sortes de tiges 153
Accroissement de la tige en épaisseur 156

TABLE DES MATIÈRES. 249

Fonctions de la tige......... 157
Résumé et manipulation..... 157

21ᵉ LEÇON. — La Feuille.

Définition. — Aspect extérieur..... 158
Diverses formes de feuilles..... 159
Nervation..... 160
Modifications des feuilles..... 161
Durée des feuilles..... 162
FONCTIONS DES FEUILLES..... 162
Transpiration..... 162
Respiration..... 163
Assimilation chlorophyllienne..... 164
Résumé et manipulation..... 166

22ᵉ LEÇON. — De la Nutrition des Végétaux et Multiplication.

De la nutrition en général..... 167
MULTIPLICATION DES PLANTES..... 168
Marcottage. — Bouturage. — Greffe..... 168
Résumé..... 170

23ᵉ LEÇON. — La Fleur.

Définition..... 170
Inflorescences..... 171
Diverses parties de la fleur..... 172
Diagramme floral et formule florale..... 173
FONCTION DE LA FLEUR..... 176
Fécondation..... 176
Germination du grain de pollen..... 177
L'œuf; ses transformations..... 177
Résumé et manipulation..... 178

24ᵉ LEÇON. — Le Fruit. — La Graine. — La Germination.

Le fruit. — Classification des fruits..... 179
Fonctions des fruits..... 181
GRAINE. — Description..... 182
Dissémination des graines..... 182
Germination..... 183
ÉVOLUTION DE LA PLANTE..... 183
Résumé et manipulation..... 184

25ᵉ LEÇON — Notions sur l'organisation et le mode de vie des Fougères, des Algues, des Champignons et des Lichens.

FOUGÈRES..... 186
MOUSSES. — *Polytric*..... 187
THALLOPHYTES..... 187
ALGUES..... 189
CHAMPIGNONS..... 190
LICHENS..... 191
Résumé et manipulation..... 191

TROISIÈME PARTIE.
GÉOLOGIE

26ᵉ LEÇON. — La Terre. — Matériaux du globe. — Roches éruptives.

La Géologie, son objet.................... 193
De la Terre : Forme, dimensions 193
Constitution de la Terre................... 194
Écorce terrestre......................... 194
Roches éruptives et roches sédimentaires...... 195
ROCHES CRISTALLINES...................... 196
Éléments des roches cristallines............. 196
Principales roches CRISTALLINES :........... 197
Roches *granitoïdes*...................... 197
Roches *porphyroïdes*..................... 198
Roches *vitreuses*. :..................... 199
ROCHES CRISTALLOPHYLLIENNES............... 199
Résumé................................ 199

27ᵉ LEÇON. — Roches sédimentaires.

Origine et classification................... 200
ROCHES CALCAIRES........................ 201
ROCHES SILICEUSES....................... 203
ROCHES ARGILEUSES....................... 204
ROCHES SALINES......................... 205
ROCHES COMBUSTIBLES..................... 206
Résumé et manipulation................... 207

28ᵉ LEÇON. — Modifications continues de la surface du globe. — Phénomènes actuels. — L'Atmosphère.

Modifications continues de la surface du globe.. 208
Phénomènes actuels....................... 209
Actions des forces externes : ATMOSPHÈRE..... 209
ÉLECTRICITÉ. :.......................... 209
TEMPÉRATURE........................... 209
VENT.................................. 210
Érosion produite par le vent................ 210
Édification par le vent : DUNES............. 211
Résumé................................ 212

29ᵉ LEÇON. — Action de l'eau. — Neige. — Glaciers.

Mouvement de l'eau à la surface du globe...... 212
NEIGE................................. 213
GLACIERS. — Formation d'un glacier.......... 214
Marche des glaciers...................... 214
Effets géologiques des glaciers : Érosion, transport, édification.................................. 215
Résumé................................ 217

30ᵉ LEÇON. — **Pluie.** — **Eau d'infiltration.** — **Eau de ruissellement.**

Pluie.	218
EAU D'INFILTRATION.	219
Effets de l'eau d'infiltration : Érosion, édification.	220
EAU DE RUISSELLEMENT	222
Torrent.	222
Cours d'eau proprement dits : Rivières et fleuves.	223
Creusement des vallées	223
Érosion.	224
Édification, dépôts.	225
Résumé.	226

31ᵉ LEÇON. — **La Mer.** — **Sédiments.**

Action de la mer. — Marées et Vagues.	227
Érosion.	228
Sédimentation, dépôts	229
Résumé.	229

32ᵉ LEÇON. — **Action des Êtres vivants.**

LES VÉGÉTAUX. — Combustibles minéraux	230
LES ANIMAUX. — Formations coralliennes.	231
Résumé	233

33ᵉ LEÇON. — **Phénomènes dus à des causes internes.**

Volcans.	234
Volcans en activité. — Éruption.	235
Produits rejetés par les volcans	236
Fumerolles. — Solfatares.	237
Volcans éteints. — Mofettes. — Salses.	237
Distribution géographique des volcans.	237
Résumé	238

34ᵉ LEÇON. — **Émanations.** — **Mouvements du sol.**

Geysers.	239
Sources thermales et eaux minérales.	240
Filons.	240
Mouvements du sol.	241
Marées terrestres	241
Tremblements de terre.	241
Conclusion	242
Résumé.	243

68322. — Imprimerie générale LAHURE, rue de Fleurus, 9, Paris.

LIBRAIRIE HACHETTE & Cie, PARIS

Langue et Littérature Françaises

G. LANSON
PROFESSEUR A LA FACULTÉ DES LETTRES DE PARIS

HISTOIRE DE LA LITTÉRATURE FRANÇAISE, depuis ses origines jusqu'à nos jours. Onzième édition revue et corrigée. 1 vol. in-16, broché 4 fr.; Cartonné toile............ 4 fr. 50

Cette nouvelle *Histoire de la Littérature française*, sans diminuer la place due aux seizième, dix-septième et dix-huitième siècles, contient une étude approfondie des œuvres littéraires au moyen âge et présente, pour la première fois, un tableau complet du dix-neuvième siècle. On y suivra le développement de la littérature française depuis les origines jusqu'à la plus présente actualité. Une *bibliographie* succincte et substantielle, faisant connaître les principales éditions et les principaux ouvrages à consulter pour chaque auteur, aidera le lecteur à pousser ses lectures et son étude aussi loin que sa curiosité l'y portera.

CONSEILS SUR L'ART D'ECRIRE, principes de composition et de style. 1 vol. in-16, cart............ 2 fr. 50

ÉTUDES PRATIQUES DE COMPOSITION FRANÇAISE, sujets préparés et commentés pour servir de complément aux CONSEILS SUR L'ART D'ÉCRIRE. 1 vol. in-16, cart............ 2 fr. »

J. BOITEL et L. BROSSOLETTE
DIRECT. DE L'ÉCOLE J.-B. SAY — PROFES. A L'ÉCOLE NORMALE DE LA SEINE

LES GRANDS POÈTES FRANÇAIS MODERNES XIXe et XXe SIÈCLES), textes choisis et annotés. 1 vol. in-16, cartonné. 2 fr. 50

J. BOITEL

LES LITTÉRATURES ANCIENNES, extraits des plus grands écrivains de la Grèce et de l'Italie anciennes, textes publiés conformément aux programmes officiels avec des notes. 1 vol. in-16, cart. toile..... 4 fr. »

J. BOITEL et E. JOLIVET

Les LITTÉRATURES ÉTRANGÈRES, extraits traduits des plus grands écrivains de l'Allemagne, de l'Angleterre, de l'Espagne, de l'Italie, des pays Scandinaves, de la Russie et des Etats-Unis d'Amérique, reliés par une petite histoire des littératures. 1 vol. in-16, cart. 4 fr. »

LITTRÉ ET BEAUJEAN

ABRÉGÉ DU DICTIONNAIRE DE LA LANGUE FRANÇAISE tous les mots du Dictionnaire de l'Académie, néologismes, termes de sciences et d'art, prononciation, étymologie, locut. prover. et difficultés grammaticales, avec supplément historique, biograph. et géog. 1 vol. grand in-8 de 1300 pages, broché.. 13 fr. »
Cartonnage toile..... 14 fr. »
Rel. en demi-chagrin.. 17 fr. »

PETIT DICTIONNAIRE UNIVERSEL, extrait de l'ABRÉGÉ DU DICTIONNAIRE DE LA LANGUE FRANÇAISE, avec une partie mythologique, historique, biographique et géographique fondue alphabétiquement avec la partie française. Nouv. édition, conforme pour l'orthographe à la dernière édition du Dictionnaire de l'Académie. 1 volume in-16 de 912 pages cartonné............ 2 fr. 50

LIBRAIRIE HACHETTE & Cie, PARIS

Langue et Littérature Françaises

COLLECTION DE CLASSIQUES FRANÇAIS
Format petit in-16, cartonné

PUBLIÉS AVEC DES NOTICES BIBLIOGRAPHIQUES ET LITTÉRAIRES ET DES NOTES PAR MM. BRUNETIÈRE, PETIT DE JULLEVILLE, LANSON, GASTON PARIS, REBELLIAU, JULLIAN, ETC.

BOILEAU : Œuvres poétiques (Brunetière) 1 50
Poésies et Extraits des œuvres en prose .... 2 »
BOSSUET : De la connaissance de Dieu (de Lens) 1 60
Sermons choisis (Rébelliau). 3 »
Oraisons funèbres (Rébelliau) 2 50
BUFFON : Morceaux choisis (Nollet) 1 50
Discours sur le style (Nollet) » 75
CHANSON DE ROLAND : Extraits (G. Paris) 1 50
CHATEAUBRIAND : Extraits (Brunetière) 1 50
CHEFS-D'ŒUVRE POÉTIQUES, XVIe SIÈCLE (Lemercier). 2 50
CHOIX DE LETTRES, XVIIe SIÈCLE (Lanson) 2 50
CHOIX DE LETTRES, XVIIIe SIÈCLE (Lanson) 2 50
CHRESTOMATHIE DU MOYEN AGE (G. Paris et E. Langlois). 3 »
CORNEILLE : Théatre choisi (Petit de Julleville) .... 3 »
Chaque pièce séparément.... 1 »
Scènes choisies (Petit de Julleville) .... 1 »
DESCARTES : Principes de la philos. 1re p. (Charpentier). 1 50
DIDEROT : Extraits (Texte) 2 »
EXTRAITS DES CHRONIQUEURS (G. Paris et Jeanroy) 2 50
EXTRAITS DES HISTORIENS, XIXe SIÈCLE (C. Jullian). 3 50
EXTRAITS DES MORALISTES (Thamin) 2 50
FÉNELON : Fables (Régnier). » 75
Lettre a l'Académie (Cahen) 1 50
Télémaque (A. Chassang)... 1 80
FLORIAN : Fables (Géruzez) » 75
JOINVILLE : Histoire de saint Louis (Natalis de Wailly).. 2 »
LA BRUYÈRE Caractères (Servois et Rebelliau) 2 50

LA FONTAINE : Fables (Géruzez et Thirion) 1 60
LAMARTINE : Morceaux choisis .... 2 »
LECTURES MORALES (Thamin et Lapie) 2 50
MOLIÈRE : Théatre choisi (E. Thirion) .... 3 »
Chaque pièce séparément.... 1 »
Scènes choisies (E. Thirion) 1 50
MONTAIGNE : Principaux chapitres et extraits (Jeanroy) 2 50
MONTESQUIEU : Grandeur et Décad. d. Romains (Jullian) 1 80
Extraits de l'esprit des lois et œuvres div. (Jullian) ..... 2 »
PASCAL Pensées et Opuscules (Brunschwicg) 3 50
Provinciales, I, IV, XIII (Brunetière) 1 80
PROSATEURS DU XVIe SIÈCLE (Huguet) 2 50
RACINE : Théatre choisi (Lanson) .... 3 »
Chaque pièce séparément.... 1 »
RÉCITS DU MOYEN AGE (G. Paris) 1 50
ROUSSEAU : Extraits en prose (Brunel) .... 2 »
Lettre d'Alembert sur les spectacles (Brunel) 1 50
SCÈNES, RÉCITS ET PORTRAITS DES XVIIe et XVIIIe SIÈCLES (Brunel) .... 2 »
SÉVIGNÉ : Lettres choisies (Ad. Regnier) 1 80
THÉATRE CLASSIQUE (Ad. Régnier) .... 3 »
VOLTAIRE : Extraits en prose (Brunel) .... 2 »
Choix de lettres (Brunel)... 2 25
Siècle de Louis XIV (Bourgeois) 2 75
Charles XII (A. Waddington). 2 »

www.ingramcontent.com/pod-product-compliance
Lightning Source LLC
Chambersburg PA
CBHW070625170426
43200CB00010B/1914